我去故宫看历史

第一册

毛帅 张小李 ◎ 编著

北方文艺出版社

图书在版编目（CIP）数据

我去故宫看历史 / 毛帅，张小李编著 . -- 哈尔滨：北方文艺出版社，2021.2（2021.11 重印）

ISBN 978-7-5317-5044-4

Ⅰ . ①我… Ⅱ . ①毛… ②张… Ⅲ . ①故宫－北京－通俗读物 Ⅳ . ① K928.74-49

中国版本图书馆 CIP 数据核字（2020）第 267941 号

我去故宫看历史
WO QU GUGONG KAN LISHI

编　著／毛　帅　张小李

出 版 人／薛方闻　杨　晶

责任编辑／王　爽　赵　芳　　　　封面设计／罗　雷

出版发行／北方文艺出版社	网　　址／www.bfwy.com
邮　　编／150008	经　　销／新华书店
发行电话／（0451）86825533	地　　址／哈尔滨市南岗区宣庆小区 1 号楼
印　　刷／艺堂印刷（天津）有限公司	开　　本／710×1000　1/16
字　　数／300 千	印　　张／31
版　　次／2021 年 2 月第 1 版	印　　次／2021 年 11 月第 2 次印刷
书　　号／ISBN 978-7-5317-5044-4	定　　价／149.00 元（全四册）

版权所有・侵权必究
本书若出现印装质量问题，请与我社联系调换。　电话／（010）82021443

第八章　落日余晖／73

新政与立宪／74

平地起惊雷／79

武昌起义／83

背负重担的隆裕太后／86

紫禁城里的另类皇帝／91

重回"御座"／96

从末代皇帝到普通公民／99

故宫里的珍品／102

附录：故宫六百年大事记／106

第七章 黄昏至暗夜

权位，源于有机可投

若不是17岁时在选秀中脱颖而出，她此生便与紫禁城无缘，更遑论攀上权力之巅；若不是天生聪慧，写得一手好字，她便没有被咸丰帝宠信，进而接触政务的机会，只能像普通妃嫔一样终老；若不是咸丰帝跑到承德避难，临终前在人事安排上存在巨大隐患，她也无法联手慈安太后和奕䜣发动政变，实现几方势力共同执掌政权的局面。慈禧太后能从一个普通女子一步步走到太后的位置，固然有其个人的投机钻营，但为她创造条件的，正是家国命运创造出来的种种机遇。

熟悉政务

慈禧太后叶赫那拉氏，出身满洲镶蓝旗（后咸丰帝将其母家抬入镶黄旗），父辈长期混迹于中低级官吏，入宫以后很难指望母家能提供支持。所幸，叶赫那拉氏自身资质不错。咸丰二年（1852），17岁的叶赫那拉氏在选秀中脱颖而出，获封兰贵人——在没有显赫门楣支持的情况下，能够顺利通过层层选拔、赢得皇帝宠爱，实属不易。

叶赫那拉氏天资聪慧，写得一手好字，这为她熟悉政务、日后掌控朝政提供了最初的切口。据说因为咸丰帝体弱多病，时常会口授旨意让叶赫那拉氏在奏折上代笔。

如果只是擅长书法，也不过做些"奉旨代笔"的低端活计，但咸丰帝"惊喜"地发现，叶赫那拉氏不仅代批奏折驾轻就熟，还能时常提出一些独到的见解，慢慢承担起给咸丰帝出谋划策的角色。

第七章 黄昏至暗夜

✿《寿桃图》 清代 慈禧太后

纵127.4厘米,横63.4厘米。绢本,设色。慈禧太后生活中喜爱书画,尤其爱把"自己所作的"书画赏赐群臣,以示恩宠。但也有人说这些画作为宫廷画家代笔,钤上慈禧太后专用的印章而已。现藏于美国弗利尔美术馆。

储秀宫

储秀宫始建于明代，是北京故宫内廷西六宫之一，明清后妃居住地。慈禧太后曾在此居住。

时间一长，叶赫那拉氏便对国家机构的运转模式了解得一清二楚，对于拉拢平衡、杀伐决断等帝王权术也越来越有心得。

巨大的隐患

在咸丰帝去世之前，叶赫那拉氏对掌控权力的欲望始终没有太过明显地表露出来，而且当时她的地位还不够高，尚不具备觊觎权力的条件。但随着时间的推移，一切都在朝着对叶赫那拉氏有利的方向发展。

最关键的条件，自然要数叶赫那拉氏生下了咸丰帝唯一的儿子——载淳。咸丰六年（1856），叶赫那拉氏在储秀宫生下皇长子载淳。当时，身体羸弱的咸丰帝除静贵妃他他拉氏为其生下一位公主外，再无子女。咸丰帝对这个难得的儿子极为看重，当天就晋升叶赫那拉氏为懿妃。次年，又升懿妃为懿贵妃。

两年后玫贵人也生下了一位皇子，但出生当天就夭折了，载淳一直作为咸丰帝的独苗而存在。所以，当咸丰十一年（1861）七月十六日咸丰帝奄奄一息时，他的接班人毋庸置疑，辅佐新帝的"顾命大臣"反倒成了人们关注的焦点，他们分别是怡亲王载垣、郑亲王端华、驸马景寿、大学士肃顺、穆荫、匡源、杜翰、焦佑瀛。

顾命八大臣虽然受命"尽心辅弼，赞襄一切政务"，但他们的权力并非绝对，因为咸丰帝将刻有"御赏"和"同道堂"字样的两枚印章赐给皇后钮祜禄氏和载淳生母懿贵妃叶赫那拉氏。这两枚御印显然不是普通的纪念品，而是皇权的象征，因为咸丰帝临终前规定：新帝颁布的诏书，由顾命大臣草拟，请太后和皇上加盖"御赏"和"同道堂"字样的御印才能生效。

咸丰帝做出这样的人事安排，自然有自己的考虑。在他看来，能威胁到儿子皇位的只有六弟恭亲王奕䜣。第二次鸦片战争期间，奕䜣留守京师与英、法议和，赚足了声望，再加上他本就能力突出，想要取而代之并不困难。历史上这样的事也不是没有，比如明成祖的皇位就是从侄子建文帝手里抢的；清朝初年多尔衮虽然没有最终篡位，但顺治帝也担忧和忍耐了好些年。如今自己快要归天了，奕䜣却还活蹦乱跳，所以他不得不防。

咸丰帝死后，皇后钮祜禄氏以载淳嫡母身份被尊为母后皇太后，上徽号"慈安"；叶赫那拉氏以载淳生母身份晋位圣母皇太后，上徽号"慈禧"。

❋ 辛酉政变

肃顺本来就对叶赫那拉氏干政不满。据说，咸丰帝还在世的时候，肃顺曾建议他效仿汉武帝当年赐死太子生母钩弋夫人的做法，防止小皇帝的生母日后以太后身份侵夺皇权。只是咸丰帝顾念旧情，不忍心杀掉心爱之人，才没有采纳。但这个消息很快传到了叶赫那拉氏耳朵里，她因此认定，只有铲除肃顺集团，才能保证自己的安全。

起初，慈禧太后与奕䜣等人打算借助舆论，使太后垂帘听政变得顺理成章。山东道监察御史董元醇率先上奏，称现在天下正值多事之秋，应事急从权，该让太后暂时处理朝政，再从亲王中选一两人辅佐。大学士周祖培、贾桢、赵光等人还搜集了历朝历代太后临朝听政的范例，由李慈铭编成《临朝备考录》。

咸丰十一年（1861）九月十日，慈安太后和慈禧太后联合召见八大臣，讨论皇帝年幼是否应由太后垂帘听政的问题。肃顺等人以先帝遗诏未曾提及，祖制也并无先例为由断然拒绝。双方直接吵了起来，声音几乎要把屋顶掀掉，只有6岁的小皇帝当场就被吓得尿湿了裤子。

经此一事，慈禧太后发现八位辅政大臣对她并不买账，她也无法左右他们的想法。于是，慈禧太后下定决心，要除掉辅政八大臣。咸丰十一年（1861）十一月二日，慈禧太后联合恭亲王奕䜣、军机大臣文祥、兵部侍郎胜保等人发动了"辛酉政变"，以皇帝的名义颁布谕旨，给载垣等人扣上阻挠和议、嚣张跋扈、擅自拟旨等罪名，将肃顺于菜市口斩首示众，赐载垣、端华自尽，其余五大臣被革职或充军。

❋ 垂帘听政

这场政治斗争以慈安太后、慈禧太后、奕䜣等人的胜利告一段落，小皇帝的年号也由八大臣拟定的"祺祥"改为"同治"，表示两宫太后临朝，与众位大臣共治天下。

太后垂帘听政的地点设在养心殿的东暖阁。为了方便照顾皇帝起居，慈禧太后有时就住在养心殿后殿的燕喜堂。这时，最高权力还不是她一人所独掌。慈安太后虽然以温厚善良著称，但绝非懦弱无能的傀儡；恭亲王奕䜣是"议政王"，担任领班军机大臣，由此开创亲王领军机的先例。至于同治帝，则因年纪太小，皇权暂时被两位母亲和叔叔共同掌握。

第七章 黄昏至暗夜

◉《慈禧太后便服像屏》 清代 卡尔

纵163.5厘米，横97厘米。据美国女画家卡尔说，慈禧太后对画像的要求非常高，脸部不能有阴影，面色越红润越好，而这幅油画恰恰符合她的要求。油画像中，慈禧太后身着蓝色绣花便袍，皮肤细腻红润，两手的护指极为突出，面容慈祥且气质柔和。现藏于北京故宫博物院。

叛逆与抗争

对同治帝来说，自打坐上皇位，童年就只剩下工作和学习。上朝是一项超级无聊的工作，他像个木头人一样坐在那里摆着皇帝的谱，还不能随意乱动，以免影响天子的威仪，剩下的就全交给两位太后和奕䜣这些大人做主。同治帝的主要任务还是学习，他的每日课程就是机械地诵读与讲授，极其枯燥。跟着伴读的载澄偷偷溜出宫玩，成了同治帝读书期间少有的乐趣。

❀ 读书不像样

咸丰十一年（1861），载淳依照惯例出阁读书，也是在这一年，一向被大清视为军事利器的满蒙铁骑没能挡住英法联军的后膛枪炮，逼得载淳跟着父亲咸丰帝一起逃往承德。从承德回京时，载淳虽然已经成了皇帝，但李鸿藻、翁心存等人依然按照慈禧太后的吩咐，在弘德殿教他读书。

有一天，翰林吕耀斗一时好奇，向李鸿藻问起同治帝的学习情况。李鸿藻迟疑了一会说，皇上资质平平，在学习上也不愿下功夫，总想找各种理由请假回宫休息。有一回，师傅不准假，同治帝竟当场把课本狠狠摔到了地上，师傅要求他把课本捡起来。双方僵持了好一阵子，同治帝害怕再不妥协会被请家长，这才勉强把书捡了起来。

其实同治帝本性并不坏，据说他看到师傅跪在地上一把鼻涕一把泪地苦苦规劝他认真学习，自己也觉得不好意思，但又不知道该怎么劝慰师傅，就急中生智，翻开《论语》找到"君子不器"这句话，用手遮住"器"字的下半部分，拿到师傅跟前说:"您就别哭了!圣人曰君子不哭。"师傅听后破涕为笑,转而大力夸赞同治帝"学思敏捷""禀赋过人"。

翁心存去世后,他的儿子翁同龢也担任了同治帝的师傅。翁同龢在日记里记载了给同治帝上课时的情况:"晨读时,皇上表现得漫不经心,尽管我苦口婆心讲了一堆珍惜光阴的话,他也只是点头了事。一到放学时间,便像箭一样蹿出去。"过了几天,翁同龢又写道:"今天讲重视农业的话题,皇上写的文章连句完整、通顺的话都找不出来。我耐心地讲解,然后要他重写一篇,结果他随便凑了几段就去休息了。下午上课时,皇上一直呆坐着,一个字也写不出。我说算了算了,换成写诗吧!结果,皇上的诗也写得不怎么样。"最后,翁同龢只能无奈地感叹:"如此光景,奈何奈何!"

◉《游艺怡情图》 清代 佚名

《游艺怡情图》描绘的是同治帝少年时期读书学习的情景。画中同治帝身着便服,正在认真伏案书写。据推测,当时同治帝的年龄在14岁左右。

严密的监管

清朝皇子的课程包括满文、汉文、射箭、骑马等。每天早晨天还没亮,皇子们就得起床读书。早饭在书房吃,课间休息也不能随意活动,而是要争分夺秒地向师傅们请教问题。另外,一年到头只有元旦、端午、中秋、万寿(皇帝生日)、自寿(自己生日)才能放一天假,根本不存在寒暑假和双休日,就连除夕当天都不能休息。

慈禧太后对同治帝的教育问题高度重视,同治帝的日常请安活动就是一场小测验。同治帝一旦答不上来，就要面临严厉的批评甚至惩罚。一来二去，同治帝每次走进长春宫请安，都有些犯怵，本来就没存多少知识，一紧张脑子里更是一片空白，他为此没少挨骂。但长此以往同治帝也就逐渐麻木了，母子之间几乎没了温情，有的只是起初的沉默，再到最后的对抗。

慈禧太后想不明白，她对儿子的培养尽心尽力，为什么同治帝就不能理解她的一片苦心呢？鉴于同治帝越来越懒散、叛逆，慈禧太后不得不采取"紧迫盯人"的做法，以便能随时知道皇帝的动向，及时帮儿子纠正错误。

诛杀安德海

安德海10岁入宫做了太监，因善于察言观色、办事机敏麻利而深得慈禧太后欢心。咸丰帝驾崩后，他曾充当慈禧太后与奕䜣的联络人，为"辛酉政变"的成功立下大功，逐渐获得慈禧太后的重用。安德海被慈禧太后安插在同治帝身边充当观察员，报告皇帝行踪。

同治帝极度讨厌这个爱搬弄是非的太监，一直想找个机会除掉他。没想到，还没等他下手，安德海就把自己的小命给玩没了。

同治八年（1869），安德海不顾清朝禁止太监出宫的祖制，借为同治帝筹备大婚，到江南采购物资的名义出宫，结果在山东德州境内被当地官员抓获，移交山东巡抚丁宝桢。

丁宝桢向朝廷发文寻证：鉴于明朝太监专权祸国的历史教训，清朝对太监的管理一直十分严格，顺治十

包金嵌米珠帽花 清代

这顶帽花造型独特，是清代帽饰之中的精品。一片片细长的金枝自中心柱往外散开，末端为细叶状嵌珠。中心柱的柱身上镶嵌着排列成菱格状的红、绿宝石，杯状柱底也装饰有宝石与珍珠。现藏于台北故宫博物院。

年(1653)曾颁布关于太监管理的六项规定,头一条就是"未经差遣,不许擅出皇城,违者杀无赦"。要是真有公务在身,则应携带朝廷公文以及兵部签发的身份证件,军机处也会提前通知沿途官员负责接待,而安德海嘴上说是奉慈禧太后之命,却拿不出任何证明材料,怎么看都像是假冒钦差、招摇撞骗的不法之徒。

据传,慈禧太后当时正好生病,同治帝以不打扰母后休养为由,和慈安太后、奕䜣等人指示军机处回复丁宝桢:"该太监擅离远出,并有种种不法情事……令随从人等指证确实,毋庸审讯,即行就地正法。"

慈禧太后得知消息后心里老大的不痛快,慈安太后她不能轻易得罪,但可以拿儿子出气,她把同治帝狠狠训了一顿,结果同治帝满不在乎地说:"不就是杀了个六品小太监,有什么大不了的。"很快,同治帝抓住大婚这件事又给了慈禧太后一个大大的不痛快。

慈安太后像 清代 无款

在沉默中爆发

同治十三年（1874）正月十九日，圆明园修复工程正式启动。在筹措经费的过程中，同治帝与王公大臣爆发了剧烈的冲突，最终导致圆明园修复工程停工。

❀ 同治帝大婚

同治十一年（1872），同治帝已经过了16岁，清朝历代皇帝基本都在14岁左右大婚，相比之下，同治帝无疑已经是个大龄青年，是时候该结婚了。而大婚就意味着同治帝可以亲政了。

有人说是因为慈禧太后贪恋权力，一直以同治帝"典学未成"为由，拖延儿子的大婚和亲政时间。不过，从同治帝读书期间令人失望的表现来看，两宫太后的拖延或许有一定的道理：同治帝16岁尚"读折不成句"，很难想象，以他的业务水平是否能承担起治理国家的重任。

根据《翁同龢日记》记载，慈禧太后曾因儿子"典学未成"而严厉批评师傅翁同龢等人，她说皇帝已经16岁了，马上就要亲政，学成这个样子怎么能行！慈禧太后还曾将儿子的不争气归咎于师傅们督导不严，甚至说过"要是你们不行，就换我亲自来教"的话。其中的急切，很难说是伪装出来的，延迟同治帝的大婚与亲政，慈禧太后可能有不得已的苦衷。

大婚可以迟到，却不能缺席。两宫太后决定为16岁的同治帝举行一次选秀（这也是当朝皇帝的最后一次选秀）。经过层层筛选，五名秀女脱颖而出，

第七章 黄昏至暗夜

● **红釉描金喜字盘 清同治**

盘撇口，浅腹，圈足。通体红釉描金，盘内描金写"喜"字136个，内底心描金团寿字纹。足底书矾红彩"燕喜同和"四字楷书款。同治时期生产的"喜"字瓷器是同治帝的大婚用器，由江西巡抚景福在景德镇为宫廷烧造，共计120桶，计7294件。

慈安太后中意自己的外甥女、侍讲崇绮的女儿小阿鲁特氏，慈禧太后看中的是心腹侍郎凤秀的女儿富察氏。据说富察氏长得比小阿鲁特氏更漂亮，但因为她是慈禧太后中意的人，同治帝偏偏不选，而是把小阿鲁特氏立为皇后。但又不能彻底驳了母亲的面子，所以同治帝把富察氏封为慧妃，却很少与她亲近。

我去故宫看历史

◉ **黄地粉彩萱草纹花盆 清同治**
花盆为花口，深腹，平底，浅圈足。盆内施白釉，口沿部绘如意云纹一周，外壁口沿下饰回纹一周，外壁主体施黄釉，彩绘桃花、萱草图案。色彩典雅，绘图精美，是同治时期专门为慈禧太后烧制的御用瓷器。

    无论同治帝的学业如何不靠谱、执政水平如何令人担心，终归是要把皇权还给他的。同治十二年（1873）年初，两宫太后正式撤帘归政。然而，令两宫太后担心的事很快就发生了，甚至逼得她们不得不出来救场——同治帝和大臣们因为修复圆明园的事情闹翻了。

第七章 黄昏至暗夜

❀ 执意修复圆明园

同治十二年（1873）八月二十一，同治帝以"颐养"两宫太后为名，颁布上谕修复圆明园，初步计划修复三千间房屋，预算经费高达一千万两白银。但户部除了维持日常开支还要支付战争赔款，显然一时拿不出这么多钱。那巨额经费从何而来？同治帝突发奇想，决定向官员们募捐。这毕竟是同治帝亲政后的第一件大事，大臣们纷纷克服困难，尽全力满足皇帝的要求。

虽然由同治帝亲自监工，但圆明园的修缮工作进展得并不顺利，不是缺木料，就是没资金。官员们看时机差不多了，便轮番上书请求停工，其中还包括帝师李鸿藻和翁同龢。但无论大臣们如何前仆后继地劝谏，同治帝始终一意孤行。最后，捐款榜排在前列的六叔奕䜣也坐不住了，他联合醇郡王奕譞等人上奏，请求停工。

同治帝扫了一眼大臣们的联名奏折，不耐烦地说："既然你们都反对，那我停工你们就满意了吧！"

谁知奕䜣反而不依不饶地说："皇上，我们奏折里提出的不只是圆明园停工这一件事，还有很多，请允许我细细讲给您听。"说完，还真的一条一条地说了下去。

年轻气盛的同治帝愤怒到了极点，终于爆发了："干脆这皇位让给六叔你来坐好了！"他想不明白，只是给老妈修个园子，大臣们为什么要拼命阻拦！好，既然这样，就把你们通通革职，看你们还怎么阻拦我！尤其是六叔，"跋扈弄权，欺负朕年龄小"，罪加一等，革去他的亲王爵位，降为郡王。

❀ 昏君的潜质

起初，百官觉得慈禧太后掌握皇权是牝鸡司晨、越俎代庖，将皇权归还给同治帝才是正当合理的选择。然而同治帝在亲政第一年就和大家撕破了脸，一口气罢免了十位王公大臣的职务，甚至还对六叔奕䜣动了杀心，无疑向朝野上下传达出一个极其危险的信号——这小皇帝太有做昏君的潜质了，国家由他治理，似乎还不如太后垂帘得好。

眼看君臣关系闹得太僵，两宫太后只好出面调解，撤销对奕䜣等人的处罚，同时为了顾及皇帝的颜面，将修复圆明园的工程改为修葺西苑三海（北海、中海和南海）。这样，修复圆明园便成了烂尾工程，前期投入的资金也收不回来了。

通过这件事，无论太后还是百官都对同治帝感到很失望。同治十三年（1874）十一月一日，同治帝不幸感染天花，病情很快便急转直下。虽然慈禧太后焦急地在宫中祭祀祖先、拜佛祈福，只求"痘神"快走，但同治帝还是在十二月初五痛苦地死去。

自打懂事开始，同治帝就以懒惰散漫、放荡不羁、贪恋女色的行为对抗着来自母亲、老师、王公大臣的一切管束。这些管束自然有一系列不合理之处：比如慈禧太后太过严苛，动辄训斥、惩戒，这太容易摧毁一个孩子的自尊与自信（同治帝不是唯一的悲剧，后来的光绪帝也是此种教育模式下失败的典型案例）；课程的安排有失科学，老师们的教学方式刻板机械，难以激发学习兴趣；君为生、臣为师的地位严重不对等，造成了许多管理上的无奈，当同治帝上课不专心听讲的时候，老师只能惩罚一旁伴读的王公子弟来敲山震虎。

但这些外在的因素并不是让一个人心态失衡、自甘堕落的所有原因，同治帝本人亦难辞其咎。他读书不上心，连奏折都看不太懂，批语、文章错漏百出；他一意孤行，动辄罢免官员甚至对其肆意杀伐，表现出的稚嫩与极端完全称不上是一个合格的帝王。

最为讽刺的是，同治帝的死亡几乎没有对国家的运转产生什么影响。或许，在成长的过程中，同治帝确实有着许多难言的孤苦，但玩世不恭的叛逆，伤害的不仅仅是他对抗的那些人，也让他本人走上了毁灭的道路。

《同治帝朝服像》清代

儿子当了皇帝，父亲怎么办？

奕譞专门给自己取了"朴庵"的字，号"退潜主人""九思堂主人"。宋代韩琦在《孟冬朔日祀坟》里写道："多少幽闲趣，吾方事退潜。""退潜"即是辞官归隐的意思。而"九思"二字出自《论语》，孔子说"君子有九思"，是在告诉自己要随时自省。这些做法无一不带着自我表白的意味，奕譞不光是在时刻提醒自己，也是借此向外界表明，自己低调谦逊、忠心事主、没有野心。

❀ 突然砸下来的皇位

奕譞是道光帝的第七子，当年四哥奕詝与六哥奕訢为了皇位明争暗斗，而奕譞则自知不是当皇帝的料，也斗不过两位哥哥，所以干脆退出竞争，老老实实当一个郡王。

咸丰帝死后，奕譞也卷入了权力斗争的旋涡，他因与奕訢配合慈禧太后发动辛酉政变，故而获得皇帝召见不必跪拜、写折奏事不必自报姓名等特权。同治三年（1864），奕譞加封亲王衔；同治十一年（1872）被晋封亲王，成了醇亲王。

同治十三年（1874），同治帝刚刚驾崩，慈禧太后、慈安太后便在养心殿西暖阁召开紧急会议，与王公大臣们商量即位人选。当有人提议从下一代"溥"字辈里挑选一人过继给同治帝当儿子即位时，慈禧太后坚决予以否决，并当场宣布将醇亲王奕譞的儿子载湉过继给咸丰帝，等载湉将来有了儿子，再过继给同治帝。

第七章 黄昏至暗夜

按照清朝家法，同治帝当时已经成年，应从他兄弟的儿子里挑选一人过继给他，但这样一来，慈禧太后就成了太皇太后，便失去了继续干涉朝政的理由——即便新皇帝年幼，也该由其母亲以太后身份指导、训诫，而不是奶奶辈的太皇太后。

奕譞无论如何也没想到，皇冠最后居然落到了自己的儿子载湉头上。慈禧太后的话音刚落，奕譞登时哀号一声，晕倒在地，拉也拉不起来。奕譞清楚，这个决定意味着，他和载湉此生都再也不可能享有平静安宁的生活了。

第二天奕譞主动请求辞掉一切官职，他说："臣侍奉同治帝十三年，如今龙驭宾天，我实在悲伤不已。昨天又忽然听到太后懿旨，立载湉为帝，一时间惶恐万分，导致旧病复发，无法继续工作了。恳请辞职养病，请允许为道光皇帝在这世间留一个碌碌无为的儿子吧。"

辞职之后，奕譞把主房命名为"思谦堂"，用"退省斋"给新建的书斋命名，书斋悬挂着很多谦抑退让、感恩不忘的条幅，桌案正中还摆着一件"敧器"（水半则平衡，水满则倾斜溢出），上面刻着"满招损，谦受益"。奕譞急流勇退，

醇王府：两度潜龙邸

醇亲王奕譞的父亲（道光帝）、哥哥（咸丰帝）、侄子（同治帝）、儿子（光绪帝）、孙子（宣统帝）都是皇帝；奕譞所居住的醇王府，也先后两次因为出了皇帝而荣升"潜龙邸"。

奕譞起初住在西城区太平湖东里，后来因儿子载湉做了皇帝，醇王府升级成了"潜龙邸"，慈禧太后便把后海北沿的一座贝子府赏给了奕譞，作为新醇王府，俗称"北府"，旧王府则称"南府"。中华人民共和国成立后，南府成了中央音乐学院用地，是西城区的保护文物。

再后来，奕譞的孙子溥仪做了皇帝，北府又成了"潜龙邸"，只好再次空置下来。北府现在是北京市保存最完好的王府之一。

● 清晏舫

原称石舫,建成于乾隆二十年(1755),堪称中国园林建筑的精品。石舫船体用巨石雕成,船身上有两层楼,窗户用彩色玻璃装饰。咸丰十年(1860)被英法联军烧毁,光绪十九年(1893)重建,命名为"清晏舫",取"海清河晏"之意。

摆出一副与世无争的样子给慈禧太后看,表明自己不会因是新皇帝的生父而张扬自傲,对权力也毫无野心。

❀ 乖巧懂事,表现优秀

光绪二年(1876),光绪帝开始在毓庆宫学习,慈禧太后指派内阁学士翁同龢和兵部侍郎夏同善做皇帝的老师,由奕譞管理皇帝的一切读书事宜。而光绪帝在读书期间的表现,赢得了家长和老师的一致赞许。

有一次,光绪帝陪慈禧太后看戏,慈禧太后看得津津有味,偶尔转头看一眼皇帝,发现他正捧着一本书在读,慈禧太后一点也不生气,反而夸奖说:"之前就听说你时时都在看书,连临睡前都要背一段古文。能做到如此自觉

第七章 黄昏至暗夜

（1884），清军在中法战争中接连失败，慈禧太后以此为借口免去了奕䜣的一切职务，宝鋆、李鸿藻、景廉、翁同龢四位军机大臣也被罢免。朝廷彻底变成了慈禧太后的一言堂，百官莫不唯她马首是瞻。

❁ 曲意逢迎

光绪十一年（1885）九月，清朝成立海军衙门，由醇亲王奕䜣总理海军事务，李鸿章做他的副手。在慈禧太后的授意下，他们以筹建水师为名，重新修缮于咸丰十年（1860）被英法联军焚毁的清漪园。

奕䜣以中法战争中清军海军训练落后为由，选拔北京的八旗子弟集中操练水战，以期加强清朝的海军建设。万寿山下的昆明湖水面开阔，用来操练水军再合适不过了，而且也方便太后和皇上前往检阅。

由于工程由海军衙门一手包办，一开始大家并不清楚内情，也就不方便反对。眼看着建设规模远远超过了海军训练需要，百官终于明白，但又能如何呢？奕䜣办事一向以慈禧太后的利益为准则，他敢这么做显然是慈

和专心，实在了不得！"

据师傅翁同龢回忆，光绪帝刚识字不久就指着书上的"财"字说："我讨厌这个字，我喜欢'俭'字。"翁同龢听了十分欣慰，当场跪拜行礼说："皇上如此圣明，实在是百姓之福啊！"此外，光绪帝对历代治国经验领悟得也相当透彻，一举一动都在向圣贤、明君看齐。

光绪七年（1881），慈安太后暴毙（死因成谜），每天上朝时帘子后坐着的变成了慈禧太后一人。光绪十

禧太后授意，光绪帝也不敢明确反对，还亲笔题写了"颐和园"三个大字，制成九龙金匾悬挂在东宫门（正门）之上。

❀ 归政变训政

当初，两宫太后立载湉为帝时曾公开承诺，再度垂帘听政只是一时权宜之举，只要皇帝学业有成，便会撤帘归政。光绪十二年（1886）六月初十，慈禧太后主动下诏，宣布明年举行皇帝的亲政典礼。王公大臣面面相觑，都不清楚慈禧太后这葫芦里卖的什么药。

奕譞听到这个消息后，立刻联合几位重臣提出了"训政"的办法，请慈禧太后效仿当年嘉庆帝当皇帝、乾隆帝当太上皇的模式。他们给出的理由是，光绪帝还年轻，对各项业务尚不熟悉，需要有一个"实习期"，请太后看在时局艰难的分上再辛苦几年，从旁点拨，悉心指导。

慈禧太后在拒绝一次后"勉为其难"地接受了大家的请求。领班军机大臣、礼亲王世铎很快制定出训政细则，除将原来挡在太后面前的半透明纱帘换成纱屏之外，与之前的垂帘听政没什么差别。

光绪十三年（1887）正月十五，光绪帝亲政大典如期举行。光绪十五年（1889）正月二十六，光绪帝举行大婚。二月三日，慈禧太后宣布结束训政，至少，她在表面上仍遵守皇帝一经大婚便要亲政的祖宗之法。

光绪十六年（1890）十一月，奕譞突发疾病，不久逝世。遵从他生前的意愿，光绪帝不像明世宗那样为生父追封皇帝名号，只定称号为"皇帝本生考"。可以说，奕譞从生至死，都是在谨小慎微中度过的，这也是他一生四平八稳的重要原因。

第七章 黄昏至暗夜

◉《皇帝大婚图册》之《大征礼图四》 清代 庆宽等

光绪十四年(1888)十月,慈禧太后与光绪皇帝从复选的秀女中确定了皇后,并于次年举行了中国历史上最后一次真正意义上的皇家婚礼。

清朝女子的特色服饰

清朝满族妇女的服饰很有特色,为众人所熟知的就是头上"大拉翅",脚下的"花盆底"鞋。清初流行的"两把头",就是把头发分成两把,梳到头顶,结成发髻,余发则修成尖角放在颈后,称之为"燕尾"。中期以后至清末皆盛行"大拉翅",即在"两把头"的基础上,在顶髻上戴一片由绒、绸等包裹成板状的帽子,帽子上再缀上珠宝等物。满族妇女服饰有袍、褂、氅、衬等,基本是圆领大襟,两边开衩,袖口平直,腰身宽大,长及脚面。低领时可围手绢。汉族妇女服饰则依然是明朝式样,以衫裙为主,但有时也仿效满族服饰。嘉庆之后,除穿裙子外,也穿裤,裤管末端镶有花边;光绪后,穿裤逐渐流行,穿裙者渐少。有清一代,服饰的花样、做工、衣料、刺绣等都有所变化。

旗装

清朝有规定,只有后妃、格格及贴身丫鬟才能穿有贵重饰品的旗装,身份低贱的奴婢、戏子只能穿素服。

● 缎地盘金龙斗篷

斗篷又名一口钟,为无袖、不开衩的长外衣,多为已婚女子所穿用。其长自肩及膝后,以带系之于颈,又称"披风"。斗篷不仅于寒冬出门时穿着以挡风御寒,同时也是妇女的一种礼服。

● 缠足妇女的尖头弓鞋

● 低领阔镶边长袄

◉ 大拉翅

旗装采用直线式设计，不但上下连体，衣长直接到脚踝，而且胸、肩、腰、臀完全平直，腰身十分宽大。布料一般用绸缎，衣领、衣袖、前襟、下摆、衩口、裤管都可以滚上宽阔的花边作装饰，清朝末年曾流行"十八镶"。

许多女子还会在脖子上围一条二寸左右宽的绸带子作装饰，名曰"龙华"，一头掖在大襟里，一头垂在胸前，可以增添含蓄优雅之感。

◉ 品月色缎绣绣球花夹马褂

◉ 鱼鳞百褶裙

清朝妇女多穿裙子。鱼鳞百褶裙为数幅布帛拼合而成，折成细裥，折裥之间用丝线串联，交叉成网，展开后形似鲤鱼的鳞甲。

◉ 琵琶襟马甲

马甲为一种无袖短衣，清初时多穿于内，晚清时讲究穿在外面。在长袍外面加罩一件马甲是满族妇女十分喜爱的装束。这种马甲有大襟、对襟及琵琶襟等形制，长度多到腰际，形形色色，繁复多样。

◉ 绣金银长裤

❈ 花盆底

满族妇女为天足,喜欢穿高底旗鞋。旗鞋在鞋底中部再装上前平后圆、高三四寸、底面为马蹄形的木底,上敞下敛,呈倒梯形,又如花盆,因此也称"花盆底"。花盆底的高度一般在十厘米左右,最高能突破二十五厘米。木底四周用细白布包裹,鞋面用绸缎,再加以彩绣花卉,贵族妇女还会在鞋面上饰以珠宝。

❀ 缎钉绫凤戏牡丹纹高底旗鞋 　　❀ 黑缎面绣花高底鞋

没有永远温顺的羔羊

据传，有一天，光绪帝去长春宫请安时，慈禧太后正在吃汤圆，就随口问了一句："皇上吃过了没？"光绪帝虽然吃得挺饱，但害怕拒绝会惹太后不高兴，于是违心地说："还没有。"慈禧太后立马热情地让宫女给光绪帝盛一碗汤圆，光绪帝狼吞虎咽地吃完，夸赞说："这汤圆真美味！"不料慈禧太后当了真："既然皇上喜欢，那就再来一碗吧！"光绪帝只好一边继续往嘴里塞，一边偷偷把几个汤圆藏到袖子里。终于挨到请安完毕，光绪帝心急火燎地走出长春宫，此时，他的袖子里已经满是黏糊糊的汤圆了。唉，这可真是"吃不了兜着走"啊。

不由自主

慈禧太后在大臣的配合下完成了从垂帘听政到训政的过渡，从此无后顾之忧，她于光绪十四年（1888）年宣布："皇帝大婚典礼定于明年举行。"光绪朝的选秀活动终于拉开帷幕。

经过紧张、激烈的初赛和复赛，五位"选手"脱颖而出，闯进了在紫禁城体和殿举行的"总决赛"。她们是满洲镶黄旗副都统桂祥的女儿叶赫那拉氏，礼部侍郎长叙的两个女儿他他拉氏以及江西巡抚德馨的两位千金。决赛不设才艺展示环节，也不允许秀女自由发挥，五位姑娘一字排开站好，等待太后和皇帝的挑选。

慈禧太后和颜悦色地告诉光绪帝："这是你的婚姻大事，皇上自己拿主意吧！"

第七章 黄昏至暗夜

光绪帝觉得还是再确认一下保险,于是小心翼翼地回答:"儿臣全听您的安排!"

慈禧太后依然语气平和,坚持要光绪帝自己选。光绪帝确认了慈禧太后的态度之后,便拿起玉如意出发了——按照惯例,皇帝把玉如意递到谁的手里,就意味着谁将被立为皇后;如果送的是红绣花荷包,则代表将被册封为妃子;如果塞的是银两,那就是报销往返路费,各回各家。

这时,身后突然传来一声暴喝:"皇帝!"光绪帝转过身,惊魂未定地望着慈禧太后。只见慈禧太后朝站在排头的女子努努嘴,示意光绪帝把玉如意给她。那位站在排头的女子是都统桂祥之女叶赫那拉静芬,而桂祥正是慈禧太后的亲弟弟、光绪帝的亲舅舅。

静芬相貌平平,含胸驼背,论姿色实在不敢恭维,论年龄还比皇帝大3岁,当时已经21岁了——清朝选秀本来对秀女的年龄严格限定在13至17岁,发现弄虚作假一律严惩不贷。静芬能通过层层审核,足见关系非同一般。

光绪帝不敢不顺从慈禧太后的意思,只好万般不情愿地把玉如意交到表姐静芬的手上。光绪十五年(1889)正月二十六,光绪帝正式举行大婚典礼。

慈禧太后担心德馨的女儿封了妃会和皇后争宠,就干脆把德馨的两个女儿全部淘汰。长叙的两个女儿则有幸被留下,姐姐被封为瑾嫔,妹妹被封为珍嫔。

此时光绪帝虽然名义上已经亲政,却连自己的婚姻都决定不了,又能有什么实际的权力呢?

坤宁宫喜房

坤宁宫是明清时期皇后的正宫,也是皇帝和皇后大婚时的喜房,其与交泰殿、乾清宫坐落在同一高台上,呈长方形。坤宁宫喜房的陈设是严格按照光绪皇帝大婚时的情形摆设的,大漆"喜"字屏风、百子帐等反映了当时宫内婚俗。

纸扎的太和门

距离光绪帝大婚典礼只剩下四十多天时,太和门突发大火,被烧了个面目全非。按照程序,皇后必须经大清门、天安门、端门、午门、太和门进宫,如今少了一个门该怎么办?重建肯定是来不及了,皇帝大婚的日子是早就定好的,事关重大,无法改期,只好找工匠加班加点,用竹竿和彩纸临时搭建了一座纸扎的太和门。

在传统观念里,只有在祭奠逝者时才会用到纸扎的物件,因此许多人对这场婚姻产生了不祥的预感。更糟心的是,不懂中国习俗的英国女王还特意送来一件自鸣钟作为新婚贺礼。皇帝大婚,你"送钟(送终)"多晦气啊!

针对桂祥的小动作

大婚的次日，按照惯例，光绪帝要在太和殿设宴款待皇后娘家人的男性成员和王公大臣。就在所有人提前到场就座，只等皇帝驾到时，太监突然来传话，皇上龙体欠安，无法出席，特令撤去谢宴，宾客各自回家吧。

帝师翁同龢也在日记里写了这件事，他专门询问过宫中侍卫、太监，据说是皇帝早上头晕吐酸水，太医叮嘱要卧床静养，尤其避免出门见风，因此才取消了谢宴。第二天翁同龢又写道：因昨日撤宴，外间不免讹言。从慈禧太后强令光绪帝选静芬，到大婚前被烧毁的太和门，关于皇帝婚姻不幸的传闻便流传开来，人们虽然不敢当面乱说，但不免会在背后议论。

太和门

太和门始建于永乐十八年（1420），光绪十四年（1888）被焚毁，次年重建，是紫禁城最大的宫门。太和门是明代皇帝"御门听政"的地方，皇帝在此接受百官朝拜、处理政务。清朝初年，皇帝也曾在太和门处理政务、举办宴席，但后来"御门听政"的地方改到了乾清门。

◉ **镀金累丝镶松石福寿如意 清光绪**
首面中央镶松石五蝠捧寿，左右饰灵芝各一；中部隆起，柄面镶松石，间以双蝠捧佛手及双蝠捧蟠桃纹各一组，另以灵芝、祥云填白。黄绢签墨书"子皇帝臣载湉跪进"。根据黄签及纹饰，此为光绪帝呈给慈禧太后的祝寿礼物。

此次撤宴令新晋国丈叶赫那拉·桂祥丢了面子，桂祥本人倒是挺委屈的：我与皇上无冤无仇（反而是亲上加亲），这门亲事又不是我决定的，皇上不敢直接对抗太后，就来迁怒于我，我也没办法啊，只能默默忍受。

但凭着太后亲弟弟的特殊光环，桂祥还是扶摇直上，出任工部右侍郎。光绪十八年（1892），他又负责健锐营事务。

❀ 谁也不能阻止

光绪二十年（1894），慈禧太后的万寿庆典是这一年中压倒一切的头等大事。为此，朝廷提前一年就组建了庆典筹备委员会，各项工作也陆续展开。仿照乾隆年间乾隆帝为崇庆皇太后祝寿的样子，在西华门至颐和园东宫门长达数十里的道路上搭建彩棚、戏台、牌楼、经坛等建筑，供慈禧太后途中观览；苏州、杭州、江南三个织造部门，特制彩绸十万匹，以供庆典所需。

十月初十是慈禧太后的60岁生日，正当朝廷上下紧锣密鼓地筹备万寿庆典时，日本于六月二十三日不宣而战，在朝鲜丰岛海面袭击清军运兵船，战争爆发。七月初一，中日两国正式宣战，这一年是阴历的甲午年，因此这场战争又被称为"甲午战争"。

对于突然冒出的搅局者,慈禧太后气狠狠地说:"这一次,谁也不能阻止我好好过个生日!"慈禧太后、光绪帝以及朝廷上下的态度基本一致,表示"大清绝不示弱",一定要严厉打击日本的嚣张气焰。

当然,这种强硬的态度也是源于对自身实力的高度自信。战争爆发前,大部分国人对日本的印象还停留在蕞尔小国、长期以中国为师的阶段,对明治维新后日本迅速崛起的事实却知之甚少。反之,中国近三十年在坚船利炮方面追赶西方着力最多,洋务运动的成绩有目共睹——光绪十四年(1888),美国《海军年鉴》按照舰船吨位为标准,将北洋舰队的实力排在世界第九位。

所以,万寿庆典这等大事又怎会因一场稳操胜券的战事而被耽误呢?

❀ 慈禧太后一意孤行

中日开战,统治者怎么也该收敛一下铺张的私欲,做一做共赴国难的姿态吧?何况国库吃紧,财政也实在撑不住万寿庆典的超大排场了。于是有大臣请求缩减万寿庆典的规模,停建可有可无的点景工程,不料慈禧太后大发雷霆,放话说:"谁要是让我这个生日过得不舒坦,我就让他一辈子不舒坦!"

❀ 北洋水师致远舰旧照

此话一出，再没有人敢提出异议。于是，一方面万寿庆典继续筹备，一方面是中日战事不断扩大，不利的消息接踵而至：先是清军在朝鲜战场上接连失利；北洋水师在黄海海战中损失惨重，舰队躲入威海港内，放任日本夺取黄海制海权。

直到此时，既没了心情，也没有脸面再大事铺张的慈禧太后才不得不下旨取消在颐和园的庆典活动，停建沿途点景工程，典礼改为只在紫禁城内举办。

十月初十生日当天，庆典大戏按时上演。此时，日军接连攻占大连、旅顺，军情急电像雪片一般飞来。心急如焚的光绪帝却只能乖乖陪在慈禧太后身边，极度痛苦地看着眼前的"歌舞升平"。

甲午战争是光绪帝"亲政"后从决策到指挥全程负责的第一件大事，本指望借一场大胜树立起个人威望，谁知惨败令他背负了极大的精神压力。所谓"知耻而后勇"，战后的变法图强成为重新证明其执政能力的机会。

每逢万寿必无疆

慈禧太后每次过生日，都摊上一些糟心事：四十岁那年，唯一的儿子同治帝死了；五十岁生日爆发中法战争，最终签订丧权辱国的《中法新约》，云南、广西成了法国的势力范围；六十岁生日又爆发了中日甲午战争，清军一败涂地，与日本签订《马关条约》；七十大寿倒是没有遇到中外战争，但日本和俄国在大清的"龙兴之地"——东北打了起来，史称日俄战争，大清哪一边也惹不起，只好含泪宣布保持中立，眼睁睁看着战火在自己的国土上蔓延。

这样的结果将软弱无能的政府推到风口浪尖，人民怨声载道，有人愤然写道："今日幸西苑，明日幸颐和，何日再幸圆明园？四百兆骨髓全枯，只剩一人何有幸？五十失琉球，六十失台海，七十又失东三省！五万里版图弥蹙，每逢万寿必无疆！"

第七章 黄昏至暗夜

痛则思变

甲午战争以清军的惨败而告终，洋务运动的标志性成果——北洋水师全军覆没，《马关条约》的条款也引爆了举国的愤怒。上到各级官员，下至正在北京参加会试、尚无功名的举人，都纷纷上书，请求拒签和约、迁都再战。光绪帝也曾十分为难地说："割台湾则人心皆去，朕何以为天下主！"但和约终归还是签了，迁都再战的希望落空，然而这次屈辱与抗争却在所有具有不屈精神的人心里埋下了变法图强的种子。

❀ 变法是大势所趋

梁启超说："吾国四千余年大梦之唤醒，实自甲午战败、割台湾、偿二百兆以后始也。"诚如斯言，甲午战争的惨败给清朝带来的冲击是空

《光绪帝朝服像》 清代

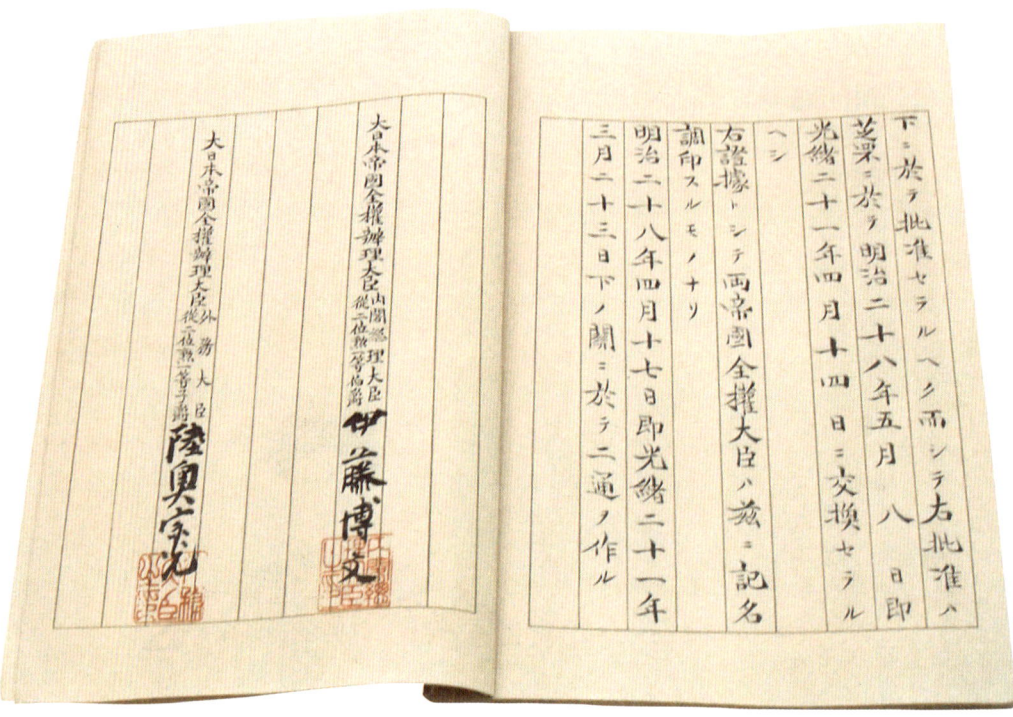

前的,阵痛与屈辱彻底击碎了"天朝上国"的迷梦,也推动了中国人的群体觉醒。

面对失败,朝野上下都意识到,中国必须要做出调整。当列强以武力强行打开中国国门时,我们以为对方的最大优势在于先进的武器,通过洋务运动的模仿与追赶,我们跟人家拿着一样的武器,为什么还是一败涂地呢?

危机倒逼变法

《马关条约》中规定割让辽东半岛给日本,但俄国认为这一条款阻碍了它在中国东北的扩张,于是俄国联合德

《马关条约》日文版

《马关条约》的签订使日本在中国获得巨大利益,也造成了中国国内空前严重的民族危机,掀起了各国列强瓜分中国的狂潮。

国、法国直接向日本提出交涉,要求日本政府退还所占领的辽东半岛,三国还派海军舰队在日本海面游弋。德国外交大臣甚至明确说:"日本必须让步,因为对三国开仗是没有希望的。"

最终,日本被迫接受三国的"劝告",同意清廷有偿赎回辽东半岛。俄国便以"还辽"有功为由,向清廷索要报酬,双方于次年签订了《中俄密约》,使俄国获得了中东铁路的修筑权。

德国也要求以一个港口作为回报。光绪二十三年(1897)十月,德国在俄国的支持下,派舰队强行占领山东省胶州湾。光绪二十四年(1898)二月十四日,德国迫使清政府签订《中德胶澳租借条约》,将胶州湾租借给德国,租期九十九年。

德国强占胶州湾引发了蝴蝶效应,俄国强占旅顺口和大连湾,以东北三省作为自己的势力范围,不容别国染指;法国强行租借广州湾,划广东、广西、云南三省为其势力范围;英国则通过与清廷签订的《展拓香港界址专条》和《订租威海卫专条》,继续保持它的优势。

翁同龢在日记里无奈感叹:世事艰难至此,君臣相顾无言,唯有唏嘘垂泪而已。这是继甲午战争失败后光绪帝再一次被国事逼至无奈垂泪的地步。因此,一场变法在局势倒逼下终于拉开序幕。

银寿字火锅 清光绪

直径32厘米,高30厘米。银质,由锅、盖、烟囱、闭火盖组成,通体遍布金银圆"寿"字、长"寿"字、蝙蝠纹等,有"福寿万年"之意,是慈禧太后经常使用的火锅。现藏于北京故宫博物院。

康有为搅动风云

光绪二十九年（1903）入官担任御前女官的裕容龄在《清宫琐记》里写道：光绪帝身边有个姓孙的亲信太监，有一天来到我房里，趁着四周无人掏出一块表说，"万岁爷叫我问你知道不知道这个人在哪里"。只见表面上用朱笔写了一个"康"字，裕容龄想了半天才明白那个人是指康有为，回答，"我实在不知道他在哪里，不过可以去问问我的母亲"。孙太监赶紧打住，"算了，你别去问了！万岁爷说了，这件事不能让外人知道"。说完就急匆匆地走了。与裕容龄一同入官的姐姐裕德龄在《德龄公主》中也记录了同一个情节，只是细节上有点出入（光绪帝直接把"康"字写在了裕容龄手上）。如果两姐妹的记录属实，光绪帝对康有为确实有些牵挂在心。

执着上书

梁启超在《清代学术概论》中评价康有为："（康）有为之为人也，万事纯任主观，自信力极强，而持之极毅；其对于客观的事实，或竟蔑视，或必欲强之以从我，其在事业上有然，其在学问上也亦有然；其所以自成家数崛起一时者以此，其所以不能立健实之基础者亦以此。"这个评价中肯且精确。康有为的个性，是他能迅速崛起的原因，也是他最终失败的缘由。

早在光绪十四年（1888），康有为第一次去北京参加科举时，他就试图向光绪帝上书陈述变法的迫切性与重要性。但当时的他尚无资格直接与皇帝对话，只能请官员代为呈递，可惜由于"大臣阻格"，这篇文章最终没能送到光绪帝手中。

慈禧太后与裕德龄等的合照

照片左起依次是瑾妃、裕德龄、慈禧太后、裕容龄、裕容龄之母和隆裕皇后。裕德龄精通英文,她用英文所著的反映清宫生活的作品在海外拥有众多的读者,随后又被人翻译成中文流传至国内,引起巨大反响。

光绪二十一年(1895)四月初八,康有为联络在京参加会试的一千三百多名举人,以"拒和、迁都、变法"为主题向皇帝上书,这就是著名的"公车上书"。这次上书也被都察院拒绝代呈,却在社会上广为流传,产生了深远影响,康有为也因此名动天下。

《马关条约》签订不久,光绪帝哀痛不已,急需找到治国良方。康有为看准机会,将之前流产的上书加以修改,删去拒签和约、迁都再战等过时的内容,又加入一些富国、养民、教民、练兵等自强雪耻的对策,形成了一道新的上书——《上清帝第三书》。

办报、开学会

光绪二十一年(1895),康有为、梁启超在北京创办《中外纪闻》(初名《万国公报》),报道时事,刊载宣传变

❀ 康有为

康有为（1858—1927），广东省广州府南海县（今广东佛山南海区）人，因此人称"康南海"。康有为是中国晚清时期资产阶级改良主义的代表人物。

法的文章；随后又成立强学会，通过聚众讲学来壮大声势；八月，又在上海组织强学会，获得当地商界名流的踊跃支持；次年年初，康有为创办《强学报》，宣传维新变法。

强学会的成立，吸引了各类官员的关注与支持：户部尚书翁同龢专门从户部拨银一千五百两作为强学会活动经费；工部尚书孙家鼐出面物色了一间房屋作为其会址；直隶总督王文韶、两江总督刘坤一、湖广总督张之洞各捐五千两白银；袁世凯、聂士成、宋庆等现役军官也踊跃赞助；甚至李鸿章也想捐钱入会，但因为名声不好而被拒之门外。如果能够充分利用这些实力派的支持，无疑有利于日后变法的开展。

第七章 黄昏至暗夜

《强学报》首次面世也惊世骇俗，创刊号上纪元署"孔子卒后两千三百七十三年"——一上来便不打算遵照光绪年号纪年的规则，挑战正统皇权的敏感神经。康有为的一系列举动让原本非常看好并大力支持他开学会、办报纸的张之洞非常失望，两人很快便分道扬镳。

光绪二十二年（1896）一月，御史杨崇伊状告强学会"植党营私"，北京、上海两地强学会相继被封禁；《强学报》仅仅出版两期旋即遭到查禁；《中外纪闻》也随强学会的查禁而停刊。光绪二十四年（1898）成立的保国会在活动月余后自行终止。

◉《上摄政王书》清代 康有为

1908 年，光绪帝和慈禧太后相继去世后，由光绪帝的弟弟载沣摄政。康有为和梁启超将这视为"讨贼复仇"的一个机会，他们联络满汉贵族、大臣，企图使清政府严惩袁世凯，其中最重要的一个方式便是给载沣上书。康有为在《上摄政王书》中立辩"围园杀后"是袁世凯捏造的谎言，希望载沣能像康熙帝诛鳌拜、嘉庆帝诛和珅、慈禧太后诛肃顺那样处置袁世凯。

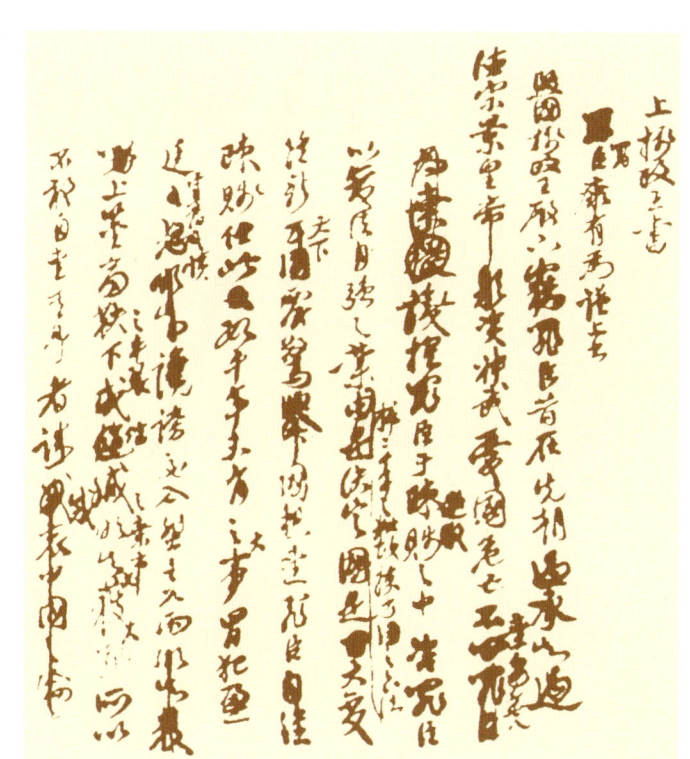

我去故宫看历史

❀ 总理衙门会晤

光绪二十三年（1897）十月，德国强占胶州湾，激发了严重的民族危机。康有为敏锐地从中嗅到了变法时机，立刻从上海赶回北京，第五次上书光绪帝，表示再不变法，则"恐皇上与诸臣求为长安布衣而不可得矣"。当他按照程序请本部堂官（明清时期对中央各部门尚书、侍郎等人的通称，因其在各衙门大堂办公而得名）代为上奏时，却被工部尚书淞桂拒绝。虽然上书未能送到光绪帝面前，却在一些官员和士大夫中传播开来。

光绪帝为了摆脱日益严重的危机，也希望能挣脱慈禧太后的束缚，而支持康有为变法。但恭亲王奕䜣以"四品以下官员无资格觐见"为由，阻挠光绪帝直接召见康有为，光绪帝只好让步，批示交给总理衙门酌情处理。

❀ 光绪二十一年班禅额尔德尼进献蜜蜡数珠 清光绪

得到光绪帝的批示后，光绪二十四年（1898）正月初三，帝师翁同龢、总理衙门行走李鸿章、兵部尚书兼步军统领荣禄、刑部尚书廖寿恒、户部侍郎张荫桓五位高级官员在总理衙门的西花厅召见了康有为。

翁同龢在当天的日记里简单叙述了康有为谈论的变法主张。张荫桓则说："今天约了康长素（康有为号长素）来总理衙门会晤。合肥（李鸿章）、常熟（翁同龢）、仲山（廖寿恒）接见了他，后来我跟荣禄也去了，有幸聆听康先生高论。""高论"两个字反映出张荫桓对康有为的欣赏。

光绪帝在听取情况汇报后要求总理衙门通知康有为，将其变法主张以文本形式呈递上来。

❋ 重形式，张声势

康有为将总理衙门的谈话以及此前并未上达的上书内容加以整合，形成了著名的《应诏统筹全局折》，即《上清帝第六书》，于光绪二十四年（1898）正月初八交给总理衙门代呈。据《张荫桓日记》记载，呈送奏书的前一天晚上，张、康二人曾在一起聚餐。这次有了户部侍郎张荫桓的保驾护航，《应诏统筹全局折》顺利送达光绪帝手中。

其中，康有为先介绍了日本的明治维新，尤其是以大誓群臣为变法揭幕的做法：明治天皇率领百官在紫宸殿宣读《五条誓文》，并对天地神明立誓，锐意改革，同心努力。然后提议中国加以仿效，令变法有个声势浩大的开端——选定一个良辰吉日，皇帝在太庙或者乾清门召集文武百官举行盟誓，同时昭告天下，使臣民皆知变法为国家大政，由此形成"上下一心、共赴改革"的大好局面。康有为希望能借助皇帝的权威来推行变法，使维新派参与其中，改革政治制度，最终形成像日本一样的君主立宪制国家。

光绪二十四年四月二十三日（1898年6月11日），光绪帝颁布上谕《定国是诏》，表明自己变法的决心，一场短暂的改革就此展开。

❋ 历史性会晤

光绪二十四年四月二十八日（1898年6月16日），光绪帝在颐和园勤政殿正式召见康有为。此次觐见一定是康有为一生最值得回忆的片段之一，在他的自述里，君臣二人有问有答，相谈甚欢，不知不觉间"逾十刻钟矣"（约两个半小时）……

但与康有为同日接受召见的总理衙门章京张元济，在日后回忆当天的经历时，说："康有为进去了大概一刻钟（十五分钟）后，就轮到我了。我跟皇上交谈只有半刻钟（七八分钟）的样子，时间不长却也看得出，皇上对变法心有余而力不足。他讲了很多话，谈到守旧派的阻挠、大臣对西方的不清不楚，可见焦虑之重；他听说我在办学堂，便问到学堂的详细情况，还勉励我将学堂好好办下去，多为国家培养有用的人才。"尽管当时变法仅开展一个多月，但张元济已经对未来产生了不祥的预感，他说，近来朝廷的举措接踵而出，但漫无章法，这绝非好兆头。

对变法前景的怀疑与担忧是戊戌年间朝野上下多数人的心态，但对康有为等少数人来说，眼下正是乘风破浪、大施拳脚之时。觐见完毕，康有为被任命为总理衙门章京，而且有了专折上奏之权，今后上书无须他人代呈即可直达天听。光绪帝和维新派已经开始展望国家富强的美好前景了；而对多数被定义为"顽固派"的官员来说，看到那些裁撤闲散机构与冗余人员的诏令，必然感到不寒而栗。

荣禄：改革的另一种方式

抛开"维新派"的讲述视角，真实的荣禄并不顽固守旧，反倒更像一个务实的改革派。他在甲午战争后主持军务督办处，尽力延续洋务运动的事业，除了积极建造兵工厂、修建铁路之外，还大力支持袁世凯编练新军。

荣禄在写给日本前首相伊藤博文的信中说，中国应以整顿军队、扩充财力、改革自强为当务之急，只是千百年来的积习不可骤然大变，就像医治一个极度虚弱的病人，下一剂猛药非但不治病反而会要命，只有让药效缓缓发挥作用，病情才会逐渐好转。

欲速则不达

变法是顽固派与维新派之间的斗争，但如果非黑即白，不讲策略、一棒打死，变法又怎能成功？光绪帝也曾断言"盈廷皆守旧"——先入为主地将旧臣整体定义为守旧，以为不堪大用，未免偏激，也十分危险，为后来君臣关系的紧张埋下了火药。

❋ 盈廷皆守旧

在国家危亡的巨大压力之下，光绪帝变法的心十分急迫。《定国是诏》颁布后的一百天时间里，他发布的变法诏令多达一百八十四条，涉及政治、经济、教育各个方面。对于变法过程中表现出的急于求成，连担任大清海关税务司司长的英国人赫德都觉得不可思议，他在评价变法时说："他们把足够的东西不顾它的胃量和消化能力，在三个月之内都填塞给它吃了。"

变法开始一个月后，两江总督刘坤一的话，就很能代表地方大员们的心理："时事之变幻，议论之新奇，恍兮惚兮，是耶非耶，年老懵乱，不知其然，无暇究其所以然。"所谓变法，便是废除旧法采用新法，但究竟何为新法、如何除旧布新，又岂是一道诏令便能说明、一两天便能实现？督抚一级官员尚且不明所以，又怎么能贯彻执行？就算诏令如雪花般发出，也只会浮于表面，变法最终只能沦为一纸空文而已。

但在光绪帝看来，变法会遭遇到推行不力的尴尬，完全是因为底下官员们敷衍塞责的缘故，是在藐视皇帝的权威及其变法之决心。因此光绪帝时常发怒，

长春宫

长春宫建成于永乐十八年（1420），为明代嫔妃居所。到了清代，乾隆帝皇后孝贤纯皇后曾长居长春宫，死后在此停灵。同治年间直到光绪十年（1884），慈禧太后一直在此居住。

搞得身边的大臣、太监惶惶不可终日。大臣们不敢怪罪皇帝本人，便迁怒于变法以及怂恿变法的维新党人。

礼部六堂官事件

按照以往的规矩，级别不足的官员想要给皇帝上书，只能由本部堂官代呈，如果堂官觉得内容欠妥，可以拒绝。康有为的《上清帝第五书》即是因为被工部尚书松溎认为包含危险言论而拒绝代呈。至于普通百姓,就更难有机会上达天听了。

既然是变法,就该除旧布新,何况广泛听取各方意见,也有利于集思广益和了解民情。因此光绪帝发布了一条改革诏令:"准许各级官员、士绅百姓上书谈论国事,分别由各部堂官和都察院负责接收和呈递,不得拒绝或阻拦。"

六品礼部主事王照立即响应,上书请求光绪帝与慈禧太后一起出洋考察。但是当他请求本部堂官代呈时,却遭到了拒绝。

礼部尚书怀塔布、许应骙等人的考虑和王照完全不同:提建议这种事,本身就是风险与机遇并存。提得好了,皆大欢喜;提得不好,枪打出头鸟。关键是王照的这个建议实在太离谱了——国不可一日无主,要是太后、皇帝同时出国,又没有太子镇守京城,谁来主持大局?何况以太后、皇帝的万金之躯,怎么可以身赴险境?

礼部堂官们的担忧也不无道理,虽然违背了皇帝新颁发的诏令,但也谈不上故意阻拦新政。可光绪帝却怒气难平:怪不得之前诏令颁了一大堆,就是没有效果,果然是有人在阻挠变法!如果这都不加以严惩,变法何以为继?于是,七月十九日,光绪帝将礼部尚书怀塔布、许应骙、侍郎堃岫、徐会沣、溥颋、曾广汉六位礼部堂官全部革职。

在罢免礼部六堂官的同时,光绪帝还以王照"不畏强御,勇猛可嘉"而赏给他三品顶戴。次日,光绪帝任命谭嗣同、刘光第、杨锐、林旭四人为军机章京,参与新政,加紧推行变法。

如今写几道迎合圣意的奏折就能连跳几级,大部分一辈子都在苦苦熬阅历、等官缺的官员们意见就更大了。大家都跑到颐和园,请慈禧太后出面阻止皇帝的"胡闹",否则就要天下大乱了!

按照训政以来的行政规则,皇帝有权处理的只是一般事务,二品以上官员任免这种大事必须事先请示,得到太后首肯再办。维新变法以来,重大决策都经过了慈禧太后的认可与"授权"。可唯独这一次的决定是光绪帝未经请示就直接做出的。

❈ 开懋勤殿

懋勤殿位于乾清宫西庑正中,与端凝殿相对。康熙帝曾在这里读书、办公、鉴赏书画,同治帝以后逐渐闲置,一度改为翰林修订图书的场所,藏有大量书画。如今在故宫博物院所藏书画中,就有为数不少的作品钤印了"懋勤殿鉴赏章"。

光绪帝打算开懋勤殿,并不是真的想换个地方读书、写字,而是想像当年康熙帝设南书房,雍正帝设军机处一样,为自己议政找一间办公室,名为咨询,实为决策,是一条"另设新机构,架空原机构"的套路。

七月二十九日,光绪帝去颐和园向慈禧太后请示开懋勤殿。久经风浪的慈禧太后,一眼就看穿了光绪帝这个瞒天过海的小伎俩,她声色俱厉地批评教育了光绪帝,并断然否决了光绪帝开懋勤殿的设想。

光绪帝这时才意识到自己的处境十分危险,他找来军机四章京里年龄最长、素以沉稳坚毅著称的杨锐,请对方为自己出出主意,看有什么方法既能缓和自己与慈禧太后的关系,又能让变法继续进行。

但是,变法该何去何从?帝后两宫之间的冲突该如何解决?杨锐一时间也拿不出个好主意。光绪帝就赐给他一道密诏,让他与谭嗣同、刘光第等人一起好好想想办法。

❃ **剔红瓜果小圆盒 清代**
此盒颜色为枣红色,盒盖和盒身均雕满缠枝瓜藤,各有八枚瓜果。藤蔓与瓜叶婉转生动,充满吉祥寓意。此盒子母口,弧形壁,盒内髹满黑色光漆。现藏于台北故宫博物院。

第七章 黄昏至暗夜

◉《慈禧太后朝服像》
从慈禧太后的这幅朝服像中可以看出，慈禧太后虽年逾七旬，白发萧萧且脸颊消瘦，但从她的神态中仍可领略到她身居高位的威严与凌厉的气势。

山雨欲来

光绪二十四年（1898）八月初一，光绪帝在颐和园的玉澜堂正式召见袁世凯，以"兵练得好"之由将其从三品外官直隶按察使升为二品京官侍郎，并给予袁世凯向皇帝直接奏事的权力。当别人跑来庆贺时，袁世凯却忧心忡忡，所谓无功不受禄，皇帝突然如此抬爱，不知其用意何在。第二天进宫谢恩时，袁世凯自称没有立下尺寸之功，却得蒙破格提拔，内心实在惭愧惶恐。光绪帝笑着说："人人都说你练的兵、办的学堂甚好。此后可与荣禄各办各事。"

❀ 谭嗣同密访

光绪帝的关照让袁世凯又惊又喜，等待再度入宫请训的这些天，袁世凯便利用空余时间去向庆亲王奕劻、军机大臣刚毅、户部尚书王文韶、礼部尚书裕禄等权贵探听京城的情况。

光绪二十四年八月初三（1898年9月18日）夜，之前素无来往的军机章京谭嗣同突然只身前来拜访袁世凯。双方讲了几句"久仰久仰""相见恨晚"的套话后，谭嗣同对袁世凯说："看面相，你命里有大将格局，日后必定前途无量。"但他很快话锋一转："你可曾听说，太后打算在荣禄的协助下，趁九月去天津阅兵时，废黜皇帝？"

袁世凯表示，这只是传闻而已，不足信。太后听政三十余年，深得人心，而皇上又一向恭敬孝顺，并未犯下大错，太后何故废帝？即便太后有心要做此事，以她现有的权势，在北京即可完成政变，何须大费周章跑去天津借助荣禄之手？

第七章 黄昏至暗夜

谭嗣同说:"那是你没有看到背后的东西。知道这次皇帝为什么忽然召见和提拔你吗?你要是诚心想报答皇上,我这里有个计策,就看你敢不敢干了。"

说完从怀里拿出一道奏折的草稿,大意是,命袁世凯杀掉荣禄,取而代之成为直隶总督,封锁天津的通信与交通,然后迅速带兵入京,包围颐和园。

❀ 围园杀后

袁世凯面色凝重地问:包围颐和园以后你打算干什么?

谭嗣同恨恨地说:"你只负责杀荣禄、包围颐和园这两件事,后面的事情就不用管了。我已经秘密雇用了几十名好汉,又通知湖南方面加派更多人手,这两天就能抵达北京。"

原来,早在几天之前,谭嗣同就已致信湖南会党首领唐才常、毕永年,要他们带领可靠人手迅速入京。问题是,就

❀《谭嗣同像》
戊戌变法失败后,谭嗣同欲用自己的鲜血唤醒中国的民众、麻木的士大夫阶层,以使中国从睡梦中早日醒来。

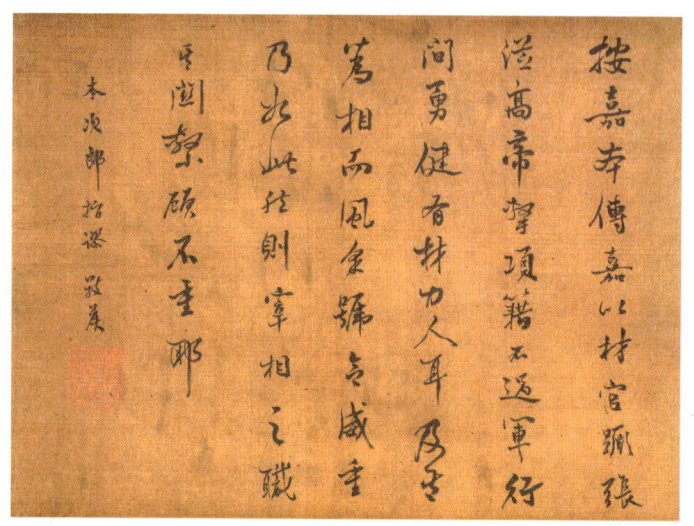

谭嗣同行书手札 清代

算袁世凯成功包围颐和园,他们又以什么名义进去呢?

袁世凯下意识地判断,这个难度极高、风险极大的计划,完全是维新派自作主张,而且很可能还没有得到皇帝授意,谭嗣同这是要等自己答应了再入宫死谏。到时候,皇帝答不答应还另说呢!在提倡以孝治天下的时代,素来唯唯诺诺的光绪帝胆敢弑杀慈禧太后?所谓"皇上危矣"的形势紧迫,大概只是维新派的自我想象;而"救皇上于危难之际"的招数,只怕反倒会将光绪帝置于万劫不复之地。

袁世凯想了这么一套说辞:这是头等大事,绝不能草率,必须要仔细筹划、妥善准备。何况现在都这么晚了,你怎么可能进宫见皇上?拿着尚不成熟的方案去请旨,皇上也未必会批准。

谭嗣同再次胸有成竹地说:"我自有办法。反正你放心,到时候皇上一定会把杀荣禄、围颐和园的手令交给你。"

袁世凯听到这些后更是不寒而栗——要挟天子、谋杀太后，这帮人是准备要垂死挣扎啊。

谭嗣同急不可耐，声色俱厉地说：皇上危在旦夕，这事今晚就得定下来，然后我立刻进宫面见皇上，请旨办理。现在，你的命在我手上，我的命也交在你手里，你要是不答应，我就立刻死在你面前！

❀ 似是而非的答应

谭嗣同有什么办法说服光绪帝接受他们的计划，袁世凯不得而知，但他能够确认的是，对方很可能随身携带了武器，自己要是不给个说法，谭嗣同不光能自杀，还能杀了自己灭口。

袁世凯只好缓和语气说："谭兄你看，我本部兵马数量不足，也需要一些时间进行动员，还得不动声色地准备弹药，这都需要时间啊。驻扎在我小站新军周围的聂士成、董福成各部队多达四五万，京城守卫也有数万人，如果不谨慎行事，只怕会害了皇上。不如你先回去，容我布置一下，再通知你行动日期。依我看，既然太后已经准备在天津阅兵时动手，那么九月之前皇上就不会有危险。到了阅兵之时，只要皇上进了我的军营，下一道动手的诏令，杀荣禄就像杀一只狗一样简单！到时候太后自然也落在我们手里，怎么处置还不都是我们说了算。"

袁世凯没有答应马上行动，谭嗣同

外官入京住寺庙

光绪二十四年（1898），袁世凯接受光绪帝召见时住在东城报房胡同的法华寺。光绪二十六年（1900），李鸿章进京和八国联军议和时住在东城区的贤良寺。为何清朝外官入京时都喜欢住寺庙呢？

因为，在顺治三年（1646），顺治帝曾发布一道谕旨：各地来京官员，都想着借机跟老乡、高官拉拢关系，朕已经受够了！从今往后，我会派人盯着，要是抓到有人敢顶风作案，可别怪朕不客气！

既然不能借住在老乡、同事、领导家里，那住旅店总可以吧？但朝廷还有另一项规定：凡二品以上官员，不得出入茶楼、酒馆、戏院等娱乐场所，轻则扣钱，重则乌纱不保。因此，经多番考量之下，寺庙便因其远离喧嚣和应酬成了入京外官们的最佳选择。

同自然没有完成任务，但是袁世凯也没有坚决拒绝，这又使他对未来仍抱有一线希望。

另一边，康有为、梁启超也在焦急地等候着谭嗣同的消息。

❋ 向外国求助

谭嗣同回来对康有为和梁启超等人汇报说，袁世凯既没有拒绝也没有答应，"围园杀后"的计划很可能无法实施。听到这样的结果，康有为十分失望——既然没有成功拉拢到袁世凯，围园便无法实施，杀后就更别提了。

八月初四上午，康有为前去拜访英国传教士李提摩太（他曾聘任梁启超为私人中文秘书，与维新派关系密切），希望他帮忙说服英国公使窦纳乐出面斡旋，无奈此时窦纳乐正在北戴河避暑，康有为只好放弃。

下午，康有为又来到日本使馆求助，拜访前来中国游历、正准备接受光绪帝召见的日本前首相伊藤博文。伊藤博文刚到北京时，维新派曾对他寄予厚望，并希望能够聘请他作为变法顾问。康有为请求伊藤博文如果在觐见时见到慈禧太后，一定要劝她回心转意，不要再阻挠变法、为难皇帝了。但伊藤博文此时发现中国的变法失败已成定局，便无意支持维新派和光绪帝了。

❋ 逃亡与殉死

从日本使馆回来已是傍晚，林旭、谭嗣同、梁启超再次聚集到南海会馆商议。林旭带来了最新消息：今天下午，慈禧太后突然从颐和

第七章 黄昏至暗夜

◉ 颐和园玉澜堂

玉澜堂建于乾隆十五年（1750），坐落在颐和园的昆明湖畔。光绪年间曾重建玉澜堂，作为光绪帝在颐和园的寝宫。光绪二十四年（1898），戊戌变法失败后，慈禧太后曾将光绪帝囚禁在此处。后檐及两个配殿均用砖墙砌起来，将光绪帝与外界隔绝。

园返回西苑，就连皇上都未事先得知消息，匆忙赶去接驾，然后陪同太后住进了西苑。太后意欲何为，目前尚不明了。

在众人的强烈建议下，康有为第二天天未亮时便携仆人李唐离京，经天津前往上海。梁启超、谭嗣同等人则继续留在京城想办法。

此时"杀后行动"的执行者——毕永年也觉得计划难以成功，准备退出了。毕永年向谭嗣同询问他与袁世凯见面时的情况，谭嗣同有气无力地回答，并未完全说服袁世凯，办法还得慢慢再想。

毕永年又问："那你是否将密谋的全部内容都告诉了袁世凯？"

谭嗣同平静地说："大丈夫做事顶天立地，有什么不可以跟人说的，我都说了。"

毕永年灰心丧气地喃喃自语："完了完了！这种事一旦说出口，还能有放弃不干的机会吗？你也想办法赶紧走吧，留下来只会白白送死。"

毕永年很快搬离南海会馆，初六逃出北京。但谭嗣同选择留下来，以鲜血启蒙国人，为变法开路。

❀ 说句心里话

光绪帝于光绪二十四年八月初五（1898年9月20日）从颐和园返回紫禁城，因此袁世凯的请训被安排在紫禁城。

与前两次见面时的亲切与健谈不同，这次光绪帝一言不发。心思缜密的袁世凯猜测一定是发生了什么变故，索性对光绪帝说了些发自肺腑的话：古今中外各国变法从来都是任重道远，没有轻而易举就能成功的，所以请皇上耐心等待时机，倘若操之过急，反而会发生变故。另外，就像《贞观政要》所说"为政之要，惟在得人"，变法尤其需要用人得当，有张之洞这样真正通达时务、老成持重的人主持大局，方可称心得力。新进大臣里固然有通达勇猛之人，但他们阅历太浅，办事也不够缜密，万一有所疏忽、失误，只怕连累到皇上。这一点关系极其重大，还请皇上务必谨慎用人。

这基本上也是袁世凯想表达的心里话了，光绪帝听后"颇为动容"，但还是没有搭话，袁世凯只好请安退下。

❀ 戊戌政变

由于数艘英国军舰在大沽口游弋，荣禄鉴于局势紧张，

第七章 黄昏至暗夜

袁世凯像

恐生事端,早在几天前就发电报催袁世凯尽快回到工作岗位。八月初五请训完毕后,袁世凯丝毫不敢耽搁,匆忙赶火车返回天津。

早在八月初三时,御史杨崇伊就通过奕劻上书慈禧太后,呼吁太后立刻训政,如果由着光绪帝任用伊藤博文,就等于是把祖宗的天下拱手让给了日本人。于是,八月初四,慈禧太后临时决定从颐和园返回紫禁城。八月初六,慈禧太后以光绪帝的口吻发布上谕,宣布由太后训政。

八月初八,光绪帝被慈禧太后囚禁于中南海瀛台,慈禧太后在勤政殿举行训政大典。康有为、梁启超在外国人的帮助下逃亡国外,许多支持或参与维新变法的官员都受到降职、流放等处分。谭嗣同、康广仁、杨深秀、林旭、杨锐、刘光第六人被斩杀于宣武门外菜市口。新政几乎全被废除,这场维新变法运动彻底失败。

无法逆转的决裂

慈禧太后指示军机处，组织道德、学问皆是一流的大儒给光绪帝讲学，重点讲授恭敬、孝顺一类的传统美德，此举明显是要光绪帝对其忤逆行为认罪并忏悔。光绪帝回复军机处，他的病最近又犯了，必须请御医每日诊治，硬是用这样的理由把讲学项目给挤了出去。他的身体真吃不消了吗？其实不然。光绪帝正在读刚刚找来的西方书籍，还认真做了笔记，甚至一度自学起英语来。

❂ 皇帝病了

光绪二十四年八月初十（1898 年 9 月 25 日），慈禧太后以光绪帝的口吻颁发谕旨："朕的身体自四月以来就出了毛病，经御医多次诊治、长期调理，始终不见好转。特命各地推荐名医圣手，迅速来京给朕诊治。"

光绪帝一直以来身体确实不太好，但谕旨中特意强调的"自四月以来"，第一，是向民众暗示变法以来的各项决策均是皇帝在非正常状态下做出的，这就为后续废除变法中实行的新政埋下了伏笔；第二，如今已是八月，皇帝病了至少四个月，太医们都无计可施，可见这病非但很重，还有可能是疑难杂症；第三，让天下名医速来京城，这也是在提醒大家：病情危急，如果皇帝近日内不治身亡，也是合情合理的。

各地推荐的名医为光绪帝轮流诊断一番，九月初四开具了一份病情诊断书，里面说：光绪帝中气不足，精神疲倦，不喜欢说话，不能久坐久立……对一个刚刚遭到重大变故而失魂落魄的人来说，出现这种精神萎靡不振的情况太正常不过

第七章 黄昏至暗夜

◉《慈禧太后出巡图》
这张照片中,位于御辇前面、身着华服的正是总管太监崔玉贵(左)和李莲英(右)。

了,结果全被列为症状,无非是要传达一个信号——光绪帝的身体已经无法担当皇帝的重任!

　　各国驻华公使担心慈禧太后复出会令中国退回之前闭关锁国的状态,而影响自己在中国的利益,他们也在密切关注着光绪帝的身体状况。英国公使窦纳乐还派了一名医生为光绪帝诊断病情,得出的结论是皇帝没病。于是,英、法等国以此为依据,纷纷向清政府发出警告:"假如光绪帝莫名其妙死去,将可能产生非常不利于中国的后果。"英国公使更是放话:"别国固然没有干涉贵国内政的权力,但今后如遇外交问题,我大英帝国只认'光绪'二字,其余概非所知。"慈禧太后只好忍气吞声,但随着英、日矛盾激化,她又动了废除光绪帝的小心思。

我去故宫看历史

◉ **乐寿堂明间**
乐寿堂明间二层上悬挂的匾曰"与和气游",联曰:"座右图书娱画景,庭前松竹霭春风。"

❋ 己亥建储

　　荣禄替慈禧太后想了一个折中的办法。当时光绪帝已经27岁,还没有孩子。而皇嗣问题事关重大,何况当初选光绪帝即位之时便已言明,等他生了儿子要过继给同治帝。如今是不能指望光绪帝了,不如从近支皇族中挑选子弟,一人挑两房(同治帝、光绪帝)。如此便可以建立皇储,等时机成熟,再安排光绪帝禅让,也算是以曲线达成废立的目的了。

但是自雍正帝创立"秘密建储"制度后,明确规定,今后永不明立太子,若有提此类建议的大臣,立斩不饶。刚刚还指责光绪帝坏了祖宗家法的慈禧太后,此时已经完全把这一条祖制抛在了脑后。

光绪二十五年十二月二十四日(1900年1月24日),慈禧太后召集王公大臣会议,以光绪帝无子为由,决定立端郡王载漪(妻子为慈禧的侄女)的次子溥儁为"大阿哥"(皇储),接进宫中抚养、读书,这就是"己亥建储"事件。按照计划,第二年正月初一(1900年1月31日)举行禅位大典。

不料诏书一经公布,便立刻引发舆论沸腾。上海电报局总办经元善领衔一千余名各界名流致电朝廷:"奏请圣上努力战胜病魔,继续领导天下臣民,千万不要抱有退位的心思。"当初朝廷就废帝问题委婉地咨询各省督抚意见时,两江总督刘坤一就用"君臣之义已定,中外之口难防"来答复,这一次他干脆用申请辞职来表达自己的不满。两广总督李鸿章不但不上表庆贺,还在驻英公使询问"外国该不该进宫贺喜"时,轻描淡写地答复:"只是立个阿哥而已,并无太子之名,依我看不宜祝贺。"美、日等国驻华公使也通过不参加禅位大典等形式抗议,各国军舰由上海北上,表示要"干预"此事。

此次失败让慈禧太后怀恨在心,眼看洋人一再耽误儿子"扶正",端郡王载漪也开始极力挑唆慈禧太后与列强的矛盾,并引诱慈禧太后向西方十一国宣战,最终又落得割地赔款的结局。如孙中山所说:"有志之士,多起救国之思,而革命风潮自此萌芽矣!"

❁ 相看两厌

与前两次垂帘听政不同,这一次慈禧太后不再躲在帘后,而是上朝时与光绪帝左右并坐,俨然一个国家有两位君主。其间,光绪帝还一般全程沉默,即使开口也只是一些无关痛痒的套话,慈禧太后后来也就索性不再让他发言了。

有一年的冬天特别冷,瀛台周围的水面结了一层冰,原本还感叹"欲飞无羽翼,欲渡无舟楫"的光绪帝一时兴起,出门踏冰而行,侍卫们不敢强行阻拦,只好一排排跪在他面前，哀求皇帝赶紧回屋，小心冻坏龙体。从此以后，每年冬天，瀛台都多了一批工匠夜以继日地凿冰，防止光绪帝逃脱。

为了打发时间，光绪帝开始敲锣打鼓，自娱自乐。但在慈禧太后看来，这种响声震天未尝不是光绪帝表达不满与示威的一种方式，于是她命令升平署总管，以后皇上索要能发出响声的家伙，必须先向太后请旨，获得批准后再予办理。

无论是废黜另立的一再试探，十年如一日的囚禁，还是对瀛台的严加控制、处处不让皇帝称心如意，都显示出慈禧太后对光绪帝已无半点母子情分，也不打算原谅和宽恕；而光绪帝也不肯再做回那只绝对温顺的羔羊，他强忍着所有的煎熬，等的就是慈禧太后驾崩之后，自己可以重掌大权。到那时，无论是多年的委屈与怨恨，还是久未舒展的壮志与抱负，都将肆无忌惮地喷薄而出。

瀛台

瀛台是位于南海（今中南海）的一座小岛，始建于明朝，当时称"南台"，清朝时改为瀛台。岛上建筑对称布局，主要建筑都集中在中轴线上，自北至南分别是翔鸾阁、涵元殿、香扆殿、迎薰亭，东西两侧的祥辉楼、景星殿、庆云殿配合组成了三组院落。四面环水的秀美风光搭配古朴典雅的建筑，宛如神话中三仙山之一的瀛洲仙境，与中海的水云榭、北海的琼华岛并称"三海"中的"三神山"。

在西苑的勤政殿建成之前，瀛台是夏季皇帝处理政务的场所之一。康熙二十一年（1682），康熙帝颁布谕旨，前来奏事的大臣临走时可在瀛台和北堤之间"钓鱼"——其实不用费时费力真的垂钓，太监已经事先捕好鱼，并用丝线串好，大臣们只要顺手提起一串就可以回家美餐一顿了。乾隆帝15岁时曾被雍正帝安排在瀛台读书，晚年仍对这里心存眷恋，赋诗曰："十五读书处，匆匆五十年，回思读书此，六十阅春秋。"光绪二十四年（1898）戊戌政变后，光绪帝被慈禧太后软禁在瀛台。

第七章 黄昏至暗夜

断送希望

光绪二十六年（1900），慈禧太后在列强照会的刺激下向十一国宣战。两江总督刘坤一、湖广总督张之洞、两广总督李鸿章等地方大员却带头与参战各国达成"东南互保协议"，拒不同外国宣战；而长期囚禁于瀛台的光绪帝也破天荒地在御前会议上苦苦劝阻。尽管光绪帝最终没能阻止慈禧太后的肆意妄为，但那份对国家的担当，与年迈昏聩的慈禧太后形成了鲜明的对照。

❀ 左右为难

光绪三十四年十月二十一日（1908年11月14日）傍晚时分，37岁的光绪帝在瀛台涵元殿驾崩。慈禧太后立醇亲王载沣的儿子溥仪为继承人，年号宣统。

万万没料到，不到二十四小时后，慈禧太后也宣告死亡，时年73岁。起初，慈禧太后只是腹泻不止、周身疼痛，御医所用药物也一直比较平和。直到光绪帝死亡的那天，她都没有意识到大限将至，还颁发懿旨说："命载沣为摄政王，所有军国大事均遵照我的训令执行。"不料第二天病情突然加重，慈禧太后这才改令载沣遇到重大疑难问题向隆裕太后请示。

❀ 砒霜中毒

经常给光绪帝看病的医生屈桂庭在《诊治光绪皇帝秘记》里说，九月初十来的时候，皇帝的病情已经有了明显好转，到了十月十八日，却见光绪帝在床

◉ 颐和园乐寿堂

乐寿堂原是乾隆帝为庆祝崇庆皇太后六十大寿而修建的,咸丰十年(1860)被英法联军焚毁,光绪十七年(1891)重修后,改为慈禧太后在颐和园的寝宫。

第七章 黄昏至暗夜

● 珍妃井

上乱滚，大叫"肚子痛得了不得"。屈桂庭在诊治时发现对方面色发黑，舌苔黄黑，最值得怀疑的就是腹痛，这跟之前的病症绝对没有直接关系。迫于情势，他没敢仔细检查，只建议说用热水暖暖肚子，就匆匆退下了。此后，虽然也有几位御医来为光绪帝诊治，但所开药物对缓解病情都毫无帮助。

2008年光绪帝去世一百周年之际，国家清史编纂委员会、清西陵文物管理处、北京市公安局法医检验鉴定中心等单位联合组成的"清光绪帝死因"专题研究课题组正式发布研究报告，经过对光绪帝遗留的发丝、衣物等进行一系列对比实验分析，发现光绪帝头发中的砷含量远远高于正常值。经过专家的反复研究，最终确定，光绪帝死于三氧化二砷过量，也就是俗称的砒霜中毒。

❀ 圣君形象光芒万丈

比起嘉庆帝、道光帝、咸丰帝面临的世道衰败之时代难题，光绪帝身处一个内忧外患、大厦将倾的时代，非但传统的勤政、节俭套路解决不了根本问题，如果继续本着抱残守缺的思维，恐怕即便是康熙帝、乾隆帝再世，也很难扭转

皇极殿内景

皇极殿始建于康熙二十八年（1689），初名为宁寿宫。乾隆三十七年（1772），乾隆帝改建宁寿宫区域时，将宁寿宫改为皇极殿，作为日后太上皇居住和接受臣子朝拜的地方。嘉庆七年（1802）、光绪十年（1884），先后进行过两次修葺。光绪二十年（1894），慈禧太后的六十大寿在此举行。光绪三十年（1904），慈禧太后在此分别接见了美、奥等九国使臣。慈禧太后去世后，灵柩也曾停放在此。

乾坤。要实现一个国家的脱胎换骨，无论政治体制、经济模式、文化观念、社会习俗，都需要进行一次全面的转型，这个过程需要足够的决心、胆魄、坚毅、忍受阵痛甚至自我牺牲的精神。

光绪帝可能在执政的经验和能力上有所欠缺，但他能本着一国之君的责任为中国寻求出路，敢于打破祖宗家法的窠臼去寻求突破，古往今来还没有几个皇帝能有光绪帝这样的觉悟与担当。光绪帝对于当时的中国，象

第七章 黄昏至暗夜

至死不屈的珍妃

在光绪帝短暂的一生中，唯一挚爱的女子为出自镶红旗的户部右侍郎长叙的女儿珍妃。珍妃进宫后，因相貌娟秀、性格活泼得到光绪帝注目。更为难得的是，珍妃幼时曾长居广州，接触过西学，思想开明，与光绪帝十分投契，对光绪帝变法维新等抱负也极为支持。二人堪称知心爱侣。

戊戌政变后，慈禧太后囚光绪帝于瀛台，囚珍妃于景祺阁后的小院。八国联军入京前，慈禧太后准备弃宫出逃，临走前，命人将珍妃强行推入井中杀害。

征意义远大于实际，加上康有为、梁启超的宣传打造，他在国人以及海外华侨心目中逐渐成为象征进步与光明的明君圣主、金字招牌。

光绪二十六年（1900），汪康年、唐才常等人在上海张园成立"中国议会"，文官清流文廷式、洋务派容闳、维新派严复、革命派章太炎等八十多人出席。中国议会的主旨是尊崇光绪帝，要求废黜慈禧太后，将政权交还给锐意变法的光绪帝。

"光绪帝一旦重新掌位，必能立即收复民心，消除怨气，化解头绪万端之疑难。"——若不是还对光绪帝心存希冀，早已对清廷不满的人只会更多地走向革命。奈何目光短浅而又执着于了结私怨的慈禧太后一定要废黜光绪帝这个"逆子"，没想到，却把大清凝聚人心的最后一块招牌也给毁了。就像法国国王路易十五说的那样："我死之后，哪管它洪水滔天！"那么，滔天的洪水可真就来了。

京剧

京剧的前身是徽剧（昆曲、二黄和秦腔等），通称皮黄戏。皮黄戏演变成京剧，大致经历了两次合流，即秦徽合流与徽汉合流。乾隆年间，"四大徽班"进京，以唱二黄调为主，兼唱昆腔、吹腔等各个腔调，很快压倒秦腔。秦腔班的演员有些加入徽班，形成徽、秦两腔合作的局面。道光年间，湖北演员入京，使湖北的西皮调与安徽的二黄调交融，形成第二次合流。光绪、宣统年间，北京皮黄班到上海演出，以悦耳动听的京调取胜，人称"京戏"。"京戏"一名，遂由上海传至北京。京剧形成之初便进入宫廷，在皇室的提倡下得到迅速发展，并在历代名家的努力下更臻完美，成为中国影响最大、最有代表性的戏曲剧种之一，被誉为"国粹"。

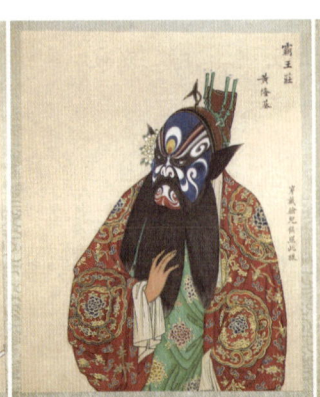

◉ 四大徽班进京

徽班,是以安徽籍(特别是安庆地区)艺人为主,兼唱二黄、昆曲、梆子等腔的戏曲班社。乾隆五十五年(1790),扬州三庆徽班被征调进京为乾隆帝祝寿。后来逐渐合并成三庆、四喜、春台、和春四大徽班。嘉庆、道光年间,汉调(楚调)艺人进京演出,徽班又兼习楚调之长,为会合二黄、西皮、昆、秦诸腔向京剧衍变奠定了基础。四大徽班进京被视为京剧诞生的前奏。

◉ 京剧脸谱的色彩与人物性

京剧脸谱中红色表现赤胆忠心;紫色象征智勇刚毅;黑色体现忠正耿直;水白色暗喻生性奸诈;油白色表现自负跋扈;蓝色喻义刚强勇猛;绿色勾出侠骨义肠;黄色喻义残暴;老红色多为德高望重的老将;瓦灰色喻示老年枭雄;金、银二色,多用于神、佛、鬼怪。京剧脸谱用色虽分类型,但并不绝对。

◉《百幅京剧人物图》(部分) 清代 佚名

纵26.4厘米,横21厘米。绢本,设色。清末《百幅京剧人物图》包含一百幅京剧人物造型装扮图,展现了京剧丰富多彩的舞台文化。这套图册详细记录了九个剧本中一百个角色的造型和服饰,每个角色都带有一个附带的题词,人物图的右上角有所扮演角色的姓名。现藏于美国纽约大都会艺术博物馆。

郝兰田所扮《行路训子》康氏。郝兰田为老旦，他综合各家老旦的长处，开创了独具特色的老旦新腔。

梅巧玲所扮《雁门关》萧太后。梅巧玲是京剧大师梅兰芳的祖父。

余紫云所扮《彩楼配》王宝钏。余紫云是京剧旦角发展承上启下的重要角色。

徐小香所扮《群英会》周瑜。徐小香的周瑜扮相空前绝后，有"活公瑾"的美称。

张胜奎所扮《一捧雪》莫成。张胜奎饰演的大多是平凡角色，但《一捧雪》中的莫成这个义仆形象却别有一番神韵。

刘赶三所扮《探亲家》乡下妈妈。刘赶三的表演风格尤为大胆，他还曾自创新意，骑真驴上戏台。

程长庚所扮《群英会》中的鲁肃。程长庚的声腔绝技"脑后音"为他博得了"叫天"的美誉，从而奠定了他在京城戏剧界的地位。

同光十三绝 清代 沈容圃

杨鸣玉所扮《思志诚》闵天亮。杨鸣玉出入科班时学习的是昆生，后改为昆丑。

朱莲芬所扮《玉簪记·琴挑》陈妙常。朱莲芬擅长昆曲。同治年间，朱莲芬进入四喜班，名噪一时。

杨月楼所扮《四郎探母》杨延辉。杨月楼饰演的孙悟空宛如真猴，更有神仙气概，有"杨猴子"之称。

时小福所扮《桑园会》罗敷。时小福当时被誉为"天下第一青衣"。时小福的弟子众多，京剧大师梅兰芳也曾师从于他。

卢胜奎所扮《战北原》诸葛亮。卢胜奎编纂并参演的三庆班年关压轴大戏全本《三国志》，足可显现出他的实力。

谭鑫培所扮《恶虎村》黄天霸。谭鑫培有"伶界大王"的美誉。他采众家之长，卓然而自成一派，开创了京剧流派中的谭派。

第八章 落日余晖

新政与立宪

光绪三十一年（1905）慈禧太后曾就立宪问题向各省督抚征求意见，两年后，慈禧太后再次问起各位大员对于立宪的看法。张之洞首先表示肯定，他认为只要朝廷主动立宪，就不会有革命，海外的革命党人也成不了气候。慈禧太后表态说：我不仅不反对立宪，甚至最近还打算再派三位侍郎出洋考察。

❀ 刷新形象有必要

光绪二十六年七月二十日（1900年8月14日），八国联军全副武装逼近东华门，之前还信誓旦旦"与其苟且图存，贻羞万口，孰若大张挞伐，一决雌雄"的慈禧太后，在生死存亡的时刻断然选择"苟且图存"，逃往西北地区，美其名曰"西狩"。

在"西狩"途中，慈禧太后以光绪帝的口吻下罪己诏，到达西安后，慈禧太后又下诏实行"新政"。就当时的形势而言，这实在是迫于无奈：

一是再不改变落后而又顽固的形象，今后难以跟列强打交道。《辛丑条约》谈判期间，各列强原本要将慈禧太后列为罪魁祸首，只是如此一来和约难以达成，这才将端郡王载漪等人处置了事。但各国公使希望清廷不要再发生排外事件，否则只会吃更多苦头。"逃过一劫"的慈禧太后决定以新政来刷新清廷和自己的形象。

二是当太后、皇帝被八国联军赶出京城、一路逃往西安时，东南地区的督抚们非但没去救驾，反而以"伪诏"的名义拒绝承认朝廷的宣战诏书，并未经朝廷允许与列强签订了维持彼此之间和平的《东南互保章程》，这可以视为中央权威动摇的一个明显信号。新政或许能起到重新树立权威的作用，扭转地方与中央离心离德的不利局面。

为了显示这次发愤图强是动真格的，慈禧太后于光绪二十七年（1901）下令，成立以庆亲王奕劻为首的督办政务处，作为策划、推行新政的专门机构，刘坤一、张之洞作为参预政务大臣总揽一切新政事宜。刘、张二人联名上了三道奏折，即著名的《江楚三折》，系统地提出了练新军、兴学校、奖励工商、裁减冗员等措施，此后清廷所行新政基本都在这个范围之内。

❀ 新政的牺牲品

政治体制变革牵涉到广大官员的切身利益，向来是高危领域，加上戊戌变法的前车之鉴，大部分官员都对此次新政抱着谨慎观望的态度。而山东巡抚袁世凯，此时却以"急先锋"的形象出现，他立即提出"治国十策"作为回应，即编练新军、创办巡警、发展企业、修筑铁路、开办新式学堂……他还在山东力行新政，很快便赢得了慈禧太后的信任，不仅在李鸿章死后继任直隶总督、北洋大臣，后来还身兼参预政务大臣、督办商务大臣、电政大臣、铁路大臣等职务，号称"一人身兼八大臣"。

但是袁世凯逐渐发现，力主新政的自己竟沦为了改革的牺牲品。

首先，袁世凯遭到了前所未有的猛烈攻击。他紧抓"立宪"这面大旗，提出改革官制，成立责任内阁。袁世凯企图与首席军机大臣奕劻一同组阁，掌握中央政权，并限制皇帝权力——今后万一光绪帝在慈禧太后死后翻戊戌年间的旧账，他完全可以合法动用内阁的否决权，使皇帝的诏令无效。兵部侍郎铁良在朝堂上与袁世凯激烈争吵，声称"立宪非中央集权不可，集权非剥夺督抚兵权财权而揽于中央政府不可"。在种种攻击之下，袁世凯舍小求大，不得不辞去所有兼职，并将北洋第一、三、五、六镇交由陆军部直接管辖。

光绪三十三年（1907），袁世凯调入北京任军机大臣兼外务部尚书，虽成

我去故宫看历史

◉ 剔红山水图多宝格 清代

木制多宝格,髹红漆,剔红雕刻山水、花鸟博古图案。格分三层,上层格架两侧各有两个平台,中层格架形态各异,下层格架为三个空间,底座为壸门券口,承以如意形足。此所藏之物皆为清宫旧藏,应是故宫之物。现藏于英国维多利亚与阿尔伯特博物馆。

了中枢重臣，但他失去了直隶总督、北洋大臣的职务，以及北洋军剩余两镇的指挥权。当初说好的"满汉不分畛域，不问出身，能者上，庸者下"，但官制改革反而成了满族官员排挤汉人、建立亲贵专权的机会，这才是包含袁世凯在内、占据绝大多数的汉族官吏感到失望的原因。

❈ "预备"立宪

清政府的立宪运动，很大程度上源于光绪三十年（1904）受了日俄战争中日本获胜的刺激。日本先是在甲午战争中战胜大清，又战胜了居于欧洲列强的俄国，这都是因为中、俄未实行宪政，而日本实行了宪政。这个结论迅速打动了国人，一些督抚大员认为，只有仿照日本实行宪政，才能保住清政府的统治。

这一次，清廷破天荒地迅速做出反应，于光绪三十一年六月十四日（1905年7月16日）派镇国公载泽、户部侍郎戴鸿慈、兵部侍郎徐世昌、湖南巡抚端方、商部右丞绍英五大臣出洋，分赴东西洋考察各国宪政。

次年五月（1906年7月），出国考察的大臣们陆续回国，奏请清政府宣布立宪，载泽甚至在报告中断言，要强国必须宪政，同时指出立宪的三大好处：一曰皇位永固，二曰外患渐轻，三曰内乱可弭。

光绪三十二年七月十三日（1906年9月1日），清政府宣布"预备仿行立宪"。关于"预备"，慈禧太后给出的理由是："规制未备，民智未开"。也就是说，与君主立宪相配套的体制法规尚不完备，老百姓的权利意识、法制观念还未觉醒，因此需要一定的准备时间来做各种过渡工作。清政府决定从改革官制入手，作为实行宪政的"预备动作"。

其实慈禧太后不过是看中了"立宪"的镇静剂效果和"预备"的拖延效果而已：宣布立宪，即可利用顺应时代与世界潮流的名义来收揽人心、抵制革命，成功为清廷续命；预备则可疾可缓，何时立宪的主动权仍在朝廷手中，宣布期限之后，按时实施是守信，提前则更是皇恩浩荡，对清廷来说有百利而无一害。

⑮ 丙午年造大清金币 清光绪

平地起惊雷

戊戌变法时，大部分人还觉得康有为的主张太过激进，但进入20世纪，清廷实施的新政已经超过康有为当年打算做的一切，人们却依然觉得做得不够多、速度不够快。当他们的要求不能立刻得到满足时，就产生了公开而且广泛的不满情绪。1910年的国会请愿活动，即完美展示了这样一个过程。

❀ 立宪派的觉醒

1905年，当出洋考察的五大臣在正阳门火车站遭到革命党人吴樾的炸弹袭击时，还有许多人站在清廷一边，指责革命党人以暴力打断国家的宪政进程。可见，当时的国人都在密切关注着这场关乎国家未来与个人命运的变革。

在对宪政强国的期许中，国会和责任内阁尤其被寄予厚望。立宪派人士认为，中国近代贫穷落后的根源在于落后僵化的专制政体，在这种体制下，政府既不能代表民意又不对人民负责，由此引出了一系列问题。总而言之，唯有尽快召开国会，将专制转为宪政，把不负责任的政府改造成负责任的政府，中国才有浴火重生的可能。

由于缺乏系统的组织和领导，直到1909年各省咨议局才按照预备立宪的路线图陆续成立，各地速开国会的呼声终于有了合法传达的渠道。

由于当时具有选举权和被选举权资格的人数很少，当选的议员主要集中在士绅阶层，作为近代史上具有开创意义的民主机构，议员们觉得不只要向朝廷反映各省舆论，更要代表民意来告诉朝廷宪政是唯一的方向。民众一旦有了政

◉ **钟粹宫**

钟粹宫建成于永乐十八年（1420），最初名为咸阳宫。嘉靖十四年（1535），更名为钟粹宫。清朝曾多次修缮此宫。光绪帝大婚后，隆裕皇后曾在此居住；末代皇帝溥仪也曾在此居住。

治觉醒，知晓了自己可以掌握的权力，民主的进程、改革的结果便不是当初发起者、设计者所能预料和控制得了了。

1909年10月，江苏咨议局议长张謇通电各省，建议组织国会请愿同志会。轰轰烈烈的国会请愿运动由此拉开了序幕。

国会请愿运动

经过两个月的联络、准备，由十三省咨议局议员组成了国会请愿联合会，又同各省的政团、商会、海外华侨代表组成各省请愿代表团，于1910年1月

抵达京城，16日正式向都察院递交请愿书，恳请朝廷在一年之内召开国会。

这一次请愿有官、绅两条线路彼此呼应，一路由张謇出面，联络各省代表联名请愿；另一路以江苏巡抚瑞澂联同孙宝琦、程德全、陈昭常、袁树勋等官员集体上奏，请求朝廷顺应舆论，不要令民众失望。

都察院经过一番推诿，表示对代表们的爱国热忱"深表嘉悦"，而且保证"宪政必立，议院必开"。但还是拒绝了速开国会的要求——国民教育尚未普及，政治素养还不具备，贸然召开国会只会导致种种混乱。

对于这样的结果，代表们并不惊讶。经过一番商议，他们决定再扩大规模。6月的第二次请愿，除了各省的咨议局代表外，还有各省商会、华侨商会以及其他社团代表，这次还征集到三十万人的签名。但朝廷顽固如旧，仍然继续坚持九年的预备立宪，并且警告代表们，不要再继续请愿。

虽然大感失望，但多数代表依然劝告民众要保持克制和理性，他们将继续努力以赤诚之心感动朝廷。与之前不同，这次立宪派发动了民众，举行大规模的签名请愿和游行活动。各省督抚、清廷驻各国使节也纷纷参与其中,向朝廷施加压力。

终于,朝廷做出了让步,10月初宣布将九年预备期缩短为五年,定于1913年召集国会,成立责任内阁。

在做出小小的妥协后,清政府宣布:1913年召开国会这一决定,不会再变更,入京请愿的代表团立即解散,并禁止今后再举行任何请愿活动。鉴于以东三省、直隶等地学生为主的第四批请愿代表不听劝阻,清廷派人将这些"扰乱治安分子"武装押解回原籍。

皇族内阁

按照缩短期限后的预备立宪规划,1911年最令人瞩目的事就是组建责任内阁。5月8日,清廷裁撤内阁和军机处,公布了内阁成员名单。名单上,一名总理大臣、两名协理大臣加上十大部院长官,共计十三人,其中竟有九人是满族贵族。

按照官制改革前的政治架构,六部尚书满、汉各一名,满族官员尽管占优,但整体相差不大。如今,汉人比例不升反降,汉人官吏的不满可想而知。

各省咨议局对此名单也大失所望,立即联合向都察院提交抗议书,要求另行组阁。但这一次,朝廷也没准备让步,而是搬出慈禧太后生前制定的《钦定宪法大纲》,理直气壮地解释:当初已经事先声明,即便实行君主立宪,也是"大权统于朝廷,庶政公诸舆论",任免百官的大权仍为皇帝所有,议员不得干预,所以不要指责我失信于民,只能怪你们没有领悟文件精神啊。

君主立宪,之所以一度具有安抚民心、抵制革命的力量,就在于它能代表政治民主化的大势所趋,可惜清廷却硬生生地把一剂救命良药变成了催命的毒药。

正是清廷的拖延与玩弄,彻底堵死了君主立宪的前途,为革命与共和打开了大门。"革命比之立宪,革命犹易,立宪犹难",暴力而流血的革命,或许不是最好的选择,却是清末摆在国人面前唯一的选择。

武昌起义

武昌起义爆发后，清廷一看形势不妙，又是公布《宪法重大信条十九条》，又是颁发罪己诏、宣布解除党禁、同意实行政党政治，试图挽回流失的民心。这些正是当初立宪派通过苦苦请愿所要表达的诉求，为什么在1910年还热情如火的立宪派，到了1911年却无动于衷呢？原因很简单，哀莫大于心死，大家再也不想陪清廷耗下去了。因此，武昌的一声枪响，非但毫不引人惊讶，反而更像是翘首以盼的"迟早要来"。

种瓜得豆

在清末练成的新军里，号称精锐的除了袁世凯的北洋新军，就只有湖北新军了。湖北新军由张之洞创办，实际负责操练的是担任混成协协统的黎元洪。

湖北新军采用西式的训练方式，能够识字的士兵优先录取，将官练兵时还会特别强调对士兵灌输自强御侮的观念。1906年，北洋新军与湖北新军在河南彰德举行秋操，南北两军在演习中打了个平手，最后的评定结果是：北洋新军以勇气胜，湖北新军以学问胜。

但学问是一把双刃剑，既便于士兵接受忠君报国观念的灌输，又有利于革命思想的传播，忠君还是革命，几乎全在士兵的一念之间。讽刺的是，旨在为巩固清朝统治而创办的新军却成为清朝的掘墓人，这一点当初创建新军的张之洞是无论如何也没想到的。

❀ 一声枪响

1911年10月10日，湖北新军工程第八营的革命党人用枪声吹响了起义的号角。总督衙门遭到炮火集中猛攻，湖广总督瑞澂逃往上海，革命军占领了武昌。

武昌爆发"动乱"的消息传到紫禁城，朝廷的情绪还算稳定，毕竟近些年来革命党人闹出的事端也不少，每次规模都不大，结果均被成功剿灭，想来武昌的麻烦也不至于太大。只不过与以往不同的是，这一次是革命党人鼓动军队哗变，战斗力不容小觑。

没想到，这次对革命党的镇压从一开始就磕磕绊绊，进展极其缓慢。

武昌起义爆发当晚，保定军校的学生何贯中、李济深等人悄悄炸毁了保定附近的漕河铁桥，清军南下镇压起义的行程因此被耽搁，这也为武昌革命军接下来的军事行动以及全国范围内的举事争取到了宝贵时间。

武昌起义爆发后，革命党人连克武汉三镇，推举原湖北新军第二十混成协统领黎元洪为都督，建立湖北军政府。更令人没想到的是，起义爆发一个月后，全国有十三个省宣布独立，许多省的州县也都爆发了起义。

面对此情此景，清廷彻底慌了神，载沣命令陆军大臣荫昌率军前往武汉镇压革命。但一连十几天过去了，荫昌寸土未复、寸功未立，眼看着烽火将要烧遍全国，荫昌只好向载沣提议另请高明：<u>不如换最懂军事的袁世凯来吧！</u>

载沣无异于挨了当头一棒：当初好不容易找了个"足疾未愈"的借口把袁世凯赶回老家，难不成现在又要请他出山？

❀ 人各为己

眼看形势大乱，原本就与袁世凯一气相通的奕劻、那桐、徐世昌等人纷纷跳出来，声称现在的乱局只有袁世凯能收拾。担心利益受损的西方列强也站出来，要求重新起用袁世凯。

载沣没辙了，只好做出让步，在10月27日召回荫昌，授袁世凯钦差大臣，

第八章 落日余晖

命他调遣水陆诸军。袁世凯趁机提出了六项条件：一、明年召开国会；二、组织责任内阁；三、宽大处理各省参与起义人员；四、解除党禁；五、委以指挥全国水陆军的全权；六、保证军饷十分充足。上述六条中清政府只要有一条不答应，袁世凯绝不出山。

等朝廷答应了袁世凯的条件，他才正式接任钦差大臣。11月1日，奕劻的皇族内阁集体辞职，袁世凯成了内阁总理大臣，并于13日返回北京就职，组织内阁。

12月2日，袁世凯与南方达成三天停战协议，他委托唐绍仪率代表团南下议和。12月29日，孙中山当选为中华民国临时大总统。当南北议和成为主题时，战场上的拉锯便只是为了争取最大的谈判资本，斗争的重点逐渐转到紫禁城内。袁世凯斡旋于三方之间，骗取了隆裕太后及革命党人的信任。一方面，他收买了隆裕太后的心腹太监小德张，极力对隆裕太后渲染革命军的势力强大，向她施压，迫使她劝说皇帝逊位；另一方面，袁世凯在为清朝打击革命军的同时，又联络国民政府高层，提出如果让自己担任国民政府大总统，他就让皇帝退位，结束清朝统治。

铁血十八星旗

铁血十八星旗，是武昌起义胜利的标志，又称九角旗、首义之旗。现藏于中国国家博物馆。

背负重担的隆裕太后

南北议和期间，曾在皇宫做过两年御前女官的裕德龄接受记者采访时评价隆裕太后说："她是一位温和、文静、谦逊的人，有点冷漠。她非常清楚，自己不能和已故的慈禧太后相比……她根本不想去控制政府，这点我非常确信。她想要的，仅仅是平安而已。"也正是因为隆裕太后习惯于忍让迁就，对权力没有那么多执念，反而成了清帝主动退位、成就共和的关键因素之一。

难掌大局

叶赫那拉·静芬自入宫以来，就像一台上了发条的机器，日复一日地运转着。每天一大早，静芬就去慈禧太后那里例行请安，陪同她吃饭、看戏。等回到自己的寝宫——钟粹宫后，静芬便以读书打发时间，就连散步，她也生怕打扰到别人。如果一生都是如此平淡无奇，正史里的光绪朝皇后只会被风轻云淡地一笔带过。但在1908年，静芬的命运发生了转折，弥留之际的慈禧太后宣布载沣为摄政王，总揽一切政务，但是要求载沣遇到军国大事时必须与静芬商量。

溥仪即位后，年号宣统，尊静芬为太后，上徽号"隆裕"，史称隆裕太后。隆裕太后开始效仿慈禧太后垂帘听政，但身处朝堂之上，她深感性格与能力的缺陷使自己斗不过老奸巨猾的奕劻，也难以掣肘年少轻狂的载沣，天下大局根本就不在隆裕太后的掌控之中。

1911年，辛亥革命爆发后，载沣被迫辞去摄政王。而此时末帝溥仪只有

6岁，隆裕太后成为大清事实上的最高决策者。然而她自己都不清楚，究竟是从什么时候开始被袁世凯牵着鼻子走的。

❀ 被牵着鼻子走

袁世凯成为内阁总理大臣后，隆裕太后在养心殿与他进行了一次推心置腹的交谈，她坦诚地向袁世凯表示："我对外面发生的一切都不太了解，就全交给你处理了。"

12月7日，袁世凯被任命为议和全权大臣，委派唐绍仪与南方代表伍廷芳进行谈判。伍廷芳提出清帝退位、选举总统、建立共和政府等条件作为议和的前提，而袁世凯则从多方面得到消息：只有清帝退位，他才能当选民国总统。

❀ **年幼的宣统帝溥仪与其生父载沣**

12月28日，隆裕太后召开御前会议，讨论是否接受革命党开出的条件，见众人都不说话，她只好表态："刚刚召见奕劻等几位，他们要我集思广益，问问大家的意见。这事儿我就全交给你们去办吧，办得好，我自然感激；办不好，也不怨你们。皇上现在年纪小不懂事，将来长大了也肯定不怪你们，一切都是我的决定。"隆裕太后说完便放声大哭，在场的大臣也跟着号啕起来，养心殿内顿时哭声一片。

可哭过之后众人还是没个主意，隆裕太后喃喃自语地说："我并不是在乎自己一家一姓的事，只要天下平安就好。"以她的懦弱性格，在袁世凯的威逼利诱之下做出妥协，只是时间问题，而革命党人潜伏到天子脚下制造的恐怖刺杀事件，也为袁世凯逼宫帮了大忙。

❀ 良弼遇刺

良弼出身满洲镶黄旗，毕业于日本陆军士官学校，担任禁卫军协统。武昌起义爆发后，他坚决要求镇压革命，与肃亲王善耆、恭亲王溥伟、度支部大臣载泽、江宁将军铁良等人于1912年1月19日成立"君主立宪维持会"（俗称"宗社党"），他们决不接受南北议和，誓与起义军血战到底。

正在宗社党喧噪不休的时候，1912年1月26日夜，革命党人彭家珍怀揣炸弹，来到位于西四的红罗厂附近，向返回府邸的良弼扔出了致命的炸弹。彭家珍也因躲避不及，被弹片击中后脑当场殒命，良弼则在两天后死亡。

在此之前，袁世凯早就在朝中宣扬"革命党人已经潜伏到京师来了"，但宗社党不信，说他危言耸听；如今良弼被炸的样子近在眼前，他们顿时吓破了胆，纷纷离京出走，逃亡外国租界保命，再也不敢公开反对议和。

1月29日，隆裕太后召开御前会议，她叫来袁世凯内阁邮传部大臣梁士诒、民政部大臣赵秉钧和外务大臣胡惟德。其间，隆裕太后掩面而泣："我母子二人的性命都在你们三人手中，你们回去好好跟袁世凯说，务必要保全我母子二人的性命！"

隆裕太后之所以通过梁士诒三人传话，是因为在良弼遇刺的十天前，袁世凯本人也遭到了革命党人的刺杀。

❀ 清帝退位

1912年1月16日，袁世凯入宫奏请隆裕太后实行共和，劝她以接受共和来换取优待条件，不然等革命军打进北京，可能连性命都难保！

袁世凯下朝出宫路过东华门时，遭到了革命党人张先培、黄之萌、杨禹昌的袭击，卫队长袁金标当场身亡，另有二十余人受伤。袁世凯本人侥幸逃脱，

第八章 落日余晖

《清德宗孝定皇后（隆裕太后）像》清代 无款
从现存的这幅隆裕太后朝服像可以看出，她面容清减，身材消瘦，雍容典雅的朝服穿在她身上，颇有些弱不胜衣的局促感。隆裕太后去世时年仅46岁，正当盛年，画像上的面容却已垂垂老矣，直如六旬老妇。

在卫兵的掩护下迅速撤离现场。三名刺客则被随即赶来的警察抓获，经查明，张经培、黄之萌、杨禹昌三人系京津同盟会成员，他们不满南方政府向袁世凯妥协，而是主张以武力打进北京、实现共和。

袁世凯本就因南北议和而处在风口浪尖上，革命党人这么一炸，反倒替他撇清了关系。如今正好借口受到惊吓，加上"久患心跳作烧及左腿、腰疼痛等症"，从此不再上朝，把逼宫的任务交给赵秉钧等人执行。

1912年1月25日，段祺瑞领衔北洋将领四十七人联名发出通电，声称"三年来，皇族之败坏大局，罪实难数"，吁请清帝退位；如若清廷不从，则将率全军将士入京"与王公剖陈利害"。

2月12日，清廷以宣统帝的名义发布三道诏书——《清帝逊位诏书》《劝谕臣民诏》《清室优待条件诏》，隆裕太后代年幼的溥仪签署了《清帝逊位诏书》。诏书中，就目前国内的形势做了简要分析，明确民主共和已成不可逆转的趋势，称重新确定国体，无非是为了让百姓免受战乱之苦。同时，诏书中还明确了清帝退位后的皇室待遇。原军机处章京许宝蘅在当天日记中写道："二百六十八年之国祚遂尔旁移，一变中国有史以来未有之局。"<u>《清帝逊位诏书》标志着中国两千年帝制时代彻底结束。</u>

清朝覆亡后，隆裕太后成了中国封建王朝的最后一位太后。她的一生忧多乐少，婚姻由姑母慈禧太后一手包办；与光绪帝结婚后，二十载貌合神离，仅在光绪帝被囚禁瀛台时有过短暂相处。光绪帝驾崩后，隆裕太后担起教养幼帝及辅政的重任，又主持了颁布退位诏书事宜。虽然在当时清帝逊位是大势所趋，但在隆裕太后心中，这件事成了她对不起祖宗社稷的一大罪状。愧疚之下，隆裕太后于1913年年初郁郁而终，临终前还叮嘱众人要好好照顾溥仪。

民国政府以国丧的规格为隆裕太后举办葬礼：全国降半旗一天，大总统袁世凯臂缠黑纱，各级官员服丧二十七天，并在太和门前广场召开国民哀悼会，全体国务委员前往设在太和殿的灵堂致祭。

谶语亡国？

有这样一则传言：1908年12月2日，溥仪的登基大典在太和殿举行，懵懂无知的他由父亲载沣抱上龙椅，很快就被文武百官三跪九叩、山呼万岁的场面吓得号啕大哭，不停地喊："我要回家！我要回家！"载沣下意识地安抚溥仪说："别哭别哭，快完了，快完了。"事后，载沣也因为这句不吉利的话被朝臣诟病良久。其实，载沣的本意自然是登基仪式很快就走完了，不料，一语成谶，大清也真的快完了。

紫禁城里的另类皇帝

辛亥革命后，许多人已经开始满腔热忱地勾画着共和新社会的蓝图，但也有人流连于昔日的辉煌，比如袁世凯、比如溥仪。1922年12月1日，溥仪大婚，他不禁由成家想到立业，他的脑子里涌现出一个越来越强烈的念头："我成年了，如果不是因为革命，我早该亲政了……我，要恢复我的祖业！"

❁ 退位换优待

1908年，溥仪被从醇王府抱进紫禁城时只有2岁多，1912年隆裕太后替他做出退位决定并代为签字的时候，他也不过6岁。因此，辛亥革命在溥仪的印象里，大概只有一个哭哭啼啼的太后和经常跪在地上的胖老头（袁世凯）。

1912年2月9日，南京临时政府向清政府转达了有关清帝退位优待条件的提案，隆裕太后为保清室日后荣华，还多次专门召开御前会议，与王公亲信逐字逐句讨论，直到自己觉得可以接受了，她才宣布："这些条件由我提出，没有变更的道理，也没有值得变更的地方，这就是我的底线。"

最终南北双方达成如下优待条件：清廷只交出统治权，仍保留皇帝尊号，中华民国以"各外国君主之礼"相待。1922年溥仪在紫禁城举行大婚，时任总统府侍从武官长的荫昌代表民国政府前往祝贺，他在向溥仪行完鞠躬礼后说："前面的鞠躬礼是代表民国行的，现在是奴才以满人身份自个儿给皇上行礼！"说完，荫昌跪在地上磕起头来。

我去故宫看历史

溥仪与帝师陈宝琛、朱益藩合影

陈宝琛在光绪年间就主持高等教育事务，后任光绪帝的老师，他在军事思想和外交思想方面也有很高的建树。为报光绪帝的知遇之恩，他又出山做溥仪的老师，深得溥仪的敬重。

经济方面，民国政府每年拨给清室四百万两白银（货币改革后改为银圆）作为生活费。清帝暂时仍居住在紫禁城，日后移居颐和园，照顾皇室生活起居的侍卫等人员可以留用，只是不能再招新太监、宫女入宫。清帝的私人财产由民国政府予以特别保护。议和之际时间仓促，思虑和措辞难免存在不周之处，优待条件中并没有规定搬离紫禁城的具体时间，这为后来的争议埋下伏笔。

清帝退位尽管事出无奈，但终归属于主动行为，优待条件作为退位的交换或者补偿，大家也认为理所应当。

就当时的形势而言，南方起义军的实力不如北洋军，倘若袁世凯死心塌地辅佐清朝做困兽之斗，革命党也未必有绝对胜算。所以革命党人同意在清帝退位和袁世凯赞同共和的条件下，拥戴袁世凯为中华民国大总统。

从结果来看，优待条件也达成了一种互惠。清帝以放弃统治权为代价，避免了被送上断头台的风险，地位、生活均得到保障；革命党人则成功以和平方式实现共和政体，避免了大规模流血牺牲以及国家分裂的可能性。

❀ 恢复祖业的念头

1913年隆裕太后去世时，7岁的溥仪还体会不到太后临终前那句"孤儿寡母，千古伤心"所包含的悲伤与凄凉。退位的前几个年头，溥仪依然在每天读书、玩耍的生活中度过，和以前没有两样。

溥仪第一次受到强烈冲击来自1913年10月6日——袁世凯当选为中华民国第一任大总统，并于10月10日在太和殿宣誓就职。溥仪这才不得不接受这样一个事实：原本属于大清皇帝的前朝三大殿，如今已归民国政府所有。他在紫禁城的后寝区域仍可以当个高高在上的皇帝，但黄瓦红墙之外的天下，已是中华民国。

最令溥仪疑惑的一件事就是袁世凯称帝。袁世凯在筹安会、"全国请愿联合会"和各省代表的推戴下，于1915年12月12日恢复君主制，并预定于1916年元旦登基，成立中华帝国，袁世凯自称"中华帝国皇帝"，以"洪宪"为年号。

这对溥仪来说，显然不公：1912年《清帝退位诏书》中说得明明白白，正是因为"今全国人民心理，多倾向共和"，我这才"将统治权公诸全国，定为共和立宪国体"。早知道绕了一圈还是要实行君主立宪，那我当初又何必退位？

❀ 复辟闹剧

1916年3月22日，称帝仅八十三天的袁世凯在举国的反对声中被迫取消帝制，次日废除"洪宪"年号。6月6日，袁世凯死于尿毒症。可惜这个前车之鉴并没有对清朝的遗老遗少起到足够的警醒作用，有人还要搬出比袁世凯更"正统"的清帝溥仪再试一次。

袁世凯去世后，黎元洪继任大总统，但实际权力掌握在国务院总理段祺瑞的手上。于是，黎元洪请安徽督军张勋入京，调解自己与段祺瑞之间的矛盾。1917年6月14日，张勋带着自己的"辫子军"（为了表示效忠清朝，张勋的部队禁止士兵剪发，因此被称为"辫子军"，张勋本人也被称为"辫帅"）入京，逼迫黎元洪解散国会、辞职，并宣布拥立溥仪复辟，将当年改为"宣统九年"，张勋自封首席内阁议政大臣。7月1日凌晨，溥仪在瑾、瑜两位太妃以及师傅陈宝琛等人的陪同下，在养心殿接见了张勋。

张勋将黎元洪赶下台后，段祺瑞在天津组织讨逆军。7月12日，讨逆军攻入北京，张勋逃往荷兰使馆避难，溥仪再次退位。

黎元洪引咎辞职后代行总统之职的冯国璋在《大总统令》中说溥仪"深居宫禁，莫可如何"，把复辟的罪名全推到张勋头上；指挥讨逆军打败张勋、重新担任国务总理的段祺瑞也指责张勋"危害清室"，把溥仪当成一个被拖下水的无辜受害者形象。

但冯玉祥不认为溥仪无辜，他在1924年发动北京政变时，顺手将复辟这笔旧账翻了出来，准备找溥仪来个清算。

🏵 延禧宫

延禧宫位于紫禁城东二长街东侧,为内廷东六宫之一,始建于永乐十八年(1420),初名"长寿宫",嘉靖十四年(1535)改称"延祺宫",康熙二十五年(1686)重修,更名为"延禧宫",意为迎福请喜之意。1909年,隆裕太后亲下懿旨,决定改建延禧宫,斥资在延禧宫原址兴建西洋式"水殿",俗称"水晶宫"。1911年,"辛亥革命"爆发,清王朝覆灭,"水晶宫"被迫停建,由此在紫禁城里留下一座西洋式"烂尾楼"。1917年,张勋复辟时,水晶宫北部被直系部队飞机投弹炸毁。

我去故宫看历史

重回"御座"

在醇王府门前下了车,鹿钟麟问溥仪:"今后你是称皇帝还是以平民自居?"溥仪表示,自己愿意做一个中华民国的平民。鹿钟麟很"爽快"地表示:"你愿意当平民,我十分欢迎。身为军人,我会通知所属,对你尽好保护责任。"一旁的张璧还凑上来打趣说:"当平民好,努力为国家效力的话,以后还有机会竞选总统呢!"最后,鹿钟麟与溥仪握手道别,驱逐清帝出宫的任务顺利完成了。

❀ 修正条例

袁世凯死后,北洋军分化为不同派系,进而发展为军阀割据与持续混战。1920年,奉系张作霖联合直系曹锟、吴佩孚击垮皖系段祺瑞,段祺瑞被迫下野。1922年,奉系与直系翻脸,第一次直奉战争爆发,张作霖大败。1924年爆发的第二次直奉战争中,冯玉祥与奉系达成协议,事成之后,请孙中山北上,奉军不得入关。10月19日,冯玉祥率军返回北京,下令停战,软禁总统曹锟,并解除吴佩孚的职务,史称"北京政变"。

政变后,冯玉祥又授意中华民国临时执政府摄政内阁会议决议修正《清室优待条件》。11月4日,新任北京警备司令鹿钟麟、警察总监张璧率领军警从神武门闯入紫禁城,直奔溥仪住处,沿途把守各门的护卫全部被缴械控制,通知溥仪在内的清室全体人员必须在三小时内离开紫禁城。

内务府大臣绍英听后,赶紧跑去向溥仪报告。溥仪当时正在储秀宫和皇后婉容吃着水果聊天,接过文件一看,整个人都懵了。

这份修正《清室优待条件》上说，今因大清皇帝意欲贯彻共和精神，特将违反民国法规的清室优待条件修正如下：自即日起，永久废除皇帝尊号；民国政府每年支付的优待费减为五十万；清室按照原优待条件第三条之规定，即日搬出紫禁城，可自由选择居所；私产归清室享有，公产则归民国政府所有。

溥仪心中也清楚，搬出紫禁城是迟早的事，但这个"修正案"实在来得突然。

❀ 仓促离宫

鹿钟麟对属下说："三个小时的期限就快到了，但依我看，事情还有得商量。你去告诉外边的人，先不要急着开炮，延长个二十分钟也没问题。"

绍英一听这话，瞬间慌了神，连忙跑回去向溥仪报告："皇上，我们只有二十分钟了，不然人家就要开炮了！"走投无路的溥仪只好匆匆收拾物品，平时睡觉的床榻任由它乱成一团，桌子上的半盒饼干和一个没吃完的苹果也完全顾不上了。

下午三点，溥仪带着皇后婉容、淑妃文绣等人，乘坐军队备好的汽车，在鹿钟麟等人的"护送"下前往父亲载沣所在的醇王府（北府）。经过神武门时，溥仪黯然神伤，他有种预感，自己可能再也没有机会回到紫禁城了。

溥仪离宫时，紫禁城内还有同治帝的荣惠皇贵妃西林觉罗氏和敬懿皇贵妃赫舍里氏两位太妃。鹿钟麟认为她们年事已高，不便强行驱赶，于是多给了她们半个月时间。后来，两位太妃住进了位于麒麟胡同的一所宅院，生活起居依旧有大批用人照料着，死后一起葬入了清东陵的惠陵妃园寝。

❀ 埋下祸根

1917年，张勋只要一道电报，散落各地的清朝遗老们便蜂拥而至，"进京襄赞复辟大业"。因此，在冯玉祥看来，只要清帝存在，就永远是一些人的"念想"，会由此生出祸端。要是把清帝拉下马，使他变成普通公民，看这些人以

 溥仪像

后还能效忠谁、拥戴谁?

但是,从后来发生的事情看,冯玉祥此举并没有像他想的那样彻底铲除祸患,流亡宫外的溥仪反倒更容易被"有心人"利用了。

1925年,声称"愿意做一个中华民国平民"的溥仪接受了日本人伸出的"橄榄枝",假扮成商人逃往天津,先后住在日租界的张园和静园。1931年9月18日,"九一八"事变爆发后,溥仪又在日本驻屯军司令官土肥原贤二的协助下前往奉天(今辽宁沈阳)。1932年,日本扶持溥仪建立了伪满洲国。1934年3月1日,溥仪改"满洲国"为"大满洲帝国",改元"康德"——他觉得自己一直在为恢复大清祖业而努力,殊不知已在错误的道路上越走越远。

从末代皇帝到普通公民

1931年,淑妃额尔德特·文绣伺机逃出天津张园,向天津地方法院提出诉讼,要求与溥仪离婚。经过报纸的大幅报道,"刀妃革命"轰动一时。溥仪顾及皇家声誉,不愿此事被人议论,10月22日他通过庭外和解的方式与文绣正式签订离婚协议。到了20世纪60年代,溥仪在北京街头被人认出时,总是坚持说自己只是一名普通公民,坚决反对别人再称呼自己"皇上"。

❀ 迷途终返

从1912年以清帝身份退位,1917年刚一复出旋即退位,1945年以伪满洲国皇帝的身份退位,溥仪成了唯一一个三次登基又三次退位的皇帝,他的前半生,都活在当皇帝的执念之中。

伪满洲国覆灭后,溥仪准备逃往日本。1945年8月19日,溥仪在沈阳东塔机场候机时,被苏联红军逮捕。因为害怕回国被当作首要战犯从重处置,溥仪多次请求永久留在苏联。此时的他,皇帝梦碎,惶惶如丧家之犬,哪里还谈什么未来可期。

1950年8月1日,溥仪与其他伪满洲国的二百余名战犯一起被移交给中国政府。之后,溥仪被送到抚顺战犯管理所接受思想再教育与劳动改造。

1959年,中华人民共和国成立十周年之际,中央通过关于特赦确实已改恶从善之罪犯的决定,发布《中华人民共和国主席特赦令》。溥仪对自己能获得特赦并不抱什么希望,他说:"我的罪恶严重,论表现也不比别人强,还够

我去故宫看历史

◉ 吉林长春伪满皇宫博物院的溥仪生活蜡像

不上特赦条件。"但12月4日,抚顺战犯管理所召开首批特赦战犯大会时,溥仪就在特赦人员名单中。

❁ 焕然新生

回到阔别三十多年的北京,溥仪真正开始了作为一名普通公民的生活。

1959年除夕,周恩来总理特意请溥仪和他的亲人吃了一顿年夜饭,席间他询问了溥仪对今后工作、生活安排的想法。1960年2月,溥仪被分配到中国科学院植物研究所植物园工作。1962年4月30日,经人介绍,溥仪与朝阳区关厢医院的护士李淑贤结婚。

1964年可能是溥仪人生中最快乐的一年,他被调到全国政协文史资料研究委员会任资料专员,回忆录《我的

紫禁城的出路

冯玉祥驱逐溥仪后,成立清室善后委员会,清查故宫的各项物品,加以整理并登记造册,建立"故宫博物院"。

经过一年的紧张筹备,建院典礼于1925年10月10日下午在乾清门前广场举行,故宫博物院正式宣告成立。开放的第一天,万人空巷,盛况空前,大家都想亲眼瞧瞧,过去神秘兮兮的天子居所,到底是如何高端大气。

紫禁城,一个原本连接天人之际的神秘禁忌之地,如今落回人间,成为全民族共同的文化宝库。

前半生》几经删改终于付梓出版；还携妻子李淑贤参加了全国政协组织的参观团，亲眼看到祖国大地上社会主义建设的各项成果。最值得一提的是，1964年12月30日，溥仪第一次以政协委员的身份，手持红色封皮、印着烫金字的出席证，出现在全国政协四届一次会议的会场。溥仪在会上做了发言，他的激动之情溢于言表："有许多外国记者访问我，因为他们觉得像我这样的人，能够在新中国活着，就是个奇迹；而我不但活着，还活得很好，更令他们迷惑不解。在我们的社会，确实出现了这样的奇迹——把战争罪犯改造成新人。"

1967年，溥仪患尿毒症，后终因医治无效，于10月17日去世。遗体火化后，骨灰安放在北京八宝山革命公墓。

溥仪与"皇后"婉容

回顾一生，溥仪曾说，他总共做了四次皇帝：第一次是3岁时继承先人的皇位；第二次是1917年张勋拥戴他做了十天的皇帝；第三次是1932年日本人在东北把他扶上伪满洲国皇位，这一幕在1945年结束；第四次当皇帝是在1960年11月26日，那一天，他拿到了那张写着"爱新觉罗·溥仪"的选民证，对他来说，紫禁城里所有珍宝加起来都没有它珍贵。当他把神圣的选票投进红色票箱的一瞬间，他觉得自己是世界上最富有的人，因为他和他的六亿五千万同胞一起，成了祖国的主人。如果可以这样比方的话，这是他第四次当"皇帝"，同其他中国人民一样，是一个"集体皇帝"。

说这番话的时候，溥仪早已心甘情愿地放下了当皇帝的执念，而以共和国的一名普通公民为荣。

故宫里的珍品

北京故宫博物院是世界上规模最大、保存最完整的木结构宫殿建筑群，与法国卢浮宫、大英博物馆、美国纽约大都会艺术博物馆、俄罗斯艾尔米塔什博物馆并称"世界五大博物馆"。共收藏文物一百八十多万件，书画、玉器、瓷器、漆器珍品众多。

青莲岗文化彩陶钵

高11.2厘米，口径14.5厘米，底径7厘米。这件陶钵圆唇宽肩，从肩部陡然向下收起，形成优美的曲线。它的表面被装饰成了白色，在肩部用褐色留白的方式绘制出了二方连续叶纹，每五片叶子组成一个椭圆形图案，一共五组。在叶纹的下方，有一圈褐色的圆点。

小克鼎 西周

通高35.4厘米，宽33.6厘米，重12.54千克。小克鼎又叫膳夫克鼎，为西周克氏家族一组礼器中的一只。鼎为圆形，直环耳，方唇宽沿。耳上饰有三头夔纹，颈部饰以波曲纹，腹部饰环带纹，足的上部饰有兽首纹。内壁有铭文8行72字。

🏵 **王命传任虎节 战国**

宽15.7厘米，通高10.7厘米。虎节是战国时期的邮驿凭证。此件虎节身上铸有"王命，命传任"，意为"传达国王的命令"。

🏵 **秦石鼓 秦代**

高约90厘米，直径约60厘米，共有十块。

🏵 **莲鹤方壶 春秋**

高122厘米，宽54厘米，重64千克。器物上的仙鹤、双龙耳与器身主体均使用"分铸法"，显示了当时青铜器铸造的高超技术。

◉ 鲁山窑花瓷腰鼓 唐代

◉ 定窑白釉孩儿枕 北宋

高18.3厘米，底长30厘米。定窑瓷器是北京故宫博物院所收藏中国古陶瓷类目中重要的民间瓷窑，目前北京故宫博物院收藏的历代定窑瓷器共计三百余件，分为清宫旧藏和故宫博物院建院之后入藏两大部分。北宋定窑白釉孩儿枕是清宫旧藏的代表作，堪称国内外公私收藏定窑瓷器中最精彩、最具研究价值的传世品之一。

◉ 灵鹫纹锦袍 北宋

身长134厘米，两袖通长186厘米。刚出土的时候，锦袍质地柔软，色泽鲜艳。它是北京故宫博物院唯一一件北宋时期织物真品。

青花釉里红镂雕盖罐 元代

高41厘米,口径15.5厘米,足径18.5厘米。造型丰满浑厚,纹饰层次鲜明。在罐身上,工匠大展其才,使用了绘、镂、塑、贴等多种技法进行装饰,其中镂花装饰的技巧在元代瓷器上比较少见,青花和釉里红互相衬托,青、红交相辉映,带来花团锦簇的视觉效果,让器物显得气度雍容。

朱碧山银槎 元代

《大禹治水图》玉山 清代

高224厘米,宽96厘米,座高60厘米,重5000千克。玉石光是从新疆弥勒塔山开采出来到送进京城,就花费了三年时间。乾隆帝钦定以宋代《大禹治水图》画轴为稿本,造办处画出纸样,画匠贾全在玉石上临画,再发往扬州雕刻,至完工后送回紫禁城,又用了六年时间。玉山的正中央刻乾隆帝的"五福五代堂古稀天子宝"方印,背面钤有"八徵耄念之宝"印,还配有御题七言诗一首。

附录：故宫六百年大事记

1403 年
明成祖改北平为北京。

1406 年
明成祖派宋礼等人为营建北京宫殿采木烧砖。

1409 年
明成祖北巡，太子朱高炽监国。选万年吉地（陵寝）于昌平，封其山曰天寿山。

1413 年
仁孝皇后梓宫移送京师，汉王护行。天寿山陵寝建成，名曰长陵，仁孝皇后入葬。

1416 年
明成祖复议建北京宫殿。

1420 年
北京宫殿将成，明成祖迁都北京诏告天下。明成祖于奉天殿接受朝贺，大宴群臣。

1421 年
奉天、华盖、谨身三大殿遭雷击，焚毁殆尽。

1424 年
朱高炽即位，以次年为洪熙元年，后庙号为仁宗。

1425 年
明仁宗打算迁都，下令北京各部门名称恢复"行在"二字，派太子朱瞻基前往南京拜谒孝陵。
明仁宗猝死于紫禁城钦安殿。
太子朱瞻基即位，以次年为宣德元年，后庙号为宣宗。

1432 年
明宣宗任命于谦为兵部右侍郎兼都御史，巡抚山西、河南。

1435 年
明宣宗卒于乾清宫。太子朱祁镇即位，以次年为正统元年，后庙号为英宗。

1440 年
宦官阮安、工部尚书吴中等重建三大殿，并修缮乾清、坤宁二宫，共使用工匠、官兵七万余人。

1441 年
三大殿落成，赐宴文武大臣。
明英宗下令开东华门中门请王振来，百官候拜于门外。

1442 年
太皇太后张氏去世，王振更加肆无忌惮，盗走洪武年间置于宫门处的三尺铁碑，上铸"内臣不得干预政事"。
明英宗开始御门听政。

1449 年
土木堡之变，明英宗被俘，郕王朱祁钰即

位,为景泰帝。遥尊明英宗为太上皇,明英宗之皇后钱氏迁居仁寿宫。

1450 年
经与瓦剌交涉,太上皇返回京师,景泰帝在东门迎接,相持泣送太上皇至南宫。

1457 年
石亨等人认为拥立太子不如支持太上皇复位功劳更大,发动夺门之变。明英宗从东华门重回紫禁城,夺回皇位,废景泰帝为郕王,复立朱见深为太子。

1464 年
明英宗起草遗诏,废除妃嫔殉葬制度。次日太子朱见深即位,为明宪宗。

1475 年
明宪宗立朱祐樘为皇太子。
恢复郕王朱祁钰帝号。

1478 年
太子朱祐樘出阁就学。朱祐樘即位。

1488 年
朱祐樘定年号为弘治,后庙号为孝宗。
开经筵,开始在文华殿举行日讲。在左顺门举行午朝。

1506 年
朱厚照即位,定年号为正德,后庙号为武宗。

1507 年
宦官刘瑾专权矫旨,列刘健等五十六人为奸党,榜示朝堂。
西华门内豹房落成。

1510 年
明武宗自称"大庆法王西天觉道圆明自在大定慧佛",命有司铸印给自己。
刘瑾谋反事发,伏诛。

1514 年
乾清宫因灯火引发火灾。

1517 年
明武宗驻跸宣府,自称"总督军务威勇大将军总兵官"。

1519 年
宁王朱宸濠造反。明武宗谕令"总督军务威武大将军镇国公"朱寿统率各军前往征剿。为表示亲手俘获朱宸濠,明武宗在南京举行献俘仪式。

1521 年
明武宗病逝于豹房。兴献王世子朱厚熜入京即位,以次年为嘉靖元年,后庙号为世宗。
明世宗在如何尊崇亲生父母的问题上与朝臣发生冲突,一场长达数年的"大礼议"拉开序幕。

1531 年
明世宗在钦安殿行祈嗣大礼。

1542 年
壬寅宫变。杨金英等十余名宫女谋弑未果,皆被凌迟。明世宗从此移居西苑万寿宫,不再回大内。

1557 年
奉天、华盖、谨身三大殿再次被雷火焚毁,重建后分别改名为皇极殿、中极殿、建极殿。

1566 年
明世宗十二月十四病危,返回乾清宫旋即驾崩。裕王朱载垕即位,以次年为隆庆元年,后庙号为穆宗。

1572 年
明穆宗驾崩。
太子朱翊钧即位,以次年为万历元年,后庙号为神宗。

1586 年
明神宗封贵妃郑氏为皇贵妃。申时行请立皇长子朱常洛为皇太子,明神宗不准。国本之争自此开始。

1587 年
东北女真势力崛起。
戚继光病危,次年一月病逝。
明神宗罢工不上朝。

1596 年
乾清、坤宁二宫火灾。

1597 年
皇极、中极、建极三殿失火,文昭、武成二阁同时被毁。

1612 年
由于明神宗长年不理朝政,各机构无法正常补缺,内阁只剩叶向高一人,六部大臣只有赵焕在任。

1615 年
梃击案。男子张差与内监勾结,闯入太子朱常洛居住的慈庆宫行凶,打伤守门太监。时人怀疑郑贵妃为幕后主使,明神宗不愿深究,以疯癫奸徒罪将张差凌迟处死,又密杀庞保、刘成两个太监,了结此案。

1620 年
红丸案。因每日沉湎于酒色,朱常洛登基没几日便一病不起。鸿胪寺丞李可灼进两丸仙丹,皇帝服用后于次日死去,引起"红丸"之争。朱常洛只做了一个月皇帝,史称"一月天子"。
移宫案。李选侍与太监李进忠(魏忠贤)挟持皇太子朱由校于乾清宫,欲当皇太后把持朝政。在东林党为主的朝臣力争之下,迫使李选侍搬出乾清宫。
朱由校即位,以次年为天启元年,庙号为熹宗。

1625 年
魏忠贤兴大狱。

1627 年
明熹宗卒于乾清宫,遗诏以皇五弟信王朱由检嗣皇帝位,以次年为崇祯元年。
宦官魏忠贤自杀,明熹宗乳母客氏被笞毙于浣衣局。

1628 年
崇祯帝每日在文华殿与辅臣共同处理朝政,形成定制。

1644 年
李自成农民军攻陷北京。
崇祯帝自缢于万岁山。
清兵入关。多尔衮及诸王定议迁都北京。顺治帝自正阳门入北京内城,御皇极门(后改称太和门),举行入关后的登基典礼,颁诏大赦天下。仿照盛京清宁宫之制,定坤宁宫祭萨满礼。

1651 年
改承天门为天安门。建朝日坛于朝阳门外，夕月坛于阜成门外。

1656 年
乾清宫、坤宁宫、交泰殿、景仁宫、永寿宫、承乾宫、钟粹宫、储秀宫、翊坤宫修缮完成。

1658 年
顺治帝改定官制，划分满汉官员的品级。

1660 年
皇贵妃董鄂氏薨，顺治帝辍朝五日，以宫女多人殉葬，追封董鄂氏为皇后。

1661 年
顺治帝因感染天花，正月初七逝于养心殿。遗诏立第三子玄烨为太子，初九，玄烨即位，即康熙帝。

1667 年
康熙帝亲政，御太和殿受贺，御乾清宫听政。

1669 年
奉孝庄太皇太后懿旨："皇帝现居清宁宫，即保和殿也。以殿为宫，于心不安。可将乾清宫、交泰殿修理，皇帝移居彼处。"十一月，太和殿、乾清宫成，康熙帝御太和殿受贺，入居乾清宫。

1677 年
康熙帝始设南书房，命侍讲学士张英、中书高士奇入值。

1681 年
平定三藩，康熙帝赐宴于瀛台。

1682 年
诏每日御门听政，春夏以辰初，秋冬以辰正。

1683 年
重建文华殿。

1687 年
孝庄太皇太后病，康熙帝亲制祝文，步行祈祷于天坛。
十二月，孝庄太皇太后去世，康熙帝割辫服衰，居慈宁宫庐次。

1694 年
康熙帝体谅老臣，谕令六十岁以上官员可以间隔几天奏事。

1709 年
康熙帝复立胤礽为太子，昭告宗庙，颁诏天下。于京西畅春园之北建圆明园，赐予皇四子胤禛居住。

1713 年
康熙帝六十寿诞，在畅春园举行千叟宴，此为千叟宴之始。

1722 年
康熙帝病逝于畅春园，皇四子胤禛即位，为雍正帝。康熙帝遗诏真伪引发雍正帝继位之谜。

1723 年
雍正帝设立上书房，定皇子拜见师傅礼。雍正帝召王公大臣面谕："建储一事……今朕亲写密封，缄置锦匣，藏于正大光明匾额之后，诸卿其识之。"确立秘密立储制度。

1725 年
雍正帝以养心殿为倚庐,为康熙帝治丧,三年服阕,行袷祭礼。后长住养心殿,后世皇帝皆居于此。

1726 年
雍正帝谕造办处制合符四件,一交乾清门,一交左翼门,一交右翼门,凡夜间开门,将符对合以为凭据。

1730 年
雍正帝为便捷处理西北军务,设立军机处。
定百官帽顶,一品加珊瑚顶,二品起花珊瑚顶,三品蓝色明玻璃顶,四品青金石顶,五品水晶……直至九品,各不相同。顶无珠者,则无品级。

1735 年
雍正帝病逝于圆明园,皇四子宝亲王弘历九月初三即位于太和殿,以次年为乾隆元年。

1739 年
官修《明史》编撰完成。《明史》的纂修历时九十四年(1645—1739),是耗时最长的官修史书。

1748 年
孝贤纯皇后病逝于山东德州,乾隆帝兼程返回京师,殡皇后于长春宫。
定内阁大学士满汉各二员,协办大学士满、汉一员或二员,改所兼四殿二阁为三殿三阁。

1750 年
改建明代好山园为清漪园,这是颐和园的基础。

1751 年
乾隆帝第一次南巡。

1773 年
乾隆帝以皇十五子颙琰为储君。

1776 年
乾隆帝命《四库全书》馆详核违禁各书,分别销毁。命国史馆修编《贰臣传》。
宁寿宫建成。

1777 年
崇庆皇太后逝于圆明园长春仙馆,奉安于慈宁宫正殿,乾隆帝以含清斋为倚庐,谕王公大臣二十七日服除。

1782 年
第一部《四库全书》缮写完成。
乾隆帝御文渊阁,赐宴《四库全书》总裁等官。

1785 年
乾隆帝以登位五十年大庆,举行千叟宴,宴六十岁以上三千人于乾清宫。

1790 年
乾隆帝八旬万寿,御太和殿受群臣及使节朝贺,礼毕,至宁寿宫、乾清宫赐宴。

1795 年
御勤政殿,召皇子、皇孙、王公大臣等,宣示立皇十五子颙琰为太子,居毓庆宫,次年为嘉庆元年。
乾隆帝谕:"朕于明年归政后,凡有缮奏事件,俱书太上皇。"

1796 年
乾隆帝御太和殿,授玺,颙琰即皇帝位,为嘉庆帝。太上皇训政。
于宁寿宫举行千叟宴。

1799 年
太上皇去世，嘉庆帝亲政。
大学士和珅被赐死于狱，福长安斩监候。

1803 年
嘉庆帝由圆明园还宫，入贞顺门时遭陈德行刺，陈德及其二子伏诛。严申宫门之禁。

1813 年
天理教起义，首领林清联络宫中太监，分别从东华门、西华门冲入宫中，悉数被歼。皇二子绵宁在此次突变中表现英勇，被封为智亲王。
嘉庆帝下"罪己诏"。

1820 年
木兰秋狝，嘉庆帝逝于避暑山庄，御前大臣赛冲阿等人开启建储密诏，宣示立皇二子绵宁为太子。
为方便臣民避讳，绵宁主动改名"旻宁"。
旻宁即位太和殿，以次年为道光元年。
奉皇太后居寿康宫。

1824 年
道光帝谕令取消当年木兰秋狝，此后再未举行。

1839 年
道光帝命林则徐以禁贩鸦片檄告知英国及各国在粤洋商，在虎门销毁鸦片。
停止与英国人贸易，以林则徐为两广总督。

1840 年
皇后钮祜禄氏去世，其子奕詝由静贵妃抚养。
英国舰队在广东海面集结，鸦片战争爆发。

1842 年
道光帝批准中英《江宁条约》（即《南京条约》）。

1850 年
道光帝带病为皇太后治丧，不久病重，召王公大臣当众开启建储秘匣，宣布"皇六子奕䜣封为亲王，皇四子奕詝立为皇太子"。

1852 年
叶赫那拉氏（即后来的慈禧太后）经选秀入宫，被封为兰贵人。

1854 年
曾国藩所办团练湘军练成，正式发布《讨粤匪檄》，对抗太平天国运动。
兰贵人叶赫那拉氏晋为懿嫔。

1855 年
恭亲王奕䜣生母静太妃被尊为皇太后，旋即病逝。
咸丰帝令奕䜣回上书房读书。

1856 年
法国与英国分别以西林教案、"亚罗号"事件为借口发动第二次鸦片战争。
皇长子载淳出生于储秀宫，其生母懿嫔晋为懿妃。

1860 年
咸丰帝携后妃、皇子仓皇逃往避暑山庄，命恭亲王奕䜣为钦差大臣，办理抚局。
英法联军攻入北京，火烧圆明园。
签订中英、中法、中俄《北京条约》。
设立总理外国事务衙门（总理衙门），派奕䜣、桂良、文祥管理，处理外交事务。

1861 年
咸丰帝病危，宣布立载淳为皇太子，命八大臣赞襄政务。
尊皇后钮祜禄氏为母后皇太后，徽号慈安；生母懿贵妃叶赫那拉氏为圣母皇太后，徽号慈禧。
御史董元醇奏请皇帝年幼，太后权且代理朝政，挑选亲王一二人辅弼。
慈禧太后联合奕䜣发动辛酉政变（又称北京政变、祺祥政变），改年号祺祥为同治。

1862 年
奉慈禧太后懿旨："同治帝在弘德殿入学读书，祁寯藻、翁心存授读。"次年又命惠亲王绵愉专门负责皇帝读书事宜，绵愉之子奕详、奕询伴读。

1872 年
同治帝大婚。册立户部尚书崇绮之女阿鲁特氏为皇后，年十九。

1873 年
同治帝行亲政大典。两宫皇太后劝勉："祗承家法，讲求用人行政，毋荒学业。"

1874 年
同治帝驾崩于养心殿。
醇亲王奕譞之子载湉入宫即位，为光绪帝。
两宫太后再次垂帘听政。

1875 年
命醇亲王奕譞照料光绪帝读书事务。内阁学士翁同龢、侍郎夏同善授读，御前大臣教习满族、蒙古族语言文字及骑射。

1884 年
恭亲王奕䜣因循贻误，罢军机大臣，居家养疾。

1886 年
光绪帝亲政定于次年正月十五举行。醇亲王等人奏请太后训政，慈禧太后"勉强"同意。

1888 年
改清漪园为颐和园，作为皇太后颐养之所。

1889 年
光绪帝大婚礼成。立都统桂祥之女叶赫那拉氏为皇后，侍郎长叙之女他他拉氏姐妹被选为瑾嫔、珍嫔。
慈禧太后归政。

1894 年
日军在丰岛海面突袭中国运兵船，甲午战争爆发。
各国使臣至文华殿呈递国书，祝贺慈禧太后六旬万寿。

1897 年
巨野教案发生，德国以此为借口强占胶州湾，引发列强瓜分中国狂潮。

1898 年
光绪帝颁布定国是诏，戊戌变法开始。
光绪帝召见康有为，任命其为总理衙门章京。
康有为、梁启超出逃，谭嗣同等六君子被处斩。
光绪帝被囚瀛台，变法失败。

1899 年
以端郡王载漪之子溥儁为光绪帝嗣子，称大阿哥，在弘德殿读书，此为己亥建储。

1900 年
义和团起义,入京师,焚正阳门城楼,杀德国公使克林德。
清廷发布诏书,向列强宣战,嘉奖义和团为"义民",借以抵御外侮。
李鸿章、刘坤一、张之洞策划东南互保。
德、奥、美、英、法、日、意、俄八国联军攻陷北京。
慈禧太后携光绪帝仓皇出逃西安,史称"庚子西狩"。
珍妃被推入慈宁宫后贞顺门内的井中溺亡。
慈禧太后宣布"变法",清末新政开始。

1901 年
奕劻、李鸿章在北京与十一国公使订立《辛丑条约》。
慈禧太后、光绪帝自西安起程回京。

1905 年
为争夺中国东北,日俄战争爆发。
清廷派五大臣出洋考察,立宪派掀起立宪运动。

1906 年
清廷宣布预备立宪,先行改革官制。

1908 年
宣布预备立宪以九年为限,同时颁布《钦定宪法大纲》。
光绪帝死于瀛台涵元殿,以溥仪入承大统,载沣为监国摄政王。
慈禧太后去世。

1910 年
立宪派发起国会请愿运动。清廷不得已,将预备立宪期九年缩短为五年。

1911 年
"皇族内阁"成立,立宪派大为失望。
革命党人在武昌起义,史称"辛亥革命"。

1912 年
中华民国建立,定都南京。
清帝颁布《退位诏书》,仍居紫禁城后寝区域,时称"逊清小朝廷"。
隆裕太后为溥仪请了老师,教他读书。

1913 年
隆裕太后在西六宫之一的长春宫病逝,民国政府以国丧规格为其办理丧事,袁世凯通电吊唁,全国降半旗致哀。

1914 年
民国政府将盛京(今辽宁沈阳)故宫、热河(今河北承德)行宫两处收藏的文物运至紫禁城文华殿和武英殿,成立古物陈列所。
因经费紧张,内务府与民国政府协商,开放颐和园,出售门票。
民国政府制定《巩固清皇室优待条件善后办法》七条,要求清室尊重中华民国,废止与国家法令相抵触的行为;使用民国纪年,裁撤内务府、慎刑司等机构。

1917 年
张勋复辟。溥仪短暂复位,前后历时共十二天。
紫禁城遭遇历史上第一次空袭。

1919 年
英国庄士敦至北京紫禁城担任帝师,教授英文、数学、地理,对溥仪产生重要影响。

1922 年
溥仪以鉴赏为名调阅清宫收藏书画,串通溥杰、溥佳等人将大量珍宝盗运出宫。
溥仪大婚,同时娶一后(婉容)一妃(文绣),婚礼轰动一时。

1923 年
建福宫发生大火,焚毁文物不计其数,失火原因不明。

1924 年
冯玉祥发动北京政变。
黄郛内阁通过《修正清室优待条件》,北京警备司令鹿钟麟等人驱逐清室全体人员出宫。

1925 年
10 月 10 日,故宫博物院正式宣告成立。北京大学考古学教授兼故宫博物院古物馆副馆长马衡说:"吾国博物馆事业方在萌芽时代……大规模之博物馆尚无闻焉。有之,自故宫博物院始。"

1928 年
南京国民政府接管北平,10 月 5 日公布《故宫博物院组织法》,规定故宫博物院直接隶属于国民政府。

1933 年
因山海关失陷,北平、天津危在旦夕,故宫博物院理事会决定将故宫部分文物分批南迁至上海,前后五批,共计 13427 箱又 64 包。留在故宫博物院的文物仍超过 100 万件(套)。

1935 年
故宫博物院在英国伦敦举办"中国艺术国际展览会",共展出文物 735 件。这是故宫文物首次大规模出国展览,在西方社会引起强烈反响。

1936 年
存放在上海的故宫文物分 5 批迁运至南京朝天宫库房(故宫博物院南京分院)。

1937 年
故宫南迁文物又分三路运往四川,2953 箱被迫留在南京。

1944 年
日军强制故宫"献纳铜品",用来铸造枪炮子弹。为避免日军直接侵入造成更大损失,故宫筛选出没有款识、不能断明年代的铜缸 54 件、铜炮 2 尊交给日军。日军还曾径自闯入,劫夺铜灯亭 91 座、铜炮 1 尊。

1945 年
日本宣布投降。华北战区受降仪式于 10 月 10 日 10 点 10 分在故宫太和殿内举行,为中国十五个战区中规模最大,约有二十万民众聚集在太和门前广场,见证了这一伟大时刻。

1946 年
存放在四川三处的故宫文物集中于重庆,次年运回南京。

1947 年
古物陈列所合并至故宫博物院。

1948 年
南运文物中有 2972 箱被运至台湾,保存于台北故宫博物院。

1949 年
中央军委指示聂荣臻等人：此次攻城，必须做出周密计划，力求避免破坏故宫、大学以及其他著名的有重大价值的文化古迹。北平最终实现和平解放。
3 月 9 日，故宫博物院恢复售票开放。
中华人民共和国成立后，故宫博物院隶属于中央人民政府文化部。

1951 年
留在南京的文物陆续运回北京故宫博物院，共计 1 万余箱，剩余 2221 箱留于南京库房，划归南京博物院。
周恩来总理指示，派人将抵押在香港英国银行的王献之《中秋帖》、王珣《伯远帖》赎回，重归故宫博物院收藏。
故宫博物院业务管理机构进行调整，文献馆改称档案馆，后划归中央档案局，成立中国第一历史档案馆。

1959 年
经过持续的修缮，故宫在国庆十周年之际，基本恢复昔日的辉煌面貌。

1961 年
经国务院批准，故宫被列为全国第一批重点文物保护单位。

1967 年
5 月 26 日，故宫博物院闭馆，实行军事保护。

1971 年
故宫博物院恢复开放，同时启用郭沫若题写的故宫博物院匾额。

1987 年
故宫被联合国教科文组织列入世界文化遗产名录。

2002 年
对故宫进行自辛亥革命以来的首次整体大修，预计持续到 2020 年。

2014 年
1 月 6 日，故宫博物院正式恢复中断三十余年的每周一天闭馆休息制度。
故宫首度拥有属于自己的吉祥物——龙"壮壮"和凤"美美"。吉祥物的形象源自中国传统龙、凤的形象。

2018 年
养心殿进入古建筑研究性保护修缮工作。

2020 年
北京故宫迎来六百岁生日。

选题策划
陈丽辉

文图编辑
卢雅凝

版式设计
周正

美术编辑
刘晓东

图片提供
WL 工作室
北京故宫博物院
台北故宫博物院
美国纽约大都会艺术博物馆
大英博物馆
中国国家博物馆
动脉影等

我去故宫看历史

第二册

毛帅 张小李 ◎ 编著

北方文艺出版社

目录【第二册】

第三章　亡国谁的锅 / 1

有主见没错，偏执就是错 / 2

方向比努力更重要 / 9

二龙不相见，孩子被耽误 / 16

教育，是永恒的难题 / 22

靡不有初，鲜克有终 / 27

命由天，不由我 / 32

命运坎坷的"一月天子" / 39

谜一样的帝王 / 46

谁是忠，谁是贤 / 52

是否为亡国之君 / 58

这画面不美，却处处透着倔强和孤傲 / 66

第四章　新朝新气象／71

关于发型，你怎么看／72

中和固然正确，但很难做到／77

九五之尊的日常／85

乾清宫的乾坤奥义／90

"千古帝王"，实至名归／96

汇集天下美味的超豪华套餐／102

选择继承人，起初有点乱／106

一家样式雷，半部古建史／114

第三章

亡国谁的锅

有主见没错，偏执就是错

内阁给新即位的明世宗拟定了三个备选年号：绍治、明良、嘉靖。绍治排在第一位，因为它寓意继承明孝宗的弘治中兴。然而聪慧、有主见的朱厚熜打从拒绝由东华门进入紫禁城的那一刻起，就逐渐看清了群臣的软弱，再一次倔强地选择了自己做主，将"嘉靖"作为年号。可惜的是，"嘉靖"所寄托的美好期许，都在君臣的对立中灰飞烟灭。

纷争，从即位开始

正德十四年（1519）六月，明孝宗的弟弟兴献王朱祐杬在安陆（今湖北钟祥）的封地病薨，儿子朱厚熜以兴王世子的身份处理王府事宜。按照规定，朱厚熜要在为父亲守孝三年后才能继承封爵，正式接管王府。

没想到两年之后，一道敕令从北京传到了安陆，要朱厚熜破例缩短为父亲服丧的时间，立即承袭兴王爵位。此时，朱厚熜已经敏锐地意识到了其中的不寻常。事实上，敕令发出时，明武宗已经在紫禁城外的豹房里奄奄一息了。

正德十六年（1521）三月丙寅，明武宗驾崩，留下遗诏："兴献王是父皇明孝宗的亲弟，他的儿子朱厚熜不管

第三章 亡国谁的锅

◎ 明显陵
位于今湖北钟祥，为明世宗父母的陵墓。

是按照伦理规则，还是个人素质，都是皇帝的不二人选。经过大臣协商一致、太后批准，即日派人将其接来京城登基。"

按照明武宗的行事风格，如果朱厚熜真是他亲自挑的，便根本不存在需要跟大臣商量、太后批准这些程序；而他又没跟这位堂弟接触过，对其人品、能力谈不上有多了解，也就没有理由断言朱厚熜是块当皇帝的料。

其实这番话是内阁首辅杨廷和以明武宗的口吻说的，在强调宗法规则的时代，继承皇位的首要资格不是个人的素质能力，而是血缘关系的亲疏。朱厚熜被选中，完全是按照《皇明祖训》中"兄终弟及"的原则：明武宗没有子嗣，又是明孝宗的独子（朱厚照本来有个弟弟朱厚炜，但不幸夭折），只能往上推至明宪宗一代。明孝宗是明宪宗第三子，前两位兄长早逝且无子，兴献王朱祐杬排行第

◉《明世宗真像》 清代 姚文瀚

明世宗朱厚熜（1507—1567），年号嘉靖，后世称嘉靖帝，是明朝皇帝中最任性和倔强的一位，始终牢牢掌控着整个明朝的政治、财经、军事和民生大权。

四。兴献王本人已经病逝，他的长子朱厚熙也夭折，但次子朱厚熜还健在。所以，朱厚熜就理所应当地成了皇位继承人。

当朝廷派来的使团抵达安陆时，朱厚熜并没有被这个天上掉的馅饼砸得不知所措，而是老练地以藩王身份接见了使团，冷静地表示愿意接受皇位。当使团对他行君臣之礼时，朱厚熜也坦然接受。

但朱厚熜没想到的是，朝廷的大臣们希望他首先要过继给明孝宗当儿子，似乎只有这样才看起来名正言顺。百官没有想到的是，一个14岁的少年居然从一开始就不肯任人摆布，日后还会给他们各种难堪；内阁首辅杨廷和更没想到的是，他起草的遗诏竟成了朱厚熜迫使自己和百官改变立场的有力武器。

❀ 进门的讲究

朱厚熜跟着使团动身前往北京，礼部的人要他从东华门进，入住文华殿，择吉日登基。谙熟礼仪的朱厚熜立刻就明白了，这是让他以太子身份继承皇位！

东华门，不光是门钉少一排，在等级上也低于午门、神武门。之前的皇帝，除了明英宗在"夺门之变"时走过一遭，被守卫关在门外，还是凭着一嗓子"我是太上皇"给喊开的，其他皇帝进出紫禁城从来不走东华门。

朱厚熜立刻下令队伍停止前进，一本正经地与礼部官员进行交涉："之前的圣旨已经明确要我承袭兴王之位，遗诏里也写得明明白白，是按照

'兄终弟及'的规矩让我登基，之前可没说过要将我过继给兄长。既然是理所应当，我就要以皇帝身份从大明门进紫禁城，到奉天殿即位。如果不按我的意愿来，那我不如回安陆继续当我的兴王。"

百官第一次见识了这位少年的固执，他们本来还不打算退让，内阁首辅杨廷和甚至还想借拥立之功来牵制新帝。但心急的太后率先选择了让步，命群臣上书劝进——国不可一日无君，这么拖下去也不是办法啊！

朱厚熜没有按照以往的惯例再三推辞，而是立即接受了大臣们劝进，然后如愿从大明门进城，随即正式即位，是为明世宗，年号嘉靖。

第一回合的较量暂告一段落，包括杨廷和在内的官场老手们以为这次只是一个少年偶尔的任性罢了，但他们很快就深刻地认识到，这位皇帝是真的很固执。

❀ 喊谁爹妈很重要

朱厚熜即位后，先忙着给先帝办后事，清除明武宗一朝的各种弊政，确立新的大政方针等，暂时顾不上和

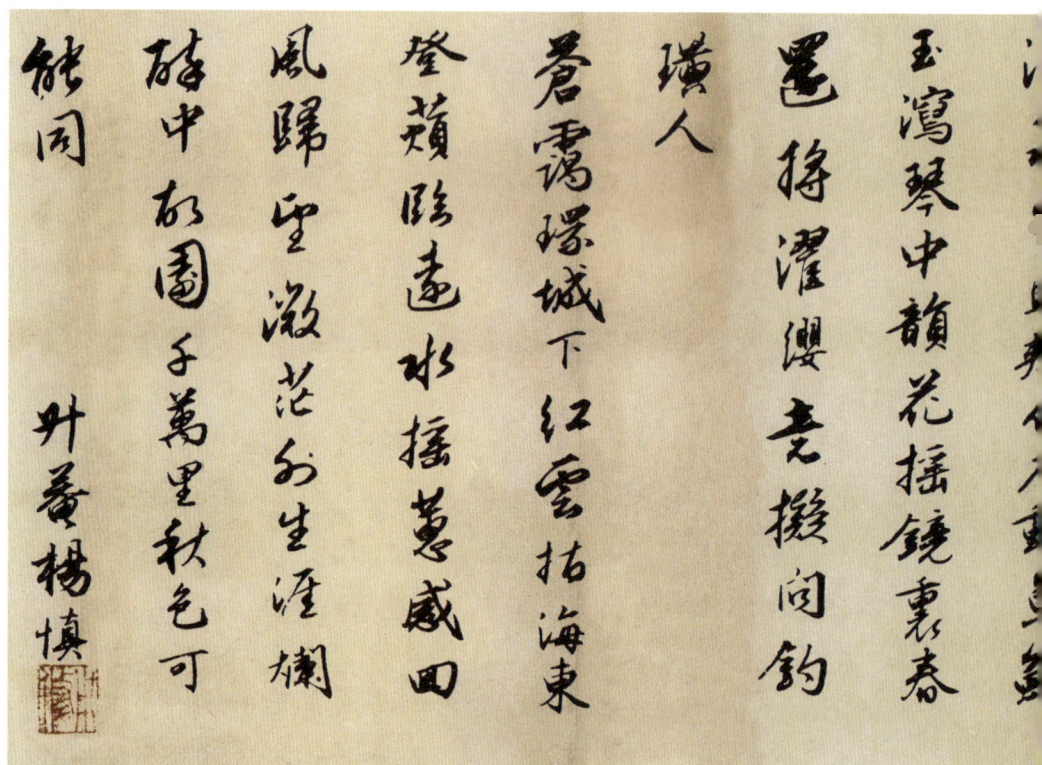

● 《石马泉诗卷》（节选） 明代 杨慎

行楷，冷金笺本。纵 21.5 厘米，横 47.2 厘米。杨慎自幼聪慧过人，13 岁时随父亲杨廷和入京师，沿途写有《过渭城送别诗》《霜叶赋》《咏马嵬坡》等诗，其中《黄叶诗》轰动京城。现藏于北京故宫博物院。

大臣们掰扯名分的事。直到正德十六年（1521）五月初六，朱厚熜才腾出空来让百官讨论一下如何给生父兴献王上称号。朱厚熜的意思很明显：自己当了皇帝，父亲"升级"一下身份是很自然的事。

礼部尚书毛澄在杨廷和的支持下上疏：皇上，您能坐

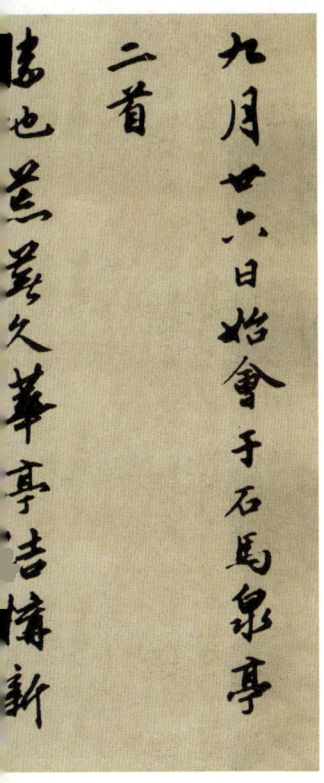

上这个位子,得感谢您的堂兄没有儿子,感谢您的伯父只有明武宗这么一个儿子,所以从现在起,您的生父变成了叔叔,生母变成了婶婶。应该效仿西汉定陶王和北宋濮王的故事,您得遵守规矩。

嘉靖元年(1522)正月,杨廷和等利用宫中失火制造舆论,逼迫明世宗称明孝宗为"皇考",兴献王夫妇为"本生父母"。

明世宗本来还对大批官员的气势汹汹心存忌惮,但在得到了新科进士张璁、主事桂萼、霍韬等一批中下级官员的支持之后,他变得强硬起来,坚持要给生父上皇帝尊号。双方僵持不下,掀起了"大礼议"之争。

明世宗将张璁、桂萼从南京召入北京,又批准了杨廷和退休的请求。嘉靖三年(1524),最终尊生父献皇帝为皇考,章圣太后为圣母,完成了自己的心愿。但大臣们为了保住"本生"二字,又展开了哭谏。杨廷和的儿子、翰林院修撰杨慎带着一腔正义鼓动说:"国家养士多年,大家有没有仗义死节的勇气,就看今天了!"于是,超过两百名官员聚集在左顺门前放声哀号,请求皇帝回心转意。明世宗非常恼火,下令参与请愿的官员:四品以上全部停发工资,五品以下施以廷杖。最终十七人被打死。

面对皇帝毫不留情的高压态度,反对的官员只好纷纷转变态度或者缄默不语,历时三年的"大礼议"最终以皇帝获胜而告终。可悲的是官员的皮开肉绽不仅没换来劝谏的成功,反而让明世宗在这个过程中逐步体会到了强权带来的快感,一步步走上"顺我者昌,逆我者亡"的道路。

◎ **黄花梨四出头官帽椅 明代**
官帽椅的造型像古代官员的官帽，因而得名；可分南官帽椅、四出头式官帽椅两种。黄花梨木是制作四出头官帽椅的首选木材，该椅为四出头式官帽椅的典型。另外，在设计时采用的"S"形靠背板以整板制成，线条弧度与人体脊柱弯度相符，比例匀称，造型流畅。不仅外观简明大方，使用时也极其舒适。座面下的券口，既是装饰，又起加固作用。现藏于上海博物馆。

方向比努力更重要

朝政本该是皇帝的分内之事，明世宗却放心地交给内阁首辅严嵩全权处理，自己则二十多年不上朝，一心虔诚祈祷、专心修炼。明世宗还不断地尝试着服食各种"神丹妙药"，大费周章地把紫禁城改造成一幅八卦图；并揣摩上天的意思，更改了三大殿之名，他在追求长生的路上越走越远。

❀ 改造北京城

明成祖营建北京宫殿时，为了祭祀各路神灵，专门建造了一座天地坛，相当于万神殿。中轴线的正中是大祀殿（大致在现在天坛祈年殿的位置），那时候，它还是一座类似于太和殿的方形重檐大殿。

到了嘉靖年间，明世宗觉得把各路神仙混在一起祭祀不符合古礼，他决定把天、地、日、月分开祭祀。在天地坛的南端建起了一座祭天的圜丘坛，在北边安定门外，兴建方泽坛来祭大地。按照"天圆地方"的观念，圜丘坛呈圆形，方泽坛呈成方形。东边朝阳门外建朝日坛祭日，西边阜成门外建夕月坛祭月。这样一来，整个北京城就被放在了一幅八卦图之中：南为天，属乾卦；北为地，属坤卦；东为日，属离卦；西为月，属坎卦。

巧的是，紫禁城内的乾清、坤宁两宫周边院门也构成了一幅八卦图：南边的乾清门代表天；北边的坤宁门代表地；东边的日精门和西边的月华门分别代表日、月。

这样的改变只是因为明世宗笃信道教，这个信仰源自他的原生家庭。他

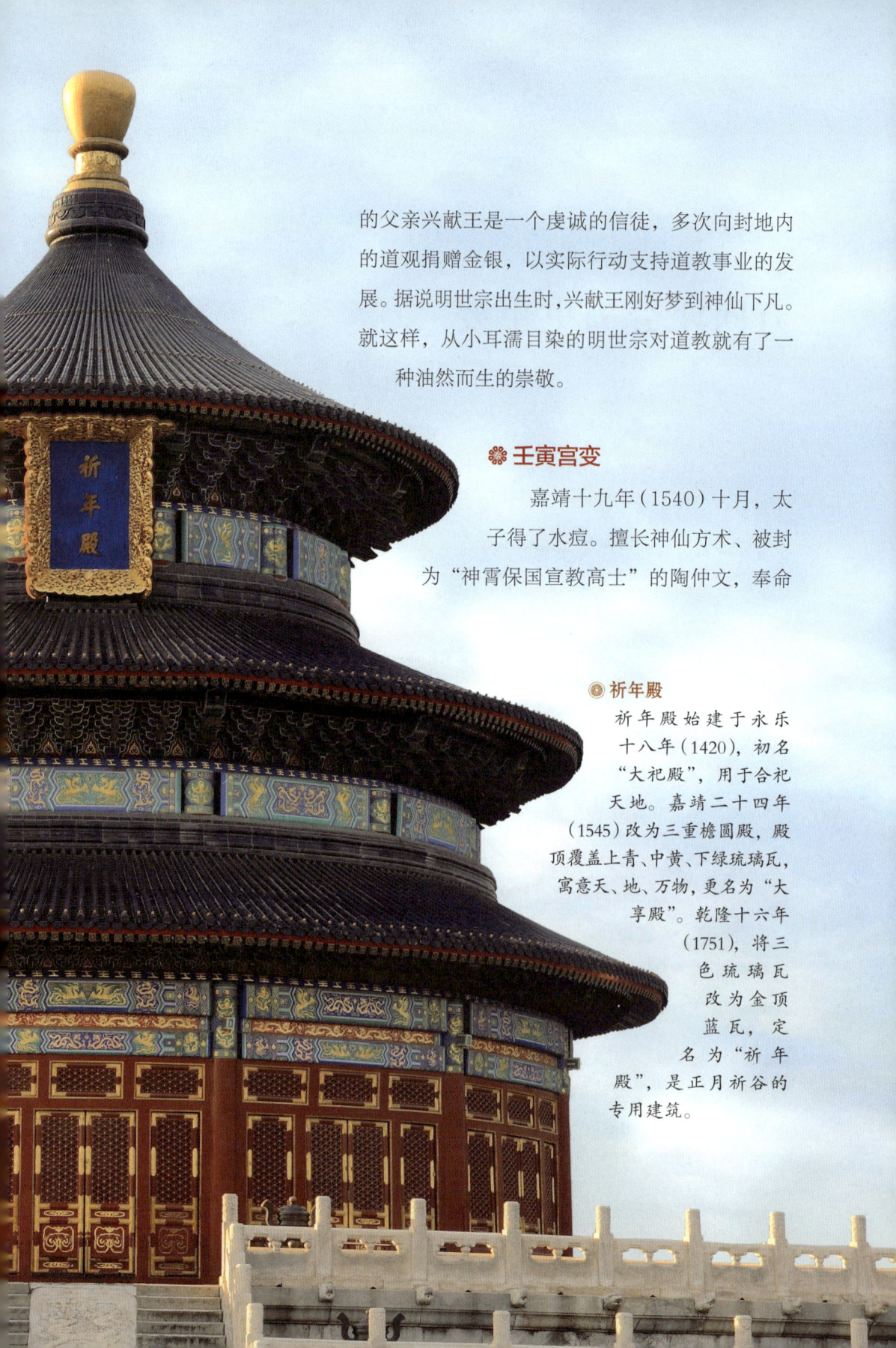

的父亲兴献王是一个虔诚的信徒,多次向封地内的道观捐赠金银,以实际行动支持道教事业的发展。据说明世宗出生时,兴献王刚好梦到神仙下凡。就这样,从小耳濡目染的明世宗对道教就有了一种油然而生的崇敬。

❈ 壬寅宫变

嘉靖十九年(1540)十月,太子得了水痘。擅长神仙方术、被封为"神霄保国宣教高士"的陶仲文,奉命

❈ 祈年殿

祈年殿始建于永乐十八年(1420),初名"大祀殿",用于合祀天地。嘉靖二十四年(1545)改为三重檐圆殿,殿顶覆盖上青、中黄、下绿琉璃瓦,寓意天、地、万物,更名为"大享殿"。乾隆十六年(1751),将三色琉璃瓦改为金顶蓝瓦,定名为"祈年殿",是正月祈谷的专用建筑。

向上天祈祷祛除太子的病痛，一番神奇的作法之后，太子竟然痊愈了。有一次，明世宗病了，又是陶仲文作法祈祷，成功赶走了病魔。此后，明世宗便对陶仲文的话深信不疑，一心想追随这位大师求仙问道，还封他为少保、礼部尚书，后又加授少傅，食一品禄。

为了帮皇帝强身健体、延年益寿，陶仲文竟说服用由幼女经血炼制的"红铅丸"可以使人长生不老。因此，大批幼女被送进宫里，除了提供炼丹的材料，还要从事繁重的体力劳动，加上明世宗在服食丹药后越发喜怒无常，鞭打宫女更是家常便饭。嘉靖二十一年（1542），即壬寅年十月的一天深夜，杨金英等十六名宫女趁明世宗在翊坤宫熟睡之际，企图用黄绫布将他勒死。慌乱之中宫女们将绳子打成了死结，越拉越紧，但就是勒不死皇帝。一个宫女因害怕跑到坤宁宫向皇后方氏自首。结果，参与此事的宫女全部被凌迟处死，皇后还借机把当时服侍明世宗的曹端妃、王宁嫔等"情敌"当成宫女们的同谋解决掉了。

> **三大殿名字由来**
>
> 紫禁城三大殿的名字是从南京故宫继承而来，体现了明成祖迁都后政权延续的合理合法。奉天殿出自《尚书》中的"惟天惠民，惟辟奉天"，蕴含了皇权天授的观念。"华盖"原本是紫微垣中的一组星名（共有十六颗），形如伞盖，护卫在帝星上方。据说涿鹿之战时，轩辕黄帝打败蚩尤，也正是凭借了一团形如华盖之五色云气的庇佑。由于这一典故，后世帝王车驾上的伞状顶盖皆以"华盖"为名，以对应天象。"谨身"二字出自《孝经》的"谨身节用"，借此提醒和督促帝王谨慎施政、勤于反省。

"壬寅宫变"是中国历史上绝无仅有的一次宫女"起义"，明世宗被动参与其中，不感到荣幸也正常，但大难不死的结局并没有令他悔悟。为了摆脱紫禁城中"恶鬼冤魂"的纠缠，也为了远离百官的吵闹，使自己能彻底清静下来专心修仙，明世宗干脆从乾清宫搬到了紫禁城西面的皇家御苑——西苑永寿宫。

我去故宫看历史

◉ **剔红花鸟纹提盒 明代**
这件提盒高36.7厘米，为长方形，盖面雕刻有亭台楼阁、池水花木、老翁仆童等大量复杂图案。人物形象极为生动，为明代雕漆佳作。现藏于北京故宫博物院。

西苑原本是明成祖的府邸，当年他从永寿宫起兵，成功坐上了皇帝宝座，此后没有皇帝长住，也就没有人死在这里。因此，明世宗认定西苑永寿宫受神灵庇佑，住在此处再好不过。

三大殿改名

嘉靖三十六年（1557）四月，雷电击中紫禁城，引发的大火烧毁了奉天、谨身、华盖三大殿，附近的建筑也有不少遭殃。

明世宗立即下令重建三大殿，但派到四川、湖北、贵州等地采集大型木料的人员沮丧地发现，经过明成祖、明英宗时期的两次大规模采伐，当地已经无法找到跟原来檐柱、立柱尺寸一致的大木。明世宗只好向现实低头："祖宗定下来的尺寸固然不可违背，但根据实际情况稍作减少，也没什么关系。"

于是，杉木代替了上等楠木，并且通过小块木料拼接、包镶等方法凑够了柱子和房梁。但因材料短缺和财力有限，奉天殿从面阔到进深都有了大幅度的缩减，华盖殿的屋顶也改成了四角攒尖顶。

严嵩提醒明世宗，上天把闪电砸在紫禁城身上，应

青词宰相

明世宗迷信仙道，常年不理朝政，避居于西苑，日夜祈求长生不老。而在建立道坛、斋醮祈福之时，必须向太上尊神呈奉奏章祝词。这种奏章祝词通常用朱笔写在青藤纸上，称为"青词"，也叫"绿章"。

内阁大学士们都清楚，要想青云直上，就必须要在青词上下功夫。在这样的背景下，明世宗一朝，成为阁臣的标准不是治国的才能，而是青词写得要好。严嵩本来就是颇负盛名的诗人，文学修养很高，正是写青词的最佳人选。他使出浑身解数，写出的青词自然超人一等。更重要的是，他写的青词不仅辞藻华丽，还能够说出皇帝的心声，更是深得明世宗的赏识。皇帝对他进献的青词，往往再三阅读，赞赏不已。从此，"醮祀青词，非嵩无当帝意者"。

该是一种警告：人间天子的建筑不可以跟天帝起冲突。为了不再惹老天爷生气，也不耽误自己的修仙大业，明世宗决定给三大殿分别改名为皇极殿、中极殿和建极殿。

就连三大殿的周边建筑也进行了配套式的更名：奉天殿前的奉天门改叫皇极门，左顺门与右顺门分别更名为会极门与归极门，两侧的文楼与武楼也改为文昭阁与武成阁。

嘉靖者，家家皆净

眼看着明世宗在位的四十五年间，国家距离"嘉靖"的目标反倒渐行渐远。善于投机的官员们争相向皇帝进献象征祥瑞的物品，争相巴结朝廷中的权贵；刚正不阿的忠臣在午门外被打得皮开肉绽；老百姓在贪官污吏的搜刮下家破人亡，大街小巷都传唱着"嘉靖嘉靖，家家干净"；甚至忍无可忍的宫女试图用她们柔弱的双手去结束一位皇帝的生命。

嘉靖四十五年（1566）二月初一，公正廉明的"青天"海瑞提前给自己买好棺材，将家人托付给朋友，呈上《治安疏》，其中直言不讳地批评明世宗迷信道教、不理朝政、生活奢靡等问题："天下之人不直陛下久矣，内外臣工之所知也。"

然而海瑞的忠诚换来的却是皇帝的暴怒，明世宗把奏疏狠狠地摔在地上，捂着胸口、喘着粗气说："快去把这个狂徒抓起来，别让他跑了！"说完后，明世宗沉默了好久，才说："这个人是像比干一样的忠烈之臣，可惜朕不是商纣王，所以不会成全他的美名。"最终，海瑞还是被关进监狱，直到明世宗去世后才被释放。

● **五彩鱼藻纹盖罐 明嘉靖**

此罐高46厘米，口径19.8厘米，底部书"大明嘉靖年制"款。五彩瓷罐肩部绘莲瓣纹一周，腹下部绘蕉叶纹一周，罐盖和腹部以多色釉彩描绘出荷花、水藻和游鱼等图案，鱼戏水草之中。整体图绘疏密有致，十分生动。现藏于北京故宫博物院。

二龙不相见，孩子被耽误

海瑞在《治安疏》里批评明世宗："二王不相见，人以为薄于父子。以猜疑诽谤戮辱臣下，人以为薄于君臣。乐西苑而不返宫，人以为薄于夫妇。"对儿子、大臣、妻子，你都薄情寡义，对待无亲无故的老百姓，还能好到哪里去！

明世宗听了，倒是挺委屈：不是我不在乎天伦之乐，而是因为二龙相见必有一伤啊！

❀ 得子不易

明世宗 14 岁即位，直到 26 岁都没能生下一儿半女。道士陶仲文及时献上秘方"固本精元汤"为皇上排忧解难，说是服食后可强身健体，绵延子嗣。明世宗抱着试一试的心态服用了一段时间，果然奏效。嘉靖十二年（1533）八月十九日，长子朱载基出生后，明世宗的焦虑便一扫而光。

明世宗对于长子的诞生十分高兴，打算将其立为太子，还为此大赦天下。谁知这个寄托着明世宗厚望的孩子不到两个月就夭折了，被追谥为"哀冲太子"。

之后明世宗又坚持服用了两三年"固本精元汤"，第二个儿子朱载壑在嘉靖十五年（1536）十月初六降生。几个月后，三子朱载垕（一作朱载坖）、四子朱载圳也相继来到人世。

嘉靖十八年（1539），明世宗视察父亲的显陵时（这是他当皇帝后唯一一

青花缠枝莲纹葫芦瓶 明嘉靖

嘉靖时期，明朝对外贸易扩展，瓷器作为主要外销产品大量外销于国际市场，从而促进了瓷器品种和花样的创新。青花葫芦瓶颇具特色，在原有基础上发展出多种式样，如四方、六方、八方、上圆下方或多棱、带盖等；纹饰多具有道教色彩，如云鹤、八仙、八卦、缠枝莲、松竹梅、福禄寿等。

次出巡），把当时还不满 4 岁的朱载壡封为太子，让他留守北京监国。

眼看着太子即将成年，明世宗决定在嘉靖二十八年（1549）三月十五日为太子举行冠礼，谁知朱载壡却在两天后得了急病。御医正把脉诊治时，太子忽然头朝北行跪拜礼："父皇，儿子走了！"说完便咽了气。太子去世时年仅 13 岁，被追封为"庄敬太子"。

❀ 二龙不相见

早在长子朱载基夭折后，陶仲文就曾一本正经地对明世宗说："皇上，您以后再有了儿子，千万不要再跟他见面了，对你们谁都好。您是真龙天子，皇子是潜龙，太子更是确定无疑的小龙，二龙相见，必有一伤啊。潜龙斗不过真龙，皇长子就是因为这才夭折了。所以，要避免二龙相见，最好也不要过早册立太子。"

明世宗对陶仲文一向言听计从，在这一点上本来也不例外。无奈皇帝出巡、太子监国是祖制，他这才心存侥幸，册立二皇子为太子，没想到朱载壡还真就没了。

明世宗后悔不迭地在陶仲文的奏疏后面写道："要是乖乖听从大师的劝告，也就不会有今天这样的惨剧了！"痛定思痛，皇帝下定决心严格遵守"二龙不相见"的劝告，再也不跟儿子往来，将成婚的裕王朱载垕和景王朱载圳都迁到宫外，并迟迟不肯册立太子。令他欣慰的是，朱载垕和朱载圳果真没再出事，成功迈过了成年的门槛。

❀ 重压之下，唯有隐忍

随着前两位皇子的死去，三皇子朱载垕理应成了皇位继承人。本着稳固国本的考虑，大臣们也屡次上疏求立太子，结果不是奏疏石沉大海，就是提建议的人遭到廷杖或被关进大牢。眼见明的不行，文官们就尝试请求先给朱载垕举行冠礼，给他成婚等，希望借此向明世宗证明人心所向。但明世宗故意把朱载垕的待遇和其他皇子保持一致，不显出任何差别。

嘉靖三十三年（1554），朱载垕请求进宫探望病重的生母杜康妃，但没有得到批准。之前就是因为"二龙不相见"，朱载垕很早就离开紫禁城搬进了裕王府，从此跟生母不能见面，没想到如今生母病重也无法去探望。

当朱载垕的长子朱翊钶出生时，明世宗大发雷霆，认为他在为生母守孝期间使妻子怀孕，实属不孝。到朱载垕的三儿子朱翊钧出生时（前两个儿子均早夭），朱载垕赶紧封锁消息，万万不可让他的父皇知道了，以至于朱翊钧都两个月大了，还没举行庆贺满月的剪发礼，直到明世宗去世后才有自己的名字——那时候他已经5岁了。

可以说，不光是朱载垕，明世宗的所有子孙全都尴尬而又无奈地生活在"二龙不相见"的阴影之下。从父亲身上感受不到任何关爱，只有高高在上的命令与压制，这样的人生际遇怎么可能培养出自信、果敢的孩子？朱载垕的不幸，完全是拜父亲所赐。

◎ **剔彩货郎图盘 明嘉靖**

口径32.2厘米,高5.2厘米,漆色自下而上为土黄、红、黄、绿、红五层。盘中部刻老人,后有货郎担。担上器物有不下数十种。幼儿八个,生动活泼。货郎担后,以桃树作为背景,枝上果实累累。上半幅刻云纹锦地,下半幅刻方格锦地,以不同的锦纹分作天和地。盘边刻龙纹,背面刻缠枝花纹。足内朱漆,刻有"大明嘉靖年制"款。现藏于北京故宫博物院。

❋ 压抑解除后的放纵

朱载坖和哥哥朱载壑同一天接受册封，当时由于太监操作失误，把太子的宝册送到了裕王府，很多人把这件事跟后来裕王称帝的事实联系起来，说朱载坖才是真命天子。

或许真的是上天注定，大哥、二哥全都早逝，弟弟景王朱载圳本来想跟他争夺皇位，却在最后关头也走在了父亲前面。明世宗去世时，朱载坖成了唯一的皇位继承人。他的幸运，完全是命运的安排。

嘉靖四十五年（1566），奄奄一息的明世宗回到了乾清宫。许久未见父亲的朱载坖终于见了父亲最后一面，那一刻，他的心里或许没有太多的悲喜，长期的疏远与漠视已经令他丧失了对父亲的情感。"二龙相见，必有一伤"，此刻要死的那个，注定是一生都在追求长生的父皇，无论他是否心有不甘。

朱载坖最终接过了大明王朝的指挥棒，从一个唯唯诺诺的皇子摇身一变，成了至高无上的皇帝，年号隆庆，即明穆宗。

长期受压制的明穆宗厌倦了钩心斗角，也不屑于做个勤政的君王，他把朝政交给以高拱为首的内阁。在位的六年间，明穆宗只召见过两次内阁大臣，没开过几次朝会，即使上了朝也只是走个过场。

明穆宗把主要精力花在了后宫，因为纵欲过度和长期服食春药，他最终在隆庆六年（1572）死在了乾清宫，终年36岁。年仅10岁的太子朱翊钧即位，即明神宗，次年改元万历。

虽然明穆宗很懒，但相比专注于修仙的父亲，他治下的国家尚且称得上平稳。主持修纂《穆宗实录》的张居正对他有着极高的评价："上（明穆宗）即位……不烦苛，无为自化，好静自正，故六年之间，海内翕然，称太平天子云。"如果大臣们提前了解到明神宗亲政后的种种表现，一定会更加怀念这位自明武宗以来最谦和宽厚、最不胡闹的皇帝。毕竟，没有对比就没有伤害。

🅰 《徐显卿宦迹图》之《司礼授书》 明代 余士、吴钺

作品为册页，现存二十六开，含徐显卿所作《纪遇诗》与诗序，概括了他从12岁到51岁，从童蒙初启到金榜题名，之后宦途得意、光宗耀祖的人生历程。图册所绘人物众多，上至皇帝下到僮仆。画中人物衣着和场景建筑真实细致，是研究明代服饰与社会风俗的重要资料。民国陶镕曾评价此图册："汉官威仪，恍如重现。"现藏于北京故宫博物院。

新皇上任三把火

明穆宗即位之初也曾有过颇有胆识的改革：他先是打着明世宗遗诏的旗号，把祸国殃民的术士全部问罪；然后释放了敢于冒犯皇帝、直言劝谏的大臣；还停止了劳民伤财的采办，免除民间自嘉靖四十三年（1564）以前所有拖欠的赋税以及第二年一半的田赋。有人说，明穆宗懒惰，国家却也治理得不赖，是因为当时人才济济。但反过来想，百官人尽其才、帝王垂拱而治不正是儒家治国的理想模式吗？放手让大臣施展抱负，或许正是明穆宗的独特之处。

教育，是永恒的难题

隆庆六年（1572）五月二十五日乾清宫中，病危的明穆宗把太子朱翊钧托付给高拱、张居正、高仪三位内阁大臣和司礼监太监冯保。他对太子说："你要听从三位辅臣和司礼监的辅导，好好学习，知人善任，切不可偷懒荒废。"明穆宗希望大家合力教导出一个合格且优秀的接班人，但他无法预知教导的效果，以及儿子会给予这些教育者怎样的回报。

❀ 是个好苗子

朱翊钧从小便十分聪慧，后来他曾得意地夸耀："朕五岁即能读书。"古代计算年龄一般按虚岁，也就是说他三四岁时就能读书认字了。俗话说："三岁看大，七岁看老。"朱翊钧就像一块品质上佳的璞玉，只要雕琢好了，绝对能成大器。所谓雕琢，自然是指教育。

隆庆六年（1572）三月，太子朱翊钧正式出阁读书。明穆宗为儿子挑选了一批饱读诗书、德高望重的大学士当老师，其中还有他自己的老师——张居正。

张居正不仅是杰出的改革家，也是出色的教育家，他用大半辈子精力教了两位学生——一位是明穆宗，一位是明神宗。在明穆宗还是裕王的时候，张居正就担任日讲官，他讲的课通俗易懂，深受学生欢迎。明穆宗即位以后，把老师推荐给了儿子，同时安排张居正进入内阁工作。

❀ 负责，意味着严格

明神宗很聪明，也十分勤奋，但他的勤奋似乎更多地出于外在约束下的迫不得已。因为他遇到了一个特别严格的老师。

对人的塑造，是一个漫长的过程，需要投入大量的时间。明神宗10岁即位，在接受教育的同时还需要履行皇帝职责。既要保证上课时间又不耽误皇帝上早朝和处理公务，张居正给明神宗制定了一个课程表：皇帝每月逢三、六、九常朝之日上早朝，其他日子上课，不论严寒酷暑从不间断。这个课程表一直执行到张居正去世。

根据课程表的安排，明神宗每天日出时分就要到文华殿开始一天的学习，先要诵读儒家经典，再由老师讲解。遇到张居正讲课时，明神宗的神经都会忍不住紧绷起来。有一次，明神宗上课走神，将《论语》中"色勃如也"读成了"色悖如也"，张居正立刻板起脸来纠正："应当读'勃'！"吓得明神宗打了个寒战，不得不更加小心翼翼。

下课后，司礼监太监冯保会趁明神宗课间休息的时间，把大臣们的奏折呈上来请他批示。处理完公文，接下来就该上历史课了。

历史课上，明神宗不但要专心听老师讲述历代兴衰的故事，还得时不时主动提出一些有价值的问题，表达自己的思考与感悟。明神宗每次都能提出令老师刮目相看的问题。有一次，张居正讲了北宋宋仁宗不爱珠玉的故事。明神宗听完后若有所思地说："贤臣才是国家的珍宝，珠玉拥有得再多，又有什么实用性呢？

❀ **掐丝珐琅双龙盘 明万历**

掐丝珐琅器因其古朴厚重、繁缛华丽，在明代的御用工艺品中占有相当重要的地位。现藏于台北故宫博物院。

先生才是朕最大的珍宝啊。"明神宗的一番话把老师哄得心里美滋滋的。

李太后和冯保都喜欢书法，因此，明神宗在他们的影响下特别爱上书法课，还时不时赏赐给大臣一些墨宝。鉴于历史上不少帝王就是把太多时间和精力花在了这些"业余爱好"上才导致主业被耽误，所以，当张居正发现明神宗有沉溺其中的趋势时，干脆取消了他的书法课。

自从没了书法课，明神宗在文华殿吃完午饭就可以回乾清宫了。下午名义上是自由活动时间，可是母亲李太后派人来要小皇帝到她面前背书，说是要检查作业！

❀ 母亲也很严格

明神宗的母亲李氏原本是一名普通宫女，15岁进入裕王府，因生下皇子，母凭子贵被封为贵妃，地位仅次于皇后陈氏。明神宗称帝后，尊生母李氏为慈圣皇太后，住慈宁宫。但皇帝年幼，还需要母亲照顾其生活起居，李太

◉《兰竹石图》扇页
明代 马守真
纵17.8厘米，横49.8厘米。金笺、墨笔。作品中兰竹行笔流畅，线条飘逸。地面苔草信手点染，墨点聚散有致。石头以润笔散锋随意勾出，与兰竹相配，显现出画面朴素无华之美。扇页有自题："甲午中秋日写。湘兰马守真子。"现藏于北京故宫博物院。

后就暂时和明神宗一起住在乾清宫。因为出身卑微，年轻时吃过不少苦，李太后对儿子的教育非常重视，管教得相当严格。

每天五更时刻，李太后都会准时叫明神宗起床，命令太监扶他起来，洗脸穿衣，然后送到文华殿读书。日复一日，年复一年，明神宗几乎天天早起，没有寒暑假。

在经筵听完老师讲课，李太后都让明神宗把当天学习的内容复述一遍。每当她发现皇帝背得不流利，就认定他偷懒，没有好好学习，李太后的脸色不好看算是轻的，给明神宗一顿批评也是难免。要是明神宗偶尔贪玩或者犯了小错，李太后还会狠狠地责罚他。

有一天，明神宗喝醉了酒，命两个太监唱一首新歌助兴，无奈太监们实在没这技艺，只好推辞。明神宗半开玩笑地说："不唱？那就是抗旨不遵，斩了！"嬉闹一阵之后，他让这两个太监割发代首，事情就过去了。但传到李太后耳朵里却成了差点草菅人命的胡闹——君无戏言，作为皇帝怎么能开这样的玩笑！结果明神宗被罚跪六个小时，张居正还奉太后之命替皇帝起草了一份罪己诏，言辞激烈，丝毫不留情面。

❀ 合力终归是外力

陈太后是明穆宗的第二任皇后，因为体弱多病没有生育孩子。明神宗称帝后，尊陈氏为仁圣皇太后，住慈庆宫。李太后会时常领着明神宗来慈庆宫背书，这么做既能帮陈太后打发孤寂，以孩子为桥梁稳固两人关系，促进后宫和谐，又能多个人帮忙督促皇帝勤奋上进。

太监是皇帝身边非常亲近的人群，对其成长有着潜移默化的影响。李太后觉得冯保擅长书法和弹琴，颇有文人风骨，又是司礼监掌印太监，就有意让他加入对皇帝的教育大业中。

为了报答李太后和张居正的知遇之恩，冯保也充当了另一位严格的老师，只要见到或者听说皇帝胡闹，都要教育两句，甚至直接向家长告状。所以，明

刺绣獬豸方补 明代

官服补子，是古代官员官职级别及身份的象征。文官与武官的补子分类各有不同，文官的补子图案均是飞禽，以示文明；武官的补子图案均为走兽，以示威武。图中绣獬豸补子为风宪官（主要为御史）补子。现藏于耶鲁大学艺术画廊。

神宗对冯保也有着深深的畏惧。有时他和身边的小太监玩得正开心，一听到"大伴（"大伴"是明神宗对冯保的昵称）来了"就立刻停止嬉闹，正襟危坐起来。

在这些教育合力里有老师、有家长、有同伴，他们都指向一个目标——希望明神宗能成为一代圣君。但他们忽略了至关重要的一点：这些约束都来自他律，一旦外在强加的压制消除，便会出现反弹式的爆发。

万历六年（1578），15岁的朱翊钧举行大婚，这意味着他不再需要母亲来照料生活起居。李太后在返回慈宁宫居住之前，郑重其事地拜托张居正："皇上已经长大成人，加上不许后宫干预朝政的祖制，我无法再像以前一样紧盯着皇上了。希望先生能不辜负先帝对你的信赖与重托啊。"

张居正无法推脱这样的责任，他未尝没有隐约地意识到其中隐藏的危险，但敬业、自信都使他义无反顾。他没想到，学生的翻脸与报复来得那么迅速且猛烈。

靡不有初，鲜克有终

为防止张居正的家人转移财产，荆州府江陵县提前派人封锁了张府的大门，禁止任何人进出。等半个月后奉命抄家的队伍从北京赶来时，因粮食供应断绝已经导致十几个人被饿死。经过一番地毯式的搜查，共收缴黄金一万两、白银十万两，张家老小被隔离审讯，严刑拷问。张居正的长子张敬修不堪忍受而悬梁自尽，死前以血书控诉冤屈；三子张懋修投井不死，绝食也不死，这才留下一条性命。张家人的惨烈结局逐渐使舆论发生转向，明神宗才停止审查，象征性地留给张居正的老母亲一处宅院、十顷田地。

明朝第一改革家

隆庆六年（1572）六月，张居正取代高拱成为内阁首辅。明神宗在建极殿东侧的后左门单独召见他，共商新一任政府的大政方针。

张居正上有李太后和皇帝的支持，几乎所有军国大事都由他裁决；内同冯保联手，在宦官和文官之间实现了难得的和谐。他开始利用此机会对立国两百余年、身患种种疑难杂症的大明王朝展开一场大型"手术"。

万历元年（1573），"考成法"率先实施，通过明确各级部门责任，加强检查和考核，使原本效率低下的国家机器重新高效地运转起来。当官员的办事效率基本可以得到保证时，旨在富国强兵的举措便相继出台。

万历六年（1578），张居正以福建为试点，重新丈量土地，随后在全国推广。至万历十年（1582）十二月，各省清丈土地基本完成，全国田亩数总计新增了一百四十余万顷。原本钱不够花的国库终于有了富余，储存的粮食也足够十年的开支。

政府掌握了全国精准的土地数据后，张居正开始推行税制改革，万历九年（1581），张居正将"一条鞭法"在全国各地大力推广——各州县的田赋、徭役以及杂税全部合并，按亩折算，统一以白银形式缴纳。这不仅简化了赋税征收流程，地方官员也难以巧立名目强取豪夺，有利于赋税公平。张居正的改革取得了重大胜利。

张居正大刀阔斧的改革使垂垂老矣的王朝面貌一新，再度有了中兴的迹象。但随着张居正的病逝，改革也戛然而止。

❀ 翻脸来得太快

明神宗在位的前九年，对张居正言听计从，"按张先生的话办"几乎成了他的口头禅。万历七年（1579），明神宗向户部索求十万两银子以备光禄寺提高御膳标准，张居正据理力争："户部已经入不敷用，要是哪个地方出现灾害或者边疆告急，怎么办？所以皇上您还是省省吧。"结果皇帝不但没要到钱，就连以后宫里上元节花灯等花费也没有了。

有一次，张居正出现不明原因的腹痛，明神宗听后亲自做了一碗辣面让大学士吕调阳送给老师。张居正痊愈回来上班时，明神宗欣喜地从龙椅上跳了起来，拉着老师的手说："先生，朕好想您！"

◉ **张居正像**

张居正（1525—1582），被誉为"明代最伟大改革家"。

第三章 亡国谁的锅

直到张居正临死之前，都没有任何迹象表明皇帝要翻脸。万历十年（1582），张居正去世后，明神宗还下令辍朝一日，举国哀悼，赐予他"文忠"的谥号、赠上柱国头衔。然而刚过四天，就有御史弹劾潘晟，潘晟是张居正生前所推荐的"接班人"。潘晟没来得及走马上任就接到皇帝指示："张四维已继任内阁首辅，你不用来了。"潘晟的下台，标志着张居正的失宠。

半年后，明神宗将冯保逐出京城，发配到南京孝陵种菜。对冯保的处分是一个信号，大臣们嗅到了风向的改变，纷纷上书弹劾张居正。

严厉即得罪

明神宗犯错时，李太后经常说一句："要是让张先生听说了，看你怎么办？"或许，李太后觉得张老师比自己更有威慑力，而张居正本人也高度认同"严师出高徒"的教育理念。

所以，张居正板起脸来训斥学生时，满心以为自己只是在尽心尽力地履行老师的责任；以最高标准严格要求学生时，也未曾深思或者并不在乎学生可能积累的怨气；当他看到学生乖巧听话时，自信地以为这是自己多年以来教育的结果。

与张居正相处十年，明神宗感受更多的其实是严格的管束对他自尊与权威的伤害。张居正的死，便是他挣脱牢笼、树立权威的最好机会。

下场惨烈

在张居正主政的十年里，改革触动了许多人的利益，他曾在一封书信里表露心迹："那些政敌何尝会忘记我的存在，他们总能找千万条理由中伤

"大伴"冯保的结局

张居正死后，反对派便从冯保的亲信徐爵下手，遭到弹劾的徐爵很快被捕入狱并处死。万历十年（1582）十二月初八，江西道御史李植罗列十二大罪状，上疏弹劾冯保。太监张诚和张鲸也乘机说，冯保家产丰厚，抄家保证能大赚一笔。这一点成功撩起了明神宗的兴趣，他下旨打发冯保去南京闲住，同时查抄其家产，获得金银一百余万两，珠宝不计其数。不久，冯保病逝于南京。

与攻击！可为了国家，我只能无所顾忌、一往无前。"

在他死后，对手们果然怀着久已有之的仇恨，掀起了反攻的声浪。对潘晟的弹劾只是投石问路，看到结果如此顺利，针对张居正本人的攻击便随即展开。陕西道御史杨四知整理出欺君罔上、奢侈僭越、结党营私等十四条大罪，要求对张居正死后算账。

看了杨四知的弹劾奏疏，明神宗马上回复："居正不思尽忠报国，反倒恃宠而骄，假公济私，实在是辜负朕的信任与恩泽！"但此时，明神宗还没有完全忘记张居正的恩情与功劳："姑且念在他是先帝托付的重臣，对朕也有十年辅佐的功劳，就不追究了，让他得以善终吧！"

可敌人既然看准了风向，又岂会就此罢休？万历十一年（1583）三月，大礼寺呈上张居正家奴游七等人屈打成招后的供词，明神宗看后勃然大怒，下令剥夺张居正的太师、上柱国等头衔以及"文忠"谥号，并查抄张居正的老家。在都察院弹劾张居正的奏疏中，明神宗还恨恨不已地批示："张居正欺君罔上、忘恩负义，本该开棺戮尸，正因为朕有心宽恕，这才没有进一步追究。"

❀ 改革难，教育也难

论教育，张居正十年来为皇帝量身定制的体系非常严谨完备，堪称皇室教育的最高水平。可惜明神宗前期表现出来的勤奋并没有内化为一种习惯，他在张居正死后变得十分懈怠，经常找各种理由不去上课。

从教育的长远目标来看，失去了所有的束缚后，明神宗三十年不上朝、不见大臣，连祭祀等重大典礼也不参加。因册立太子之事跟百官起了冲突后，他索性连奏章也不批了，直接"留中"不发，所有的文件都石沉大海。他还绕过地方官府，直接派宦官担任矿监税使，四处搜刮民财。前后两个时期形成如此强烈的反差，张居正多年的教育努力，可以说是前功尽弃。

论政治，随着张居正去世，改革措施多数被废除，大明王朝逐步放弃治疗，一步步滑向自我毁灭的深渊。张居正多年的努力改革，也都白费了。

由金丝编织而成

◎ 金丝翼善冠 明代

1957年出土于北京明十三陵定陵地宫。翼善冠是明代天子、太子、亲王等皇室成员所戴，包括前屋、后山和金折角三个部分。此顶翼善冠前屋由518根直径0.2毫米的金丝捻成一根金线自上而下编织而成。后山饰以双龙戏珠，龙身上的龙鳞多达8400多片，皆以累丝焊接法焊接而成。此外该翼善冠的制作还采用了掐丝、码丝等工艺，代表了明代金银制作工艺的最高水平。现藏于定陵博物馆。

命由天，不由我

在立太子的事情上，明神宗和大臣们谁都不肯退让，后来他灵机一动，想出一套说辞："有嫡立嫡、无嫡立长，你们现在天天催我立长子，不过是欺负我没有嫡子罢了。万一皇后过两年生下儿子了呢？到时候太子谁来当还说不定呢。"没想到大臣们还是不依不饶，明神宗生气了："好了，朕决定下一年就立太子，在这期间你们谁也别再烦我。要是还有人敢唠叨，就等朱常洛到了15岁再说！"

❁ 所谓命运

万历五年（1577）正月，陈太后和李太后命礼部为明神宗组织选秀，王氏、刘氏和杨氏三位美人从四百多位竞争者中脱颖而出。因王氏是锦衣卫指挥使王伟的长女，李太后非常喜欢她，将其定为皇后，同时封刘氏为昭妃，杨氏为宜妃。还有一位王氏，因为在本次选秀活动中没能进入前三名，被分配到慈宁宫，成了服侍李太后的一名普通宫女。

但明神宗对选秀胜出的三位美人全无兴趣，昭妃、宜妃终生未育，皇后除了在婚后第四年生下皇长女荣昌公主之外，也再无子嗣。皇帝对后宫女子千篇一律的恭敬贤淑十分不屑。当然，除了嫌弃对方个性不够张扬、与自己没有精神共鸣之外，主要还是"美人"不够"美"。

❁ 一时冲动

宫女王氏姿色平平、年龄偏大，相比于三位美人，她可能更不符合明神宗的

第三章 亡国谁的锅

◉ 点翠嵌珠石金龙凤冠 明代
孝靖皇后凤冠以髹漆细竹丝编制，通体饰翠鸟羽毛点翠的如意云片，18朵以珍珠、宝石所制的梅花环绕其间。冠前部饰有对称的翠蓝色飞凤一对。冠顶部等距排列金丝编制的金龙，口衔珠宝流苏。冠后部饰六扇珍珠、宝石制成的"博鬓"，呈扇形左右分开。冠口沿镶嵌红宝石组成的花朵一周。现藏于北京故宫博物院。

标准。所以她命运的改变，并不源于皇帝的意愿与喜好，而仅仅来自一次偶然的冲动。虽然明神宗很快就后悔了，但这个孩子改变了许多人的命运。

万历九年（1581）十月的一天，明神宗去慈宁宫请安，李太后不在，他索性坐下等了一会儿。明神宗抬头瞥了一眼伺候的王宫女，忽然心血来潮，一把将其拉入寝宫。事后，这个长相一般的宫女便被他抛在脑后，甚至连她的姓名都没问过。

谁知几个月后，李太后发现王宫女的肚子慢慢大了起来，不用想，肯定是儿子干的，整个皇宫也就他能干出这样的事。李太后自己也是宫女出身，很能理解其中的无奈与辛酸，就借着一次酒宴的机会向儿子提起此事，没想到明神宗连连否认。

此事关乎皇家血脉，李太后当场命太监把《内起居注》取来，上面把皇帝在后宫的一举一动记录得清清楚楚。但明神宗仍是矢口否认，王宫女只好拿出了他那天赏赐的头面（头部装饰品）作为证据。明神宗此时再也无法抵赖，只好点头。

明神宗虽然按照太后的要求册封王宫女为恭妃，但心里始终对她很排斥，如果王恭妃生下的是个女儿，此生也就不再有太多波澜，可她偏偏生的是个男孩，而且还是皇长子。

❀ 意愿与规则相悖

对皇长子朱常洛来说，父亲对他和三弟朱常洵态度上的截然不同，不是因为自身的原因，而是源于各自母亲在父亲心中的不同地位。

就在王宫女被临幸的两个月前，明神宗进行了新一轮选秀。青春靓丽、活泼张扬的郑氏从中脱颖而出，很快博得明神宗的欢心，入宫一年便生下了女儿，因此被破格升为贵妃——与之相比，皇长子的母亲王氏只是封妃。万历十四年（1586），郑贵妃生下皇三子朱常洵后，立刻被封皇贵妃，地位仅次于皇后。

有了儿子，郑贵妃就有了"得寸进尺"的贪念：既然皇后没有嫡子，朱常洛和朱常洵同样是庶子，凭什么朱常洛能拥有天然的优先权？皇帝如此深爱自己，把朱常洵立为太子有何不可？

其实制定嫡庶长幼的规则最初只

是为了避免皇位继承人之间的混乱与争斗。从感情的角度讲，嫡长子未必最受父亲钟爱；从资质、能力来看，庶子、幼子也不见得就略逊一筹。遵从长幼有序导致皇帝素质参差不齐，甚至出现"白痴皇帝"的案例在历史上不胜枚举。因此，皇帝在做抉择时内心也充满了挣扎，有的人最终服从于既定的规则，也有不少人打破规则我行我素。

明神宗因为偏爱郑贵妃而偏爱她的儿子朱常洵，打心眼里不想遵从宗法规则，但他也深知百官的观念与作风，这些认同规则的人一定不会支持他的任性。因此明神宗决定先采取拖延战术，迟迟不立太子，然后再温水煮青蛙，让大家一步步接受朱常洵，最终达到"偷梁换柱"的目的。

国本之争

明神宗对郑贵妃和朱常洵的喜爱，对王恭妃和朱常洛的冷落，大臣们都看

醉梦之期

亲政后的三十年，明神宗基本上是一个不理朝政的皇帝。近代史学家孟森的《明清史讲义》里把明神宗亲政的晚期称为"醉梦之期"。由于明神宗不理朝政，官员空缺的现象非常严重。万历三十年（1602），南、北两京共缺尚书三名、侍郎十名；各地缺巡抚三名，布政使、按察使等官六十六名、知府二十五名。到万历四十一年（1613）十一月，南、北两京缺尚书、侍郎十四名。

明神宗晚年，对于朝政的兴趣远没有对敛财的兴趣浓厚：他查抄了冯保、张居正的家产，全部归自己支配；为了掠夺钱财，他曾以采木、烧造、织造、采办为名搜刮民财；他还曾多次派遣宦官为矿监税使，四处搜刮人民，而且征税的项目千奇百怪，无物不税，无地不税，使百姓怨声载道。因此，《明史》有这样的描述——"论者谓明之亡，实亡于神宗"。

在眼里,他们也并非主张皇帝应该对每个儿子都公平公正,只是拥护对既定规则的遵从,反对任性凌驾于规则之上,所以,大臣们支持朱常洛也仅仅因为他是长子,而当时皇帝没有嫡子,跟他本人的素质与能力没有关系。

于是,<u>明神宗和大臣之间因为个人意愿和服从规则的冲突展开了长达十五年的"国本"之争,改变了更多人的命运。</u>

早在朱常洵出生前,内阁首辅申时行就未雨绸缪,建议明神宗尽早立长子朱常洛为太子。明神宗回复说:"这事不急,孩子还小,等几年再说吧。"

◎《入跸图》卷 明代 无款

《入跸图》卷描绘了明代庞大的皇家谒陵队伍,由北京城德胜门出发,画家沿途铺设盛大的卫仪阵容,直至皇帝谒陵的目的地天寿山的情景。画家将皇室谒陵的整个过程描绘得栩栩如生。据历史学家考证,画中的皇帝应为明神宗。现藏于台北故宫博物院。

第三章 亡国谁的锅

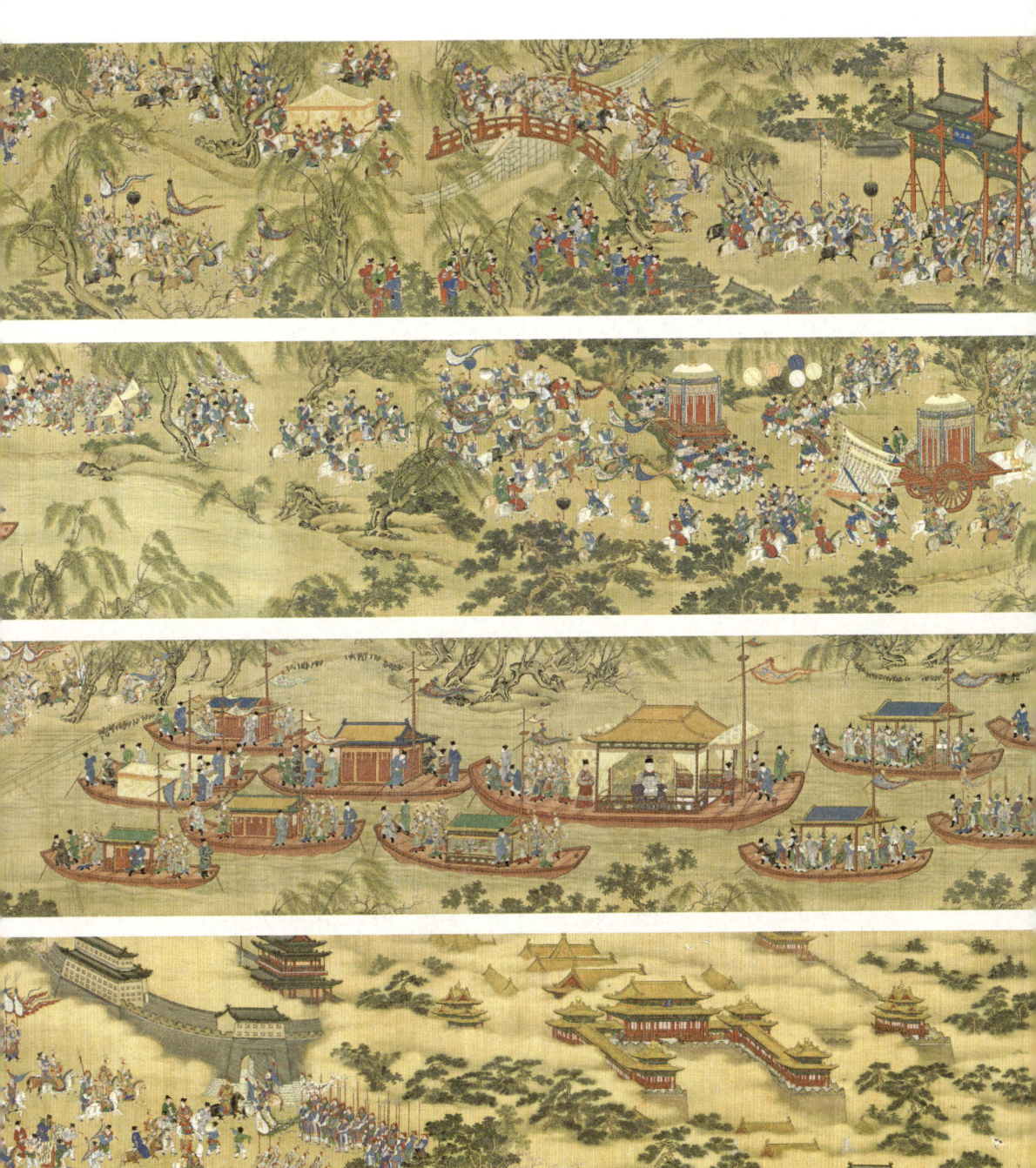

37

万历十四年（1586），郑贵妃刚生下儿子就立马晋封皇贵妃。敏感的大臣们立刻意识到其中的不同寻常：所谓母凭子贵，郑贵妃的位分居然比王恭妃还高——皇长子地位危矣。

<u>太子是国家稳固的根本，立谁为太子不仅是皇帝的家事，也是最大的国事，以捍卫规则为己任的大臣们决定立即出动，给明神宗施压，警告他不能为所欲为。</u>

万历十八年（1590），朱常洛已经 9 岁，眼看再不接受教育就要被耽误了，心急如焚的大臣们再次掀起劝谏声浪：就算您不急着立太子，先让皇长子出阁讲学总可以吧？

明神宗也不笨：别以为我不知道你们打的小算盘。出阁读书属于明朝培养太子的一项重要制度，其他皇子不能享有。让朱常洛出阁读书就等同于承认其太子身份，你们休想骗朕入套！

❀ 谁是胜利者

这时，慈宁宫里的李太后看不下去，终于出面过问，明神宗很老实地回答："朱常洛只是宫女生的儿子，说出去总不大光彩。"李太后听了暴跳如雷："别忘了，你也是宫女之子！"吓得明神宗立刻跪在地上，好半天都不敢站起来。

在李太后的干预下，明神宗最终在万历二十九年（1601）妥协，正式册立朱常洛为太子、朱常洵为福王，曲折而又漫长的"国本"之争终于落下帷幕。在这前后十五年里，光是内阁首辅就换了四位，涉及中央和地方各级官员三百多名，其中一百多人被罚薪、廷杖、免职、发配，整个帝国都不得安宁。

一次偶然的临幸彻底改变了王宫女的命运，但她并没有从中收获任何宠爱和幸福，明神宗始终瞧不起她，还把"国本"之争积累的怨气全撒在她的身上，她在孤寂和凄惨中走完了一生。

而朱常洛则一直因为皇长子的特殊身份而卷入各种斗争，稀里糊涂地就成了太子，正所谓"命里有时终须有"。

虽明知大势已去，但郑贵妃还想做最后一搏。

第三章 亡国谁的锅

命运坎坷的"一月天子"

朱常洵被封为福王后，一直赖在京城，不肯前往藩地，尽管群臣不停上疏催促，但皇帝始终不理。当李太后过问时，郑贵妃回答得冠冕堂皇："您明年要过七十大寿了，福王留下来就是为了到时候给您好好祝寿呢！"李太后反问道："那我的儿子潞王朱翊镠也可以来京拜寿了吗？"按照规定，藩王不可随意离开封地，更不可随意进京。话说到这份上，郑贵妃才不得不放儿子出京。

❀ 一根木棍闯宫

万历四十二年（1614）五月初四下午，一个神秘男子突然闯进紫禁城，手握一根枣木棍，进了太子的慈庆宫，见人就打，打倒了几个太监之后很快被制服，这就是著名的"梃击案"（"梃"指木棍）。光天化日、朗朗乾坤，在天子眼皮子底下，竟然有人拿根木棍就能闯进守卫森严的皇宫，还妄图行刺国家储君！

有关部门高度重视，并立即展开初审。犯罪嫌疑人张差说话语无伦次，净念叨一些听不懂的词，行为举止也疯疯癫癫的。

明神宗听完汇报，觉得此事必有蹊跷，命令刑部于五月十二日再审。明朝刑讯逼供的手段在古代算是残酷至极的，经过简单的威逼利诱，张差便改口了。

❀ 冰山一角

张差自述："我靠贩卖柴草谋生，因为和人发生纠纷，地方官府又不受理，只好来北京上诉。五月初四这天我来到了东华门，没走多久就遇到两个太监递

● "子冈"款茶晶梅花花插 明代

高 11.4 厘米，口径 4.2 厘米，底径 3.8 厘米。陆子冈所雕刻的这款茶晶料上有白斑，他用"俏色"手法巧妙地设计，利用白斑刻出两枝白梅，梅花枝干盘曲，花和蕾正背俯仰，形神兼备。黑棕色的主体晶莹如玉，衬托得白色的梅花更加高标韵致。在梅树的枝干之间空白处，雕刻了"疏影横斜，暗香浮动"八个行书字，用阴文钤有"子冈"印。小小的一个花插之上，诗、书、画、印四者合一，格调高雅，如同一幅充满韵味的文人画作。现藏于北京故宫博物院。

给我一根枣木棍，说拿着它才可以申冤。因为不认得路，我就凭着感觉一直往西走，可能酒喝得有点多，糊里糊涂地也不知道打了什么人，然后就被抓了。"

这份供词可谓漏洞百出。因为一点柴草就跑到紫禁城告御状？头一次来，就能不偏不倚摸到太子寝宫？拿着大棒见人就打，就是你诉说冤情的方式？想用酗酒闹事来掩盖真相，当我们是傻子吗？

刑部主事王之寀冷冷地对张差说："你要是不把真相全说出来，就把你饿死在这牢里。"在坦白和死亡之间，张差毅然选择了继续吃饭。

于是张差的口供再次更新："一个月前，我赌博输了很多钱，和我同乡的马三道和李守才说，只要按他们的要求去做一件事，成功之后就给我几亩地，保证我后半辈子不愁吃穿。有人带我来到了京城，在一所大宅子里见了一个老太监，他带我进了紫禁城。在慈庆宫门前，他塞给我一根木棍，说，'你先喝口酒壮壮胆，然后冲进去，撞到一个打一个，尤其是那个穿黄袍的（即太子朱常洛），你见到他就往死里打，打死他重重有赏。要是被人捉住，你就说是喝多了酒走错了路，我们自然会救你的'。"

后来在员外郎陆梦龙的讯问下，张差招供，带他入京的是太监庞保，住在大院内的太监叫刘成。司礼监和三法司立即在东华门前提审庞宝和刘成，他们至死都不肯承认。

❈ 皇帝亲自结案

庞保和刘成虽地位低下，但他们服侍的主人是郑贵妃。一时间舆论哗然，朝野间本来就对郑贵妃有所怀疑，因为她的儿子是太子遇害后最大的受益者。现在张差的供述又直指郑贵妃，她的犯罪动机实在太充分了，大家没理由不信啊！

案子当初是明神宗亲自督促跟进的，到了这个份上他也不好再过于袒护郑贵妃，就告诉她："你自己去找太子求情吧！"

朱常洛听出了父亲的弦外之音，所以当郑贵妃一进门就朝自己行礼时，他立即回礼，然后和善而又大度地说："这都是误会，我相信你是清白的。其实这事也好办，只要张差认罪就能结案。"

明神宗对于太子的处理表示非常满意，五月二十八日他破天荒地把文武百官和皇室子孙召集到一起，当众宣布张差是"疯癫奸徒"，理应处死。"梃击案"即日结案，相关讨论也到此结束。

❈ 病倒背后有阴谋

万历四十八年（1620）七月二十一日，明神宗驾崩，朱常洛于八月初一即位，次年改元泰昌，逝后庙号"光宗"。

◈ 《坤舆万国全图》 明代

万历十二年（1584），利玛窦到达广州，自制《万国图志》。万历二十九年（1601），利玛窦来到北京，把图献给了明神宗，明神宗很是喜爱。第二年，太仆寺少卿李之藻出资将《万国图志》刊行，曰《坤舆万国全图》。《坤舆万国全图》通幅纵168.7厘米，横380.2厘米。图首右上角题"坤舆万国全图"6字，主图为椭圆形的世界地图。全图现存有四个版本，此为万历三十年（1602）李之藻刻本。

传教士利玛窦

利玛窦（1552—1610）出生于意大利的马切拉塔城。万历二十九年（1601）十二月，利玛窦在一些地方官员的帮助下来到北京，向明神宗进献了自鸣钟、玻璃器皿、西洋琴、天主像、《万国图志》等。万历三十三年（1605），利玛窦在顺承门（今北京宣武门）附近修建礼拜堂，在北京传播天主教。

利玛窦在中国的二十多年里，曾多次绘制和刻印《山海舆地图》《坤舆万国全图》等五大洲地图；还在中国合作者的帮助下，用中文写作介绍西方宗教、伦理、天文、数学、测量、透视学的著作一百多种；他是第一个向中国介绍了地圆学说、笔算、西历、西洋琴等新鲜事物的人。利玛窦和中国科学家徐光启、李之藻共同开创了中国天文历算史上的新阶段。

没想到，他刚登基十天就一病不起。

百官无不感到意外：登基大典那天皇上还面色红润、脚下生风，怎么突然就得了重病？肯定是有人谋害！现在最希望皇上出现意外的就是郑贵妃了。当大家把视线转移到郑贵妃身上时，还真发现了重大线索。

明神宗生前最宠爱郑贵妃，临终前留下遗命，封郑氏为皇后，死后与自己合葬于定陵。明光宗倒是丝毫没有表现出为难，表示既然是先帝遗命，那就照办吧。可是那些跟先帝对抗多年的大臣们不干了，他们从各方面找理由加以反对。明光宗趁机搁置争议，这事最后就不了了之。

不知是出于报复还是讨好，郑贵妃挑选了几位美女送给皇帝。以往过惯了苦日子、还没来得及享受生活的明光宗便夜夜笙歌，很快就体力不支病倒了。

❀ 病急乱投医

有病就应该看大夫，可明光宗偏偏信不过御医，嫌弃他们的方子见效慢，他直接找到了宫里主管御药房的太监崔文昇。

崔文昇的主业是司礼监秉笔太监，只是兼管御药房。但既然皇帝开口，哪有抗旨不遵的道理。崔文昇认为明光宗应该是阳涸阴亏，需要泻火，于是开出一服药性很强的泻药。明光宗吃后腹泻不止，一天跑了三四十趟厕所，身体更加虚弱，随时都有升天的危险。

后来，明光宗听说鸿胪寺官员李可灼年轻时在峨眉山采药偶遇一位道长，送给他一些仙丹妙药，称为"红丸"，说是能治百病。明光宗病急乱投医，催李可灼赶紧拿药来，说不定有用呢！一颗红色药丸吃下去，明光宗很快恢复了精神，也有了食欲，甚至一度离开病床踱步到了殿外。皇帝不禁感动得连连赞叹："李爱卿真是个大忠臣！"

既然有效，那就再服一颗，巩固一下效果吧。尽管御医们无一例外地警告过量服药的危害，明光宗还是坚持己见，结果当晚他便一命呜呼了。

❋ 生死非由命

朝野上下群情激愤，要求彻底查清"红丸案"的真相，并追究相关人员的责任。内阁首辅方从哲在风口浪尖上被迫辞职还乡。

直到明熹宗即位后，依然有人不依不饶，上书弹劾方从哲没有尽到劝谏的责任，应与弑君同罪。方从哲从老家寄来奏疏，说自己年迈愚昧，未能阻止先帝病急乱投医，有罪，也有愧。为此，他愿意放弃之前获得的一切官衔和荣誉，以耄耋之身流放边疆，来平息朝野上下的怨气。明熹宗被方从哲的诚恳所打动，但苦于真相仍未查清，一时不知该如何做决断。

这时，当年的礼部尚书兼内阁大臣韩爌站了出来。韩爌说，他亲眼看见了方从哲屡次劝谏，而明光宗一意孤行的全过程。包括崔文昇和李可灼，他们也许用错了药，但也确实是奉了皇帝之命。所以这件事归根到底，还是明光宗本人的错。

明光宗前半生遇到的种种纷争都不由自己，但在掌握至高权力以后，主动权便已经回到他手里了。如果他愿意，完全可以成就一番事业；如果他做了选择，自然就会抵制各种诱惑；如果他决心在正确的道路上坚持向前，就会懂得如何在喜好与志向之间、在一意孤行与他人意见之间做出正确的抉择。

纵观明光宗的祖辈，有太多人在任性妄为中走上歧途，迷不知返。权力给了他们自由，但方向和对错，与权力无关，而只关乎认知和意志。或许他们只是没有意识到对错，又或许他们压根就不在乎规则、无所谓对错，时间便在这种种阴差阳错之中，铸就千差万别的人生。

第三章 亡国谁的锅

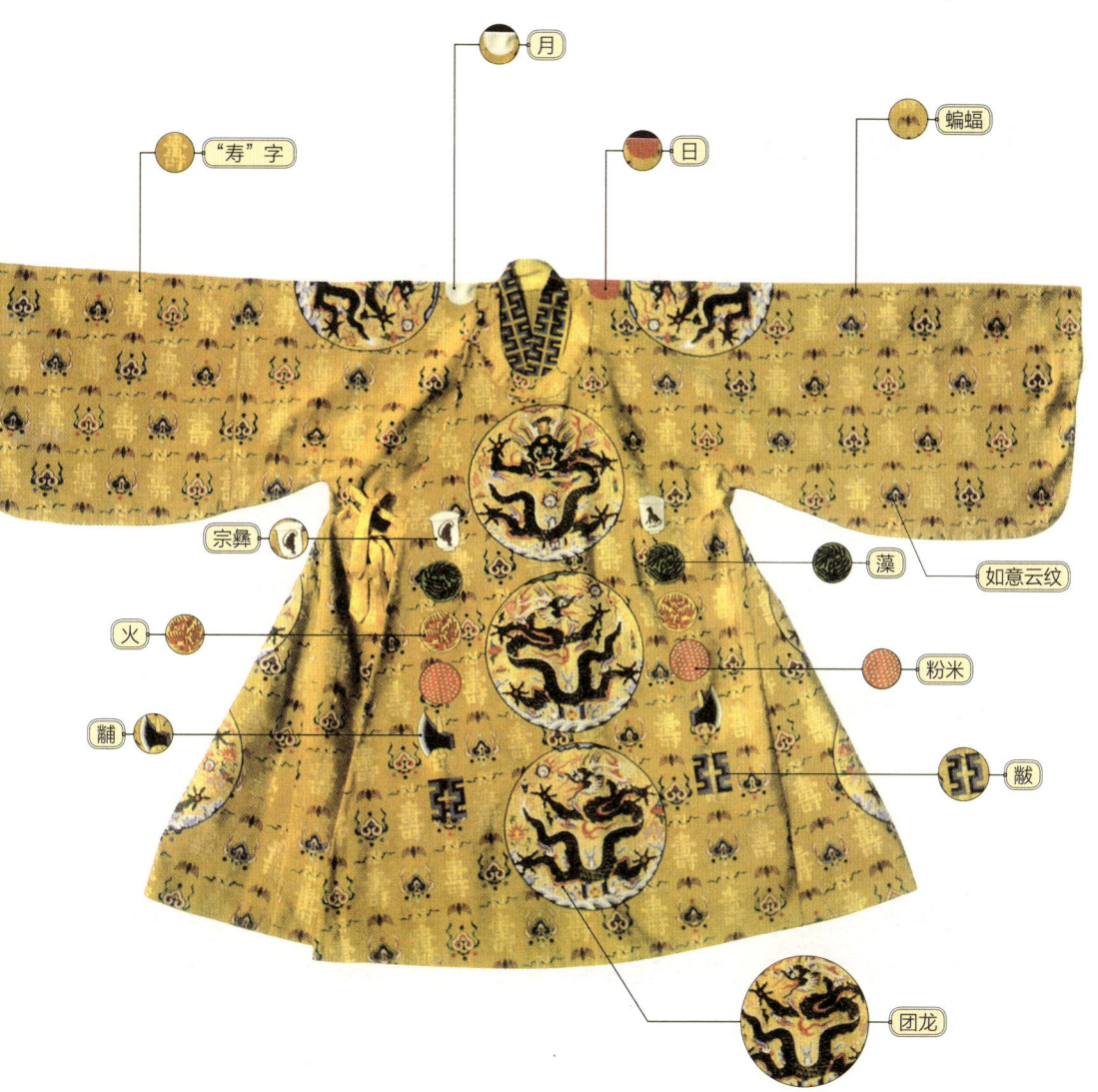

🟡 **缂丝十二章福寿如意衮服 明万历**

这件衮服出土于定陵。衮服上龙纹最突出，共有十二团龙，分别织于两肩和前后襟上。另外，两肩织日、月，背织星辰、山，两袖饰华虫。宗彝、藻、火、粉米、黼、黻等六种纹饰分别列于前后襟团龙两侧，共列十二章纹。现藏于定陵博物馆。

谜一样的帝王

明熹宗以木匠皇帝著称,在后世的传说里,他的手艺直追鲁班,甚至有人说,这是一个被皇帝耽误了的木匠。后人对他的政绩说不出个一二,却对他身边的太监魏忠贤干的种种坏事一清二楚。在历史记录里,他本是一个被忠臣从后宫抢过来放到皇位上的懵懂少年,却因不务正业而被魏忠贤窃取了权力,导致忠臣纷纷入狱、惨死……

忠臣描述的移宫案

在明光宗生命的最后阶段,他最宠爱的李选侍闹着要封皇后。为了达成目的,李选侍赖在乾清宫里不肯走,而皇长子朱由校也跟着她。在以正义自命、以维护正统自居的忠臣们看来,这是赤裸裸的要挟!

选侍属于妃嫔中品级较低的封号,再往下就是宫女了。李选侍前面还排着李庄妃、傅懿妃等人,论资排辈也不会轮到她当皇后。李氏之所以敢直接索要皇后的位置,不外乎是仗着皇帝的宠爱罢了。

皇后和皇长子的生母都已去世,朱由校一直由李选侍抚养,但即使李选侍自以为养育皇子、劳苦功高,也不能一步登天吧?

病危的明光宗也觉得不妥,他本来只打算封李选侍为皇贵妃,但李选侍贪心,坚持要当皇后,甚至还要朱由校出面为她求皇后的封号。结果一来二去,明光宗驾崩了,李选侍什么也没得到,真是竹篮打水——一场空。

这下就不能怪这些一心为新君考虑的臣子们无情了。一个名分不高的后宫人员，有什么理由继续霸占着皇帝寝宫呢？难道李选侍还想像武则天那样把持朝政甚至偷天换日？于是，明末三大案的最后一案——"移宫案"爆发了。

东林党人杨涟、左光斗走在了斗争的最前列，他们深知"国不可一日无主"的道理，在明光宗驾崩当天，就同内阁首辅方从哲、礼部尚书刘一燝、吏部尚书周嘉谟等人组织群臣强行闯宫，要求迎接皇长子继承帝位。

❀ 众正盈朝

杨涟带队穿越重重阻碍来到明光宗的灵堂，却惊讶地发现朱由校居然没在为明光宗守灵，立刻四下询问少主何在？太监王安默默朝西暖阁望去，大臣们立刻会意，齐刷刷地面朝西暖阁跪下，高呼求见储君。

李选侍正拉着朱由校躲在西暖阁，她常年深居后宫，哪见过这种阵势，顿时吓得六神无主。王安走进去对她说，群臣想见皇长子一面，一会儿就把人送回来。说完他拉着朱由校出了西暖阁，等在外面的人立刻把朱由校推进轿辇，离开乾清宫。

终于回过神来的李选侍赶紧吩咐身边的太监阻拦，大声叫嚷："你们要去哪里？少主年纪小，别把他吓着了！"杨涟义正词严地反驳说："殿下即将成为天下之主，谁能吓唬住他！"群臣不由分说，把朱由校抬到了文华殿，接受大臣们的礼拜，并且商定九月初六在乾清宫正式举行登基大典。

可是只有让"最牛钉子户"李选侍搬走，皇帝才能住进乾清宫。态度强硬的朝臣们站在乾清门外，催促李选侍移宫，加上太监王安的驱赶，李选侍只好抱着小女儿皇八妹，哭哭啼啼地住进了仁寿宫内的哕鸾宫。

九月初六，朱由校在奉天门举行登基大典，改明年（1621）为天启元年，驾崩后庙号"熹宗"，"移宫案"至此落下帷幕。杨涟、左光斗则一战成名，大获全胜的东林党人也因为拥立有功而获得明熹宗的信任，担任内阁、六部的关键职位。一时间满朝上下都是忠君爱国的正人君子，人称"众正盈朝"。

❀ 这届天子是文盲？

明光宗出阁讲学因为"国本"之

我去故宫看历史

▲《明熹宗像》 明代
明熹宗朱由校（1605—1627）在位期间，魏忠贤与乳母客氏专权，迫害东林党人。政治黑暗至极，大明江山岌岌可危。23岁时，因落水生病服用"仙药"身亡。

争而被耽误多年，儿子朱由校也跟着受连累。直到明神宗临死前，朱由校才被正式册立为皇太孙，有了出阁读书的资格。明光宗即位后十分重视儿子的教育问题，特地交代内阁："皇长子从明年开始出阁讲学，等先帝丧期过了再册立他为太子。"没想到他本人在皇位上只坚持了一个月就宣告驾崩，连年号都没来得及改。

第三章 亡国谁的锅

那么，没有出阁讲学是否意味着明熹宗是个文盲呢？其实出阁讲学的政治象征远远大于实际意义，只是意味着太子身份的确立，学业内容也主要是儒家经典和历代兴衰历史。明熹宗15岁之前，明光宗的伴读吴进忠是他的启蒙老师，教他读书认字。天启元年（1621）正月，大臣建议按照出阁讲学的形式对皇帝进行继续教育，明熹宗表示同意，并且认真地坚持下来，直到病重才结束。

明熹宗勤奋学习的态度有目共睹。孙承宗曾担任明熹宗的日讲官，负责日常讲课。明熹宗每次专心听完，都不忘恭维一句："听君一席话，朕茅塞顿开。"在观察快一年后，内阁首辅叶向高也特意上疏提出表扬："皇上天纵聪

◉ **天启通宝钱 明代**
天启通宝钱为明熹宗天启年间（1621—1627）之铸币。该钱总体铸量较大，铸局较多，版别繁复。主铸材质黄铜，亦有少量红铜或青铜。其形制为初期铸小平钱，后来开始铸当十型大钱。

明,无论上朝还是日讲,全都勤勤恳恳。希望戒骄戒躁,继续努力!"

无论根基还是态度,明熹宗这棵苗子都是不错的。又有人说,就是因为皇帝不务正业,整天忙着研究木工榫卯,这才导致魏忠贤权倾朝野。

❀ 被耽误了的木匠?

关于明熹宗的木匠手艺,后世有着许多传说:大到紫禁城的三大殿,他能担任现场工程总指挥,还能撸起袖子和工匠们一起干活;小到桌椅板凳之类的寻常家具,他也可以改良得更加轻便和精美。

明熹宗时常派太监把自己亲手制作的作品拿到市场上出售,商人们争相高价抢购。据说他制作了一款护灯屏,上面雕刻着《寒雀争梅图》,还附有一首小诗:"御制十灯屏,司农不患贫。沈香刻寒雀,论价十万缗。"价值高达十万两银子,可见市场给了他很大的自信。在这种刺激下,明熹宗干得更起劲了,经常深更半夜都不休息,还让身边的太监充当助手。于是,一些夸张的说法就开始流传了。

清朝人王士禛在个人笔记《池北偶谈》里绘声绘色地讲了一个故事——明熹宗特别痴迷于制作微型亭台楼阁,手艺堪称一绝。魏忠贤便瞅准皇帝做木匠活的时候,拿着文件请他批

❀ 黄花梨方角柜 明代

第三章 亡国谁的锅

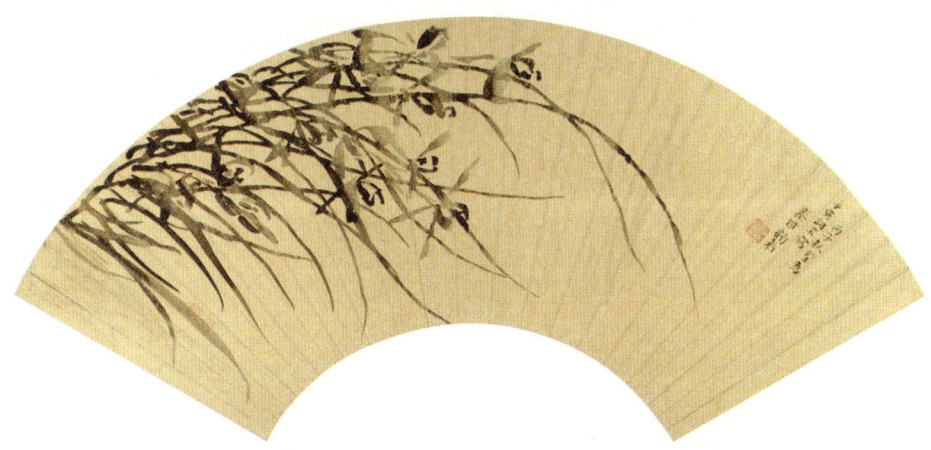

《兰花扇叶图》 明代 顾眉

阅，明熹宗感到莫名的心烦："没看见我正忙着呢，这些事你看着办吧，用心去做就行了！"于是皇帝撒手不管朝政了，魏忠贤成了一手遮天的代理天子，而明熹宗一直都以为他是个忠君爱国、优秀能干的好帮手。

其实王士禛也是道听途说，这个故事的源头来自明朝末年一位名叫刘若愚的老太监，他在崇祯年间写了一本书叫《酌中志》，里面是这么说的——明熹宗手里的木工活虽然没停，但他也在侧耳倾听，等旁边的人说完，他回答说："你们用心去做吧，我知道了。"

两者的不同之处就在于，明熹宗的业余爱好到底有没有发展到不理朝政的地步？

天启四年（1624）可以作为一个分界线，之前是"众正盈朝"，之后是魏忠贤专权。如果明熹宗始终在木匠活中自得其乐，全靠下面人忙活，那么东林党人与魏忠贤在政绩上是否有明显的不同？如果明熹宗起初勤奋努力，之后受魏忠贤蒙蔽才变得不务正业，到底是什么令皇帝丧失了对东林党人的信任，转而支持魏忠贤呢？

谁是忠，谁是贤

有一群大臣特别看重声望与名誉，廷杖、贬官、流放也满不在乎；他们以极高的道德标准审视一切，但很少有切实的行动去解决问题；他们把不合眼缘的人通通视为小人，本着"除恶务尽"的原则想尽办法加以排挤；他们追求的是"众正盈朝"，至于这些正人君子有没有真正的才能、能否办得了实事，反倒没那么重要了……当他们拉帮结派、互相争斗不休的时候，很难再以简单的孰对孰错来评判，党争成了套在大明王朝脖子上的夺命绳索。

❀ 以正义之名

万历二十二年（1594），内阁首辅王锡爵退休，明神宗让吏部根据资历、声望拟一份名单，以便挑选继任者。当时顾宪成任吏部文选司郎中，主管人事上的升迁调动，他和吏部尚书陈有年联合推荐了七人。明神宗一看到这份名单就怒了：怎么全是朕不喜欢的人！原来，顾宪成选的都是喜欢跟皇帝抬杠的人。

顾宪成本就在"国本之争"中，因极力为皇长子朱常洛争取太子资格而惹得明神宗不痛快，这下更是彻底把明神宗给得罪了。于是，明神宗干脆将顾宪成免职，派人送他回老家了。

奉旨回乡的顾宪成并没有消停，他通过书院的讲学活动来点评时局、宣扬主张。因为官场失意，所谓的点评自然以不满和批评居多。万历三十二年（1604），无锡城内东林书院建成，顾宪成发起东林大会，并制定《东林会约》。东林书院的参与者们逐渐由学术团体，发展成一个政治派别，被他们的反对者称为"东林党"。许多被贬官的人慕名而来,就连朝廷里也有人和他们遥相呼应,于是东林党人名声大噪,逐渐在朝中形成一股势力。而不被东林党接受的官员,则按地域划分,各成党派,互相支援,与东林党人相抗衡。这些官员主要形成了三大党派:山东人组成的齐党,湖北人组成的楚党和浙江人组成的浙党。

京察是明代考核在京官员业务表现的一种制度,每六年举行一次,通过评定优劣等级实行奖惩。初衷是敦促官员恪尽职守、为国效力,然而正因为其涉及官员的奖惩和升迁,逐渐沦为打击政敌、扶植同党的工具。

万历三十九年(1611),京察由东林党人叶向高主持,齐党、楚党、浙党成员纷纷被罢官。六年以后,浙党首领方从哲又借助京察排挤东林党,擢升齐党、楚党、浙党人员占据朝中重要职位。

愈演愈烈的朋党之争成了明朝的痼疾,最终造成了王朝的覆灭。

🏛 东林书院

东林书院曾是明代东林党人讲学、议论国事的地方,东林党领袖顾宪成提出的"风声雨声读书声声声入耳,家事国事天下事事事关心"家喻户晓。书院闹中取静,游人不多,至今依然保持着书香气息和读书处该有的清静。明末东林党人遭到以魏忠贤为首的阉党迫害,东林书院也被毁,如今的建筑基本是后代陆续重建的。

❀ 党争乱象

天启年间，辽东经略熊廷弼在辽东与后金作战，但他与广宁巡抚王化贞的战略思想完全不同：一个想守、一个主攻。王化贞深得兵部尚书张鹤鸣的信任，还是首辅叶向高的弟子，所以熊廷弼在辽东处处受到王化贞的掣肘。当时广宁（今辽宁北镇）驻有十三万军队，全部由王化贞掌控，熊廷弼名义上是军事指挥，能调动的兵力却只有五千。结果，广宁之战惨败，六万明军败于努尔哈赤的八旗劲旅，东北战场全线溃败，熊廷弼被处死，首级还被传送到北方九处军镇示众。

至于王化贞，虽然和熊廷弼同罪，但东林党人极力帮他洗白，把罪责全部推到熊廷弼一个人身上。不料王化贞已经暗中投靠了魏忠贤，后者利用他告发东林党贪污辽东军饷，一举将东林党击溃。可惜王化贞没想到，无论东林党还

大建生祠

魏忠贤及其党羽贪婪横暴，紊乱朝纲。朝廷正直干练的大臣们被这帮小人排挤、诬陷，一个个丢官、削籍甚至冤死。魏忠贤通过大清洗，实现了朝臣的大换班。

魏忠贤的爪牙们为了能博得他欢心，竟然提出要为他建生祠，魏忠贤立刻以明熹宗的名义批准。天启六年（1626），浙江巡抚潘汝桢便下令集资营建，弄得百姓倾家荡产。经过两个多月，在潘汝桢的督造下，第一座魏忠贤的生祠便出现在杭州西湖畔，其规模之雄伟，建筑之精巧，和宫殿一样。祠中的魏忠贤像是用纯金铸成的，腹中五脏六腑均用珠宝玛瑙制成。生祠落成的那一天，潘汝桢率当地文武官员向魏忠贤像三拜五叩。此风一起，各地争相仿效，甚至还有一名国子监监生，他竟然主张在国子监旁给魏忠贤立生祠，让目不识丁的魏忠贤配祭孔子，简直荒唐至极。各地互相攀比，生祠建得越来越大，每修建一座生祠至少也要花掉数万两银子，多者则达数十万两。

第三章 亡国谁的锅

● **魏忠贤生祠**
明末武清侯李诚铭出资为魏忠贤所建的生祠，崇祯帝即位后诛魏忠贤，改此祠为药王庙。

是魏忠贤，最终都没能保住他的命。

　　沦为党争牺牲品的熊廷弼曾不无心寒地说，如今朝堂上大家只顾着打口水仗，总喜欢自以为是地指手画脚，懂军事的人寥寥无几。冬春之际冰雪融化，敌人正筹划着出动战马偷袭我们，这时候该稳固防守，书生们却在千里之外的朝堂上言之凿凿地说，此时敌人粮草紧张、财力匮乏，我方应该主动出击。等到前方将领在他们的不断催促和命令之下强行出击而落败，原来极力怂恿的声音就突然变成了激烈的指责，义愤填膺地嚷嚷着要追究将领的罪责。自从辽东开战以来，用谁指挥、采取什么策略都是你们做主的，可有过一次成功？

　　天启二年（1622），因为东北兵败，明熹宗急得像热锅上的蚂蚁，他发了一道谕旨：我军在辽东接连失利，形势已经危在旦夕，你们还是只知道耍嘴皮子，可曾提过一个有用的建议？要是再这么混淆是非，朕决不姑息！可是过了两个月，情况并没有好转，大家依然如故。于是，明熹宗彻底愤怒了，他决定罢黜东林党人，给朝廷来一次大换血。

❀ 没错，正是在下

天启七年（1627），明熹宗在魏忠贤等人的陪同下到西苑划船游玩，一时兴起划到了深水区，同船只带了两名小太监。突然，一阵狂风掀翻了小船，三个人全都落入水中。

魏忠贤当时还在远处一艘大船上和老相好客氏饮酒作乐，发现皇帝遇到危险，立刻下水救人。当时他已经59岁，水性有没有好到能救人并不清楚，但下意识赶去救驾，可见他对皇帝本人十分忠心。

明熹宗虽被救起，身体却每况愈下，八月十一日在乾清宫驾崩。他的弟弟朱由检即位，为崇祯帝（明思宗）。临终前，他把魏忠贤这位得力助手推荐给弟弟，还给出了八字的评语："恪尽忠贞，可计大事。"作为遗言，哥哥必定诚意十足，可惜弟弟心里，大概只有"呵呵"二字。

16岁的崇祯帝觉得重用宦官必会重蹈汉、唐覆辙，君主与大臣亲密合作才是理所应当。而魏忠贤权倾朝野，满朝官员趋炎附势，形成了规模极大的阉党集团，不除掉简直没有天理。

❀ 三个月倒台

为了测试一下新皇帝的心性及喜好，以便更好地掌控他，魏忠贤先给崇祯帝送去一批美女。

听说崇祯帝欣然接受，魏忠贤长长地舒了一口气：看来这小子也不难控制，只要有爱好就好办。他不知道的是，自己送去的四名女子被仔细搜身，崇祯帝从她们的裙带里发现了香丸（宫中称为"迷魂香"），魏忠贤想把崇祯帝变成痴皇帝，但没有成功。

过了几天，崇祯帝突然闻到一股奇异的幽香，派人仔细搜查，才发现宫殿角落的夹壁中藏着一名小太监，手持一支点燃的迷魂香——自然也是魏忠贤安排的。

九月，崇祯帝采取了第一个措施——将客氏逐出宫。朝中有人从这一举动中敏锐地嗅到了风向变化，开始攻击阉党。浙江嘉兴一个名叫钱嘉征的生员，列举出魏忠贤的十大罪状，摆出一副与其不共戴天的战斗姿态。

崇祯帝先是免去了魏忠贤司礼监和东厂的职务，下令将他发配安徽凤阳，负责给皇家祖陵烧香。没想到魏忠贤完全不思悔改，带着四十车个人财产，在一千名护卫的护送下大摇大摆地出京，完全没有失魂落魄的样子。崇祯帝立刻改变主意，命令锦衣卫将魏忠贤抓回来治罪。

自知难逃一死的魏忠贤上吊自杀，阉党集团也很快遭到清洗。可惜形势并没有随着阉党的覆灭而好转，反而愈加严峻，大明王朝呈现出一幅末日景象。

◉ 碧云寺

碧云寺始建于元朝。明天启年间，魏忠贤大修碧云寺，在墓地两侧布列了刻工精美的石雕，想葬身于此。但他作恶多端，自缢后被分尸悬首，其党羽将他的衣冠葬于墓中。清朝时魏忠贤的墓被下令拆毁。

是否为亡国之君

崇祯十七年(1644),李自成打进北京,崇祯帝在绝望之中自缢,死前说:"朕死,无面目见祖宗于地下,自去冠冕,以发覆面。任贼分裂朕尸,勿伤百姓一人。"其中的愧疚、担当、爱民更是博得后世的无限同情。对于崇祯帝所宣称的"朕非亡国之君",后人也表示认同,并从方方面面找了一些明朝亡国的原因,来证明明末的这些问题不是靠崇祯帝一己之力能解决的。

❀ 勤政加节俭

崇祯帝曾说:自从登基以来,朕不贪财不好色,一心扑在工作上。起得早、睡得晚、吃得少、干得多,20多岁就长了白头发,眼角也出现了鱼尾纹……之所以不敢丝毫懈怠,就是一心想使国家能够复兴。

除了勤奋,崇祯帝还十分节俭。堂堂天子,每顿饭也就两三个素菜,都舍不得加肉;衣服上打满了补丁,上朝时走路还得小心翼翼,免得把破损的内衣露出来,有损皇家形象。这一切不是为了政治作秀,而是在真心实意地想尽办法给国家省钱。

明朝的衰落自明武宗甚至更早就开始了,到崇祯帝时期已经积重难返,换了谁做皇帝都一样要灭亡。而且明朝末年天灾不断,夏季大旱与大涝轮番出现,冬季又极度寒冷,连江苏、福建、广东等地都有降雪,天灾引发的粮食减产和社会动荡无可避免。还有文官集团无休止的党争与腐朽导致国家机器陷入瘫痪,皇帝再怎么努力也无济于事。

第三章 亡国谁的锅

❀ 楷书《九思》 明代 朱由检

崇祯帝朱由检是明朝第十六位皇帝,明光宗第五子,明熹宗异母弟,年号崇祯,谥庄烈帝。传崇祯帝书初学董其昌,草书秀润娟好,受到清世祖推崇。本幅大楷书"九思"二字,用墨浓丽,下笔遒劲有法度,似学唐颜真卿书。

❀ 欲速则不达

崇祯帝每天在文华殿工作十几个小时,大臣的每一道奏疏,内阁的每一份票拟,他事无巨细全都要过问,甚至不肯放过细枝末节的疏漏。他还经常和内阁大臣当面商议处理意见与解决办法,务求事事妥当。

后来大家发现崇祯帝热衷于通过挑刺来彰显自己的认真与高明,也乐于迎合这样的心思,干脆故意留下一些失误,等他挑出毛病,再不失时机地说些"皇上英明"之类的漂亮话,皆大欢喜。温体仁就是揣摩圣意的专家,他当了四年的内阁首辅,是崇祯年间在位时间最长的一位首辅。

崇祯十五年(1642),清军从北部边境长驱直入,绕过北京,进入山东、江苏等地抢掠,直到第二年三月才北归。得知清军北上,北京戒严,内阁首辅周延儒在舆论的压力下不得不出城督军,走到通州就不敢再往前了,后来他派人侦察到清军无意再战,便天天往京城送捷报。崇祯帝喜出望外,加封周延儒

◉ 《晋爵图》卷 明代 陈洪绶

纵24.2厘米，横235厘米。绢本，设色。作者在素绢上描绘了19位人物，其中17位面向左侧，或作揖，或执礼，一起恭贺画卷左端的红袍男子加官晋爵。此画布局讲究，人物的聚散组合别具匠心，疏密有致，宾主分明。设色匀净淡雅，卷尾主人公身着红袍，格外醒目。现藏于北京故宫博物院。

为太师。后来事情败露，皇帝气得大骂："最恨周延儒对朕玩弄计谋欺瞒！"

抛开温体仁和周延儒的人品不说，他们仅仅通过花言巧语就能得到崇祯帝的信任，是因为他们知道皇帝想要什么、喜欢什么。

而对于那些真正有能力的人，崇祯帝却充满了怀疑。在以往，内阁大臣都是官员中的元老和精英，资历、声望颇高，地位也比较稳固，除非把皇帝得罪得不轻或者严重违纪，一般不会轻易被更换。但崇祯帝在位的十七年间，内阁大臣像走马灯似的更换了五十位之多，很多人只待了几个月就走人；刑部尚书也换了十七任，平均一年一个。

贤臣用不长，佞臣据位久，足以说明崇祯帝并不怎么会用人。而对一个领导者来说，个人勤奋与否、能力如何或许都不太重要，只要做到人尽其才，想办法让部下们发挥效用，才是真正的效率。

爱惜羽毛

崇祯十四年（1641），清军围攻宁锦，兵部尚书陈新甲主张与清议和，崇祯帝想了半天没说话，他心中也希望借此缓和辽东局势。崇祯帝还悄悄指示陈新甲：议和这事你来操办，但务必保密，千万别让人知道了。

清军虽然同意议和，但提出了一系列条件，陈新甲看后觉得事关重大，就立刻进宫面圣了。他走得太急，忘了将办公桌上的文件收起来，管家误以为这些是陈新甲要传送到各地的公文，就忙不迭地交给了各省驻京办事处传抄。

于是议和的事情闹得满朝皆知，舆论一片哗然，大明怎么可以接受屈辱的议和？天朝的颜面何在啊！

当弹劾陈新甲的奏疏如雪花般飞来时，崇祯帝装作不知情，严厉批评陈新甲，要他对自作主张、丧权辱国的行为做出解释。七月二十九日，陈新甲被送进大牢，九月二十二日斩首示众。

◉ **角楼**

角楼为城墙防御工程的重要设施，可以清楚地观察敌情。战时，驻守角楼的士兵不但可以从正面发射箭镞火器，还可配合两侧敌楼及城墙正面防守军用交叉火力杀伤攻城之敌。

崇祯帝为了撇清关系，转头就杀了陈新甲，只能说，他太爱惜自己的形象与名声了。当一个领导极度爱惜自己的羽毛，为了维护其纯洁、漂亮，不惜牺牲部下的利益乃至性命，试问，谁又愿意给这样的领导卖命呢？

❀ 崇祯帝未必无辜

陈新甲并不孤单，和他一样是兵部尚书、一样死于非命的多达十四人，总督、巡抚这样的地方大员有十八人被处死，就连内阁首辅都有两位不得善终。仅仅因为皇帝的怀疑，名将袁崇焕更是被凌迟处死。

崇祯帝的认真已经到了较真与严苛的程度。由于皇帝焦躁又多疑，滥用重刑更是显得暴戾无常。他越是气急败坏地频繁换人、杀人，就越没有人敢主动请缨、大胆作为。当所有人都本着不求有功、只求自保的心态混日子时，难道领导就没有过错与责任吗？

清代学者龚炜在《巢林笔谈续编》中评价说：崇祯帝临终前说"朕非亡国之君，诸臣皆亡国之臣"，不过是一种自我宽恕罢了。

❀ 满怀怨气

崇祯十七年（1644）三月十八日夜晚，崇祯帝望着紫禁城外的连天烽火，只剩下持久的默然无语和偶尔的唉声长叹。

以李自成为首的农民军在西安建立大顺政权，以陕西为根据地，准备向北京发起最后的攻击。正月初三，李明睿提议朝廷尽快南迁，崇祯帝环顾四周确定没人偷听之后，轻声说："我早就有这个计划了，只是苦于无人支持，才一直拖到现在。南迁的想法一旦公之于众，满朝大臣必定激烈反对。"

三月初六，李自成部攻陷宣府，崇祯帝焦急地在文华殿召集群臣商议对策，李明睿等人公开提出以皇帝亲征的名义迁都南京，太子留守北京。经过集体讨论后，方案却变成了皇帝留守北京、太子南迁。崇祯帝刚要发作，兵科给事中光时亨忽然喊道:"这时让太子去南方,难道是想效仿唐肃宗在灵武即位,逼迫皇上让位的故事吗?"一时间没人敢再提南迁。

崇祯帝简直要吐血:"国家沦落到这种地步,却没有一个忠臣义士为朕分忧解难,只会说些冠冕堂皇的废话!"接下来,崇祯帝又问该如何应对战局,百官把头埋在地上,屁股撅得老高,连个正经主意都没有,气得崇祯帝拂袖而去。

最后,崇祯帝和太子没有一个能提前离开北京。崇祯帝逼迫嫔妃自尽殉

景山

景山南依故宫,西靠北海,北与鼓楼遥遥相望,曾是北京城中心的最高点。景山是元、明、清三代的皇宫后苑,曾多次更名为青山、万岁山、镇山、景山等,民间还曾称其为煤山。

第三章 亡国谁的锅

国,在亲手砍伤长平公主之后,他又杀了幼女昭仁公主以及几个嫔妃。接着,崇祯帝换上便服准备出城,但安定门的门闸太重,无法打开,他求生的最后一条路也断了。

十九日,太监王相尧打开宣威门投降,大顺军将领刘宗敏率军队入城,北京城内城被攻陷。崇祯帝得知消息后,亲自在前殿鸣钟召集百官,但无人前来。崇祯帝便与太监王承恩登上煤山(今景山公园),在一棵歪脖树上自缢,时年33岁,以宁死不降的姿态保留了一个王朝最后的一丝尊严。

这画面不美，却处处透着倔强和孤傲

　　康熙二十八年（1689），康熙帝在第二次巡视江南期间，召见了江浙当地的文人名士，鼓励他们用自己的才学为大清效力，本来这一次的召见定在五更时分，但不少人急于把握机会，二更天就已经准备好迎接圣驾了。一位老人看到当地官民喜迎皇帝到来的情景，不由得摇了摇头，然后挥毫泼墨，以寥寥数笔便完成了一幅《孔雀竹石图》：一对奇丑无比的孔雀，尾巴上拖着三根稀稀拉拉的花翎，蹲在一块上圆下尖、随时可能倒塌的石头上。奇怪，他究竟想表达什么呢？

　　这位特立独行的老人就是朱耷，他是明朝太祖朱元璋第十六子朱权的第九代孙。朱耷少年时期过着钟鸣鼎食的生活。在他 19 岁那年，李自成率军攻陷北京，明朝灭亡，朱氏子孙顿时

《猫石图》 清代 朱耷

《猫石图》是朱耷 71 岁时创作的一幅作品。一只拱背缩身、闭目养神的猫蜷卧在石头上，几乎与石头浑然一体。它睡意昏沉，旁若无人，似乎沉浸在自己的世界中，周围景致优美，却无心欣赏。现藏于北京故宫博物院。

◎《孔雀竹石图》 清代 朱耷

朱耷的作品主要以山水与花鸟为题材，其作品风格别出心裁，在造型、构图等方面匠心独运。尤其是他的写意花鸟，集前贤之大成，又对后世画家影响尤深。

从尊贵的位置上跌落下来，成了没落的皇族。很快，吴三桂引清兵入关，八旗铁骑长驱南下，扫灭皇室残余。前朝后裔对朝廷的威胁极大，而且很有可能被拥戴为反清复明的领袖，所以必然受到密切关注。朱耷也不例外，从此过上了改名换姓、颠沛逃亡的生活。但他一直默默坚持着对朱氏江山的纪念。

　　为了躲避政治迫害，朱耷一度装聋作哑甚至装疯卖傻，但这样的忍辱偷生也未必能保证他一世安全，当时唯一的出路似乎只有遁入空门。顺治五年（1648），23岁的他在江西奉新县耕香

《枯木寒鸦图轴》 清代 朱耷

朱耷的山水画多写残山剩水，意境幽邃；他笔下的花鸟虫鱼，都有着独特的个性和丰满的感情，往往具有隐晦的寓意：鱼、鸟可以翻着白眼，一足着地的禽鸟也能受欺而不屈。现藏于北京故宫博物院。

庵落发为僧。十三年后改信道教，在南昌城南十五里建起一座道观，取名"青云谱"，自任住持。62岁时，朱耷又将住持之位交给道徒涂若愚，自己还俗，取号"八大山人"，以前所有字号全都弃而不用，把余生的全部精力都投入书画创作。

对于"八大山人"这个名号的来源，人们有各种解读。一种说法是，朱耷常持《八大人觉经》，因以为号；或说"八大者，四方四隅，皆我为大，而无大于我者也"。他晚年在画作中署名时，常将"八大山人"以草书竖着连写，看起来像是"哭之""笑之"，也即哭笑不得，以抒发他内心的愤懑和国仇家恨的身世之慨。朱耷性格孤傲，行为狷狂，或许，他早已将一生的自传都融进了作品中，他晚年曾有诗句云："想见时人解图画"。朱耷的书画作品，寄寓了他的身世命运，内心的悲愤凄凉，亡国的隐痛，难以平复的郁结，也是他一生心血的凝结。或许，这位孤傲不屈的天才，也渴望有人能够通过他的作品发现他、读懂他。

● 《瓜月图》 清代 朱耷

朱耷的书画用笔简约、恣意奔放、意境空旷，形成以悲怆、丑怪为美的艺术风格。对后世画坛的吴昌硕、齐白石、张大千等大师也产生了巨大影响，将文人画传神写意的宗旨发挥到了极致。

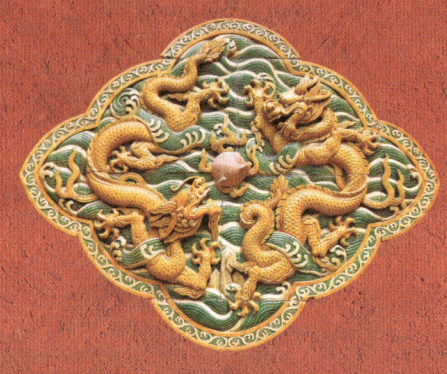

第四章 新朝新气象

关于发型，你怎么看

《孝经》里宣扬一种观念："身体发肤，受之父母，不敢毁伤。"表面意思是说，自己的身体是父母赐予的，应该爱惜使之不受损伤。更深层的含义是劝诫人们安分守己，不要作奸犯科，以免领受皮肉之苦、牢狱之灾，那样就不能陪在父母身边尽孝了。后来大家很认真地听从教诲，把头发小心翼翼呵护起来，成年后绾成发髻盘在头顶，然后戴上很高的帽子，形成了蓄发积髻的悠久传统，因此封建时代汉族男子都拥有一头长可及腰的秀发。三国时期曹操曾因战马受惊误入农田毁坏了庄稼，为了表示军纪严明，特地割下一缕头发替代斩首，可见，头发在人们心中几乎等同于身家性命。

❀ 史上最严格标准：留头不留发

从党项、契丹到蒙古、满洲，北方游牧民族有一种习惯，剃掉大部分头发，剩下部分或披散或扎辫。当年党项人笃信佛教，要求全国男人都落发剃头，于是西夏有了"僧国"的别称。后来金朝在北方也曾大力推广本民族发型，许多汉人因为不愿剃发而跑到南方，投奔宋朝。金为了缓和因为剃发引发的政治危机，就没有再强制执行了。

尽管有过些许先例，但汉族广大民众基于传统文化观念和自己的审美眼光，表示难以接受清军强制推行的发型：把头顶四周的头发全部剃掉，留下面积只有一枚铜钱大小的一小撮在脑袋后面收拢，梳成一根又细又长的小辫子。垂着的辫子要能穿过铜钱中间的方孔才算合格，看上去像是老鼠尾巴，这种发型被

第四章 新朝新气象

◉ 剃发令一出，部分民众依照法令剃发，但实际上，并不是所有的民众都接受剃发，比如江南的百姓自发地用各种方法保护头发，进行着各种反抗。

汉人称为"金钱鼠尾式"。为了搭配这种发型，满族人的胡须也只保留上唇左右两边的十几根。

剃头梳辫看似比蓄发积髻更简单方便，洗发水也能省下不少，但为了时刻保持头部的光亮度，每十天左右就得剃一次头，伺候这款发型所花的时间和精力也不会少。辫子垂在脑袋后边也给生活带来很多不便。

顺治二年（1645），"剃发令"正式颁布，要求从公告发布之日起，十天之内必须完成发型的更换，坚持不剃发或者剃发之后仍不符合金钱鼠尾式规格的，全部视为不愿服从清朝统治的乱臣贼子予以处死，绝不姑息。于是执法中有了"留头不留发，留发不留头"这样简单粗暴的口号。

自然而然，剃发令引起全国上下的一片骚动，大量的明代遗民坚决不从。当时甚至连孔子的第六十二代孙孔闻謤也想为保留汉族传统习俗争取一下，于是上书摄政王多尔衮说："您一向尊重孔子，现在却下令变更由圣贤创立并延续了几千年的衣冠制度，恐怕天下人会因此无视您对孔子的一片尊崇之心啊。"他搬出孔子这块无往而不利的金字招牌，本以为可以抵挡一阵，不料碰了个大钉子，多尔衮借顺治帝的名义回复说："朕意已决，剃发政策不会更改。看在孔子的面子上，免你一死，但正如他说'道不同不相为谋'，朝廷不需要你效力了，回家歇着去吧。"不久，孔闻謤就在家中郁郁而终了。

⚫ 运河之畔的大清民风

此画由英国画师威廉·亚历山大绘制。乾隆年间,英国画师威廉·亚历山大访问中国,归国后创作了大量反映当时中国社会风土人情的画作。根据画作后排左起第三人的发辫可以看出,清人所留的头发仍然呈现金钱鼠尾式样。

  皇帝对孔圣人的后代至少态度上还算客气,对平民就是"违者杀无赦"了。顺治四年(1647),浒墅关有一位叫丁泉的男子,头发只剃了很少一点,不用拿铜钱来测量都看得出不符合金钱鼠尾式的标准。出门时被官府的巡逻人员发现,立刻作为关系重大的政治问题逐级上报中央,请示处置办法。皇帝亲自批示——就地处决!就连丁泉的家长、邻居一干人等也因为没有及时发现和举报而受到牵连,当地县官也因监管不到位而被追究失察之罪。可见,这个剃头令执行得非常严格。

  从清兵入关到嘉庆五年(1800),前后的一百五六十年时间里,男子的"鼠尾"始终保持在一枚铜钱之内。大约从嘉庆帝即位开始,政策才出现了松动,剃头的面积慢慢缩小，保留的辫子越编越粗。到了清末，头发只用剃去头顶边缘的一寸左右，超过三分之二的头发都被保留下来，分成三绺编成一条辫子垂在脑后，俗称"阴阳头一半瓢"式。为了增添威武雄壮的气势，辫子进一步改称为"牛尾"。

❁ 猪尾遭嘲笑，悄悄剪辫子

随着国门被打开，越来越多的外国人来到中国，对这里的发型投以异样的眼光。虽说这时候我们自认为辫子已经粗到"牛尾"了，但老外仍然将其叫作"pigtail"（猪尾巴），这就明显含有一层讥笑和蔑视的意思了。

走出国门的中国人更是难以承受这种精神压力，很多人把辫子盘在头顶用帽子盖得严严实实，生怕被人看见；胆子大的干脆悄悄把辫子剪掉。最早一批剪辫子的"假洋鬼子"出现在选派美国的公费留学生里。

为了培养新型人才，朝廷从同治十一年（1872）开始选派10岁左右的小孩前往美国留学深造。这些小孩从小学开始先学习英语、熟悉外国文化，再读专科或本科，掌握专业知识与技能，最后学成归来为清朝的建设增砖添瓦。当第一批孩子穿着一身长袍马褂、拖着乌黑油亮的辫子登陆大洋彼岸，立马引起美国人的强势围观：哇，来了好多"Chinese girl"（中国姑娘）啊！后来在美国生活的时间长了，小孩们慢慢接受了西方的生活方式和思想观念，四书五经不读了，长袍马褂也换成了英伦小西装或是西部牛仔风，有人索性把辫子也剪掉，和当地的小姑娘谈起了自由恋爱。

朝廷一看，大逆不道，完全丧失了清朝应有的气度和矜持。于是赶紧把派出去的留学生全部撤了回来，大部分孩子都没来得及完成学业。这些人回国后只好弄条假辫子应付一下，但是在磕头行礼的时候要格外小心，免得用力过猛把辫子磕掉了，追究起来可真的要大祸临头了。

到了光绪二十四年（1898），康有为纵观国际形势，认为身穿奇装异服会导致友邦把我们当成异类，不利于改善邦交和提高大清的国际地位，于是从迈向现代生活、服饰与国际接轨的高度提议剪辫子、换服饰。光绪帝欣然接受，打算颁道圣旨在全国范围内执行。可皇帝忘了，据说慈禧太后向他声明——只要大清国号不改、辫子不剪，其他的随你怎么改。看来老太后仍然是把辫子放在统治象征的战略高度，既然皇帝的改革太不像话，她只好从后台走出来主持大局了。所以没等皇帝下达剪辫令就被囚禁在了瀛台，成了大清最高级别的囚犯。

直至中华民国成立后，孙中山以中华民国临时大总统的身份发布剪辫文告，要求国民二十日以内把辫子剪除干净，否则以违法论处。从此，国人终于把拖在脑后两百多年的辫子剪掉，迎来了民国的新时代。

● 香港百子里公园的剪辫铜像

让辫子再留一会儿

清朝灭亡后，仍有一些人表示效忠前朝不愿剪辫，其中对清朝和辫子最"忠心"的要数张勋了。光绪二十六年（1900）八国联军攻陷北京，慈禧太后带着光绪帝仓皇出逃，张勋不顾自己痔疮发作，率几千人马一路护驾，太后感激他的忠心，破格晋升他为禁卫军统领。张勋从此誓死效忠清朝。后来，即使是他的顶头上司袁世凯当了民国大总统而带头剪辫，他仍坚持留辫，还禁止所有部下在发型上"归顺"民国。所以他的部队成为民国一道独特的风景，人称"辫子军"，张勋本人也有了"辫帅"的称号。

中和固然正确，但很难做到

紫禁城三大殿在李自成的一把大火后，伴随着一个新的王朝而获得重生，太和、中和、保和这些新改的名字，其寓意也切合中国文化的精髓。但对于清军入关后的第一位皇帝爱新觉罗·福临来说，实在难以做到中正平和。

❀ 这次不是天火

崇祯十七年（1644）四月二十九日，李自成在紫禁城武英殿仓促举行登基典礼，第二天便打着郊外祭天的幌子撤出北京。离开之前，李自成放火烧了紫禁城。据说除了武英殿、建极殿、英华殿、南薰殿、四周角楼和皇极门幸免于难，其余建筑全部被烧毁。

五月三日，清摄政王多尔衮指挥清军进入北京。尽管紫禁城已被烧得面目全非，但他从统一中国的战略出发，向远在盛京（今辽宁沈阳）的顺治帝爱新觉罗·福临建议，将都城迁往北京。

顺治帝已于崇德八年（1643）八月登上盛京笃恭殿的鹿角宝座，继承父亲皇太极的帝位，但在多尔衮去世之前，顺治帝一直都对多尔衮言听计从。于是，顺治帝八月十二日离开盛京，十月一日正式举行迁都暨第二次登基典礼，宣告大清对整个中国的统治，并继续沿用"顺治"年号。

这一次的登基典礼并没能在奉天殿（明世宗时期改称皇极殿）内举行，而是在皇极门外的广场举行——和之前几次三大殿被烧毁时一样。典礼仪式结束后，顺治帝也只能在皇极殿旧址上搭建帐篷充当临时办公室。

◉ **太和殿**

原名奉天殿,永乐十八年(1420)建成,嘉靖四十一年(1562)改称皇极殿,顺治帝时又改称太和殿,是故宫外朝三大殿之首。

所以,修复紫禁城各式建筑成了当务之急,其中又以皇帝理政、起居的中轴线主体宫殿最为紧迫。

❀ 和谐与中庸

顺治二年(1645)五月,三大殿修复工程启动,为了体现新王朝新气象,清朝决定,三大殿竣工后分别改名太和殿、中和殿、保和殿。其中的寓意,深合中国文化和谐与中庸的精神。

　　"太和""保和"两大殿的名称源自《周易》:"乾道变化,各正性命,保合大和,乃利贞。首出庶物,万国咸宁。"意思是天道循环变化赋予万物不同的生命与特质,当万物各得其所、彼此协调并济时,就达到了和谐的最高境界,称为"太和"(大,即是太)。只要能保持万物之间的和谐,天下便能长治久安。

　　实现万物和谐的方法就是不偏不倚、中正平和的中庸之道。中和殿的名字取自《礼记·中庸》:"喜怒哀乐之未发,谓之中;发而皆中节,谓之和。中也者,天下之大本也;和也者,天下之达道也。致中和,天地位焉,万物

◉ 满绣彩云金龙纹满文龙袍 清顺治

育焉。"中和殿恰恰处于太和殿和保和殿之间,这也恰如其分地表达了"中和"的本意。

顺治三年(1646)十月,三大殿的主体工程宣告竣工,皇帝正式搬进了保和殿(当时称位育宫,康熙帝即位之初也住在这里,称为清宁宫),直到顺治十三年(1656)乾清宫完工。在此期间,承天门也得到修复,并且改名为"天安门"。

❀ 婚不由己

顺治帝生母博尔济吉特氏是蒙古科尔沁部落博尔济吉特·布和的次女,13岁嫁给皇太极,后来被封为庄妃,顺治帝登基后称圣母皇太后,死后谥号

第四章 新朝新气象

● **点翠嵌珠宝翠玉蝠蝶花卉钿子 清代**
这是清代宫廷结婚时新妇所戴的冠帽。在金属帽胎上罩覆着黑缎为里的空花红绒面，其上再满缝层层叠叠的点翠嵌珍珠、珊瑚、宝石的钿花。整顶冠帽以大红色的绒地子和艳蓝色泽的翠羽为主色，并满嵌高低错落的珊瑚、珍珠、翠玉、宝石的各色装饰。现藏于台北故宫博物院。

为"孝庄仁宣诚宪恭懿至德纯徽翊天启圣文皇后"。

但在《清史稿》孝庄太后的传记中，顺治帝跟母亲之间的来往只有寥寥60字，无论是上太后尊号还是创作诗歌为母亲庆祝生日，都像例行公事一样，隐约透露出母子关系之间的紧张。这种紧张感，有很大一部分源自顺治帝的婚姻。

多尔衮很早就替顺治帝指定了皇后人选——蒙古科尔沁卓礼克图亲王吴克善的女儿博尔济吉特氏。这门婚事极有可能是多尔衮跟孝庄太后商量之后的结果。吴克善是孝庄太后的大哥，他的女儿也就是太后的侄女、顺治帝的表妹。顺治帝顶不住来自叔叔和母亲的双重压力，只好极不情愿地将表妹册立为皇后。

为了表达对这段婚姻的不满，顺治帝在和皇后分居了三年后，宣布将皇后

降为静妃,改居侧宫。鉴于儿子已经亲政,孝庄太后不好直接反对,就鼓动大臣积极劝谏:"兹事体大,皇上不要胡闹。"顺治帝提了几条理由:"皇后当初是摄政王硬塞给我的,压根没问过我的意见;我们俩从结婚就开始分居,毫无感情可言;而且皇后奢侈浮华、嫉妒心强,与一国之母的身份严重不符。"最终大臣们也不能违抗皇帝的旨意,只好同意顺治帝废后。从此,静妃便幽居深宫,即使是在顺治帝病危时,也未见到皇帝一面。

◉ **清东陵之孝陵**
清孝陵是清东陵的主体建筑。位于昌瑞山主峰之下，是清世祖顺治帝的陵墓。

顺治十一年（1654）五月，顺治帝又聘蒙古科尔沁贝勒绰尔济之女博尔济吉特氏为妃，一个月后册立为皇后，史称孝惠章皇后。新任皇后仍然长期受到皇帝冷落，但她处世低调，背后又有孝庄太后支持，才没被废掉。

而顺治帝很快遇到了他钟爱一生的董鄂氏，精神上总算有了慰藉。董鄂氏是满洲正白旗大臣鄂硕的女儿，她原是顺治帝弟弟襄亲王博穆博果尔的妃子。

顺治帝对董鄂氏的爱情之火熊熊燃起，从此一发而不可收。

❀ 为爱痴狂

孝庄太后对董鄂氏的到来表示反对，但这一次，顺治帝不再理会，任何反对和非议都不能阻止他爱的人进宫。

<u>董鄂氏先是被封为贤妃，一个月后便晋升为皇贵妃，地位仅次于皇后。</u>除了隆重的册封典礼，顺治帝还破天荒地宣布大赦天下——因为册立妃嫔而大赦天下的，只此一回。

顺治十四年（1657），董鄂妃生下皇四子，欣喜若狂的顺治帝立刻昭告天下。可惜造化弄人，四阿哥出生不到三个月就夭折，顺治帝痛心不已，下令追封他为和硕荣亲王，并饱蘸深情地亲笔为爱子写下墓志铭。

顺治十七年（1660）八月十九日，年仅22岁的董鄂妃病逝于承乾宫。伤心欲绝的顺治帝下令全国服丧，又撰写了长达四千字的祭文，追封董鄂氏为皇后，谥号"孝献庄和至德宣仁温惠端敬皇后"。董鄂妃的葬礼更是超出规格，顺治帝命三十名太监、宫女为她殉葬，八旗二、三品官员轮流至景山寿椿殿守灵，在其中设灵堂，有和尚作法事。

见顺治帝如此伤心，孝庄太后甚至暗中交代侍卫、太监千万要看好皇帝，以防他自杀殉情。

❀ 万念俱灰

心灰意冷的顺治帝开始笃信佛教，还一度有了出家为僧的打算，甚至给自己起了"行痴"的法名。传说，顺治帝最终抛弃帝位去了五台山修行，后来康熙帝到五台山无意间遇到一位八乂（"八乂"合起来是个"父"字）和尚，那个和尚便是顺治帝。

但更靠谱的说法是，顺治帝死于天花。顺治十八年（1661）正月初二，顺治帝不幸染上天花。预感来日无多的顺治帝在初六深夜紧急命人草拟遗诏，用了初七一天时间反复修改，终于形成定稿。年仅24岁的天子也于当天晚上与世长辞。

九五之尊的日常

在普通百姓的印象中，皇帝大多过着锦衣玉食、悠闲自在、养尊处优的生活，不是坐在金銮殿上接受三叩九拜，就是与后宫佳丽夜夜笙歌。但事实上，清朝皇帝的一天到底是怎样度过的？别急，这就带您去一探究竟。

❁ 起床、早读、请安，井然有序

擅长骑马打猎的满族一直遵循着符合渔猎文明的生活规律，皇帝秉承民族传统，也养成了早睡早起的好习惯，每天五更的时候，太监就会跪在龙床旁边，用大小适中的音量说"皇上，该起驾了"。太监喊第一遍的时候，皇帝要是想赖一会儿床，可以装作没听见，翻个身接着睡。过段时间太监会再喊一声。但所谓"事不过三"，喊第三遍的时候皇帝便只好睁开惺忪的双眼，从床上挣扎着起来穿衣洗漱。说到穿衣戴帽，当然不用皇帝亲自动手。侍奉的太监会为他穿戴整齐，等一切收拾停当，皇帝便缓缓走出寝宫，去向长辈请安。正所谓"百善孝为先"，历代也都讲究以孝治天下，因此向长辈问安是清朝皇帝每天必不可少的功课。比如，康熙帝每天要去慈宁宫向孝庄太皇太后请安，日日如此，风雨无阻。

请安完毕之后则是皇帝早读、早膳的时间。早读的内容是记录历代祖先诏书命令、日常行为的《实录》和《圣训》两部书籍，通过对这些内容的阅读，一方面可以学习前辈的治国方略、以史为鉴，另一方面也可以表示对祖先创业精神的继承。

❋ 朝会、召见，可谓是日理万机

上午9点至11点，是大约两个小时的早朝时间，皇帝需要召开朝会、处理公务。清朝有个专有名词"叫大起"，四品以上的在京官员都来上朝，故宫的三大殿可装不下千人规模的大型会议，所以地点一般选在乾清宫门外，大臣们一大清早就开始排队候场，按品级高低分成文武两班站好。皇帝在乾清门前升座，大臣们一跪三叩行礼，然后汇报事务的官员按照事先编排好的次序分批上前向圣上请示处理意见。朝会是一项严肃的政治活动，其间不允许大声喧哗、窃窃私语，也不准咳嗽、吐痰，凡是不顾自身形象、蔑视国家礼仪的都会以"失礼"罪从严处理。国事处理完毕，太监宣布"退朝"，百官要等到恭送皇帝起驾回宫之后才能散场离开。

叫大起一般只是例行公事，日常事务的决策根本不用这么兴师动众，皇帝直接跟军机大臣或者重要亲信商量着办就行，还可以有效预防人多嘴杂、走漏风声。所以，小范围的高层会议也就是"叫起儿"，才是主要的朝会形式。

皇帝每天召见哪些人或者哪些官员，也是事先安排好的。太监趁着皇帝吃早饭的时候会将大臣的"名片"递上来，所谓名片就是一块写着官员姓名、籍贯和官衔的薄木片。大臣太多，皇帝记不清楚每个人的具体职务甚至连某些人的名字都没印象，这都属于正常情况，所以宫里会备份官员名片以备皇帝点名召见。准备觐见的大臣必须提前做好准备，穿戴整齐，早早来到专用休息室等候召见。

第四章 新朝新气象

◉ 《康熙帝便装写字像》轴 清代 无款
康熙帝自幼勤奋好学，文韬武略样样精通。康熙帝在位六十一年，是中国历史上在位时间最长的皇帝。现藏于北京故宫博物院。

❁ 晚餐时间到

终于处理完政事，眼看到了下午一两点，该吃晚饭了，于是吩咐一声："传膳。"因为清宫只有两顿正餐，分别在早上七点和下午两点，其他时间可以随时吩咐御膳房准备小吃，相当于"点心"。无论走到哪儿，皇帝的身边总有几个专门背餐桌的侍从，只要皇帝"传膳"一声令下，他们立即把三张膳桌一字摆开，过不多时，传膳太监们手捧红色漆盒一溜烟地排着队进来，把各种菜肴、饭点、汤羹迅速端上饭桌。

桌子很大，远处的菜够不着，皇帝不用起身夹菜，想吃什么，示意负责伺候的四名太监盛到自己跟前的碗里就行。为了防止别有用心、意图不轨的人选皇帝最爱吃的菜下毒，皇帝的口味绝不能外泄，所以皇帝每天会点很多菜，某道菜一旦皇帝吃过三口之后就会被撤掉，之后很长一段时间都不会再次出现在餐桌上。

皇帝、太后、皇后都是单独就餐，如果没有旨意，任何人不能和他们一起吃饭。但皇帝偶尔也会觉得孤独，会赏赐某位大臣或妃嫔和自己共同进餐的机会。

❁ 没有现代科技，照样开心娱乐

每天晚膳之后属于休闲娱乐时间，虽然没有现代科技，但是清宫里的娱乐活动项目也很多，琴棋书画、花鸟鱼虫、看戏游园都非常有趣。每位皇帝的个人喜好不同，娱乐项目也不尽相同。最普遍的活动是看戏，每月初一、十五和逢年过节都会有戏曲演出活动。

娱乐活动结束之后，皇帝可能会再批阅一段时间的奏折，直至 9 点便准备就寝。当然也不是每个皇帝都严格遵守"早睡"的生活规律，比如大清国第一号"工作狂"雍正帝就经常批阅奏折至凌晨才休息。

如上种种，便是皇帝在紫禁城中一天的生活。其实皇帝虽然有着至高无上的地位，但看看这满满当当的日程表和关乎国家存亡的工作压力，也并不意味着他就可以随心所欲，任意妄为。

铜镀金十进位圆盘式手摇计算机 清康熙

此件盘式手摇计算机，利用其齿轮系统转动可进行加、减、乘、除运算，如结合着算筹还能进行平方、立方、开平方、开立方等运算。这台计算机黑漆木盒的小抽屉中放着中国式的纳白尔算筹一副。传教士将这种盘式手摇计算机介绍给爱好自然科学的康熙帝，深得康熙帝的喜爱。现藏于台北故宫博物院。

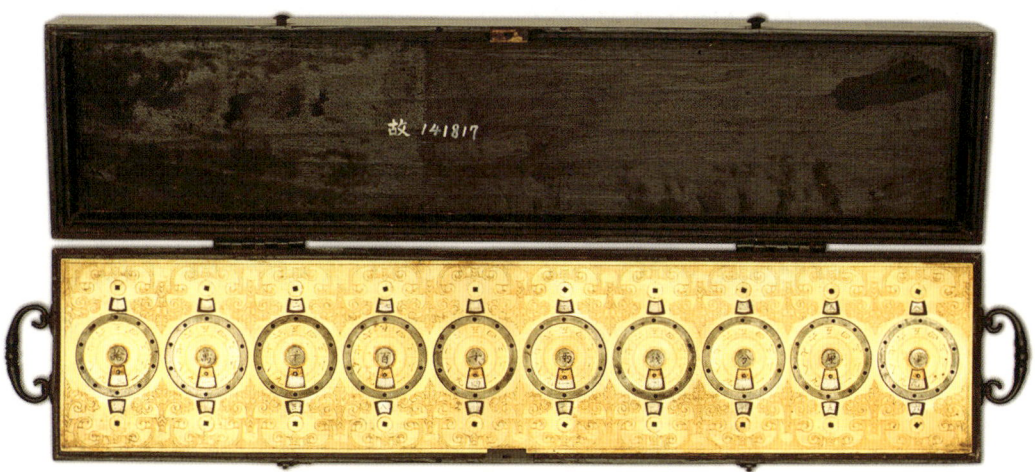

乾清宫的乾坤奥义

崇祯十七年（1644），崇祯皇帝把15岁的长平公主叫到乾清宫，带着绝望的哭腔说："出生在帝王之家就是你此生最大的不幸啊，不然何至于遭遇今天的亡国之祸！"说罢，便挥刀向公主砍去，公主的左臂被当场砍断，右肩也中了一刀。

一个帝王守不住列祖列宗的江山，也保护不了自己的家人，腐朽暴虐的政府哪一点配得上这朗朗乾坤？试问，古往今来又有多少帝王真正掌握了乾清宫与坤宁宫蕴含的齐家治国平天下的要义呢？

● 乾清宫

乾清宫始建于永乐十八年（1420），是紫禁城内廷正殿中的第一座宫殿，乃明清十六位皇帝的寝宫。乾清门通过御道与乾清宫相连。主路正中有一整块的长方形汉白玉石，称为丹陛，边缘刻有各式花纹、祥云、寿山，正中央则是一条蟠龙浮雕——这是一种盘曲在地而未升天的龙，象征着统治人间的天子。只有皇帝能够在丹陛石上行走，普通人从两侧的台阶缓缓而上，会看到一些皇宫特有的装饰物。

历经多次修葺

紫禁城各式建筑的修复工作从顺治元年（1644）开始，中轴线上的前朝三大殿主体工程竣工后，乾清、坤宁、景仁、承乾、永寿等宫殿于顺治十二年（1655）同时开工，第二年相继完工。

可能是因为工期过短、建造仓促，乾清宫完工不足两年就出现了质量问题，每到下雨天就会出现渗漏，墙壁出现倾斜，地砖也不平整，只好再次进行修葺，顺治帝暂时移居保和殿。康熙帝即位时，乾清宫还是无法使用，康熙帝便继续住在保和殿，等乾清宫又经过两次小规模修缮之后，才搬了进去。

自明成祖以来先后有十四位皇帝在乾清宫长期居住，嘉靖年间的"壬寅宫变"、泰昌时期的红丸案、移宫案，全都发生在这里。

乾清宫和坤宁宫的名字出自《道德经》："昔之得一者，天得一以清，地得一以宁，神得一以灵，谷得一以盈，万物得一以生，侯王得一而以为天下贞。""一"即是道家学派创始人老子所说的"道"，天得到了"道"，就会变得清明；地得到了"道"，就会归于安宁；君主得到了"道"，就会天下一统万民归心。

❀ 乾清门见证

乾清门是前朝和后廷的分界线，它是清朝御门听政的地点，顺治帝亲政后规定，每月初五、十五、二十五在太和殿召开朝会，平时不定期到乾清门处理政务。康熙帝即位后，正式将御门听政固定为日常工作，从亲政到去世，除了生病、节假日和一些重大变故之外，康熙帝始终坚持不懈。

广场的东西两边分别是景运门和隆宗门。景运门北侧有一排"九卿房"，是文武百官等待皇帝召见的休息室。等待的时间或长或短，大臣们就看着沙漏一起熬时间，所以这里也叫"待漏之处"；南侧房间专供王公贵族等待召见。隆宗门北侧的一排房屋后来在雍正时期成为军机处的值班用房。

跨进乾清门，东侧为雍正时期设立的上书房，是皇子读书的地方。西侧坐南朝北的房间，是康熙帝小时候读书的地方，俗称"南斋"。康熙帝时鳌拜专权独断，皇帝以娱乐的名义招揽一批少年入宫训练摔跤，最终在南斋将鳌拜擒获，从此开始了一番惊天动地的作为。

对于南斋而言，智擒鳌拜只是一个开始，它最闪耀的时刻要数康熙十六年（1677）设立南书房之后。康熙帝在这里和翰林学士们研讨学问、吟诗作画，还经常讨论军国大事。南书房相当于皇帝的机要秘书班子，奉旨在这里值班的人都以此为傲。

❀ 正大光明

进入乾清宫大殿，映入眼帘的首先是皇帝宝座，而高悬于历代皇帝头顶的匾额也十分耀眼：正大光明！

第四章 新朝新气象

"正大光明"源于《周易》:"正大,而天地之情可见也""刚中正,履帝位而不疚,光明也。"意思是说,君子坚贞正直,因此能看见天地之间的大道。帝王能够身在皇位而心无愧疚,也是因为他能做到刚正不阿,一生致力于弘扬正义与公道。

这四个苍劲有力的大字是清朝首位入住紫禁城的皇帝——顺治帝亲手所写。康熙帝命人摹勒上石(将原本写在纸上的文字以朱砂等材料勾勒出轮廓,覆于石头之上,使朱砂粘于面上,据此进行篆刻。摹勒上石后,纸质墨迹仍可保留)。乾隆帝后来也摹拓了一份。匾额因为失火被不幸烧毁后,嘉庆帝又命人重新摹拓。这个训诫就像传家宝一样在继任者中传承,或许有人做得不够好,但抱着这样的信念和追求也是好事,这就是"虽不能至,心向往之"吧。

顺治帝亲手所书

乾清宫内景

耷拉着耳朵的狮子

守在乾清门的一对铜狮的耳朵耷拉着，睫毛几乎遮住了眼睛，远不及太和门前的狮子威武凶猛。据说其用意是在警示外朝大臣，跨过这道门乃是后宫禁地，不该看的别看，不该听的别听，不该说的别说，不该管的别管；同时也告诫后宫嫔妃，不得干预政事，守好自己的本分。

而在"正大光明"匾的两侧，是康熙帝题写的一副对联：表正万邦，慎厥身修思永；弘敷五典，无轻民事惟难。其中的典故出自《尚书》。上联说，中华要成为万国表率，应该弘扬礼仪之邦的优良传统，按照儒家推己及人的模式，君主首先要从提高自身修养、注意谨言慎行开始。下联说，帝王还要致力于弘扬父义、母慈、兄友、弟恭、子孝这五种伦理，

承担起教化百姓的职责，只有充分了解民间疾苦，施政时才会体恤下情、谨慎小心。

总之，国家的长治久安要求帝王不仅要完善自身，更要尽心尽力、尽职尽责。康熙帝用一生的努力开启了"康乾盛世"，这个过程和结果，或许才是对后人最好的启示。

我去故宫看历史

"千古帝王"，实至名归

按照儒家的标准，无论孝道、勤奋、仁政、文治、武功，康熙帝在历代帝王中都可居于一流。《清史稿》评价康熙帝"经文纬武，寰宇一统，虽曰守成，实同开创"。从中国疆域版图的变迁，到中华民族的发展巩固，其中无不留有康熙帝的痕迹。

❀ 万民康宁、天下兴盛

清朝入关后，朝廷为了安置满族诸王，解决八旗官兵的生计，开始在北京附近州县进行"圈地"。一些人策马驰骋，所经之处用绳索加以标记和丈量，然后宣布这些土地原本是明朝时期皇家土地或者无主荒地，如今充公分赐给王公大臣和八旗将士。如果觉得圈占的土地不够肥沃，还可以另行圈占加以置换，称为"圈换"。

❀《康熙南巡图》（第九卷） 清代 王翚

康熙六十一年（1722），全国人口突破一亿五千万，似乎当时的社会正如其年号所期许的一样，呈现出万民康宁、天下兴盛的大好局面。《清史稿》评价说："久道化成，风移俗易，天下和乐，克致太平。其雍熙景象，使后世想望流连，至于今不能已。"

从顺治元年（1644）开始，直到康熙八年（1669），跑马圈地已经持续了二十五年，侵夺的土地约有一千六百多万亩。<u>康熙帝宣布永久废止"圈田令"</u>。

为了鼓励百姓垦荒，康熙帝将免税的时间一再延长，从三年改为六年再到十年。耕地面积的增加，使农民手里有了更多的粮食。

康熙帝非常清楚农民身上的赋税负担沉重，他屡次蠲免各省钱粮、丁银。康熙五十一年（1712）起，康熙帝决定将上一年的丁税作为定额，以后新增人丁，都不再征收丁税。

针对黄河多次泛滥、严重威胁人民生命安全，康熙帝高度重视河道治理，经过十年经营，终于使黄河、淮河各归故道。永定河因为挟带大量泥沙、河水浑浊而有"浑河"之称，又因常常淤塞改道，留下多条故道，而称"无定河"。康熙三十七年（1698），政府招募十几万民夫对永定河进行了人工改道，使原来的盐碱之地重新化为万顷良田。康熙帝亲自视察工程，并将此河改名为"永定河"，赋予其永远安定之义。

尊儒弘文开教化

文华殿东侧是传心殿，为清代皇帝御经筵前行"祭告礼"的地方。经筵是专为皇帝研读经史而开设的讲席，一般在每年二月至五月、八月至冬至期间举行。由学识广博的大臣精选名篇阐释其义，为现实中治国理政提供借鉴。

传心殿的正中设皇师伏羲、神农、轩辕，帝师陶唐（尧）、有虞（舜），王师夏禹、商汤、周文武，塑像皆坐北朝南。殿东为先圣周公位，殿西为先师孔子位。殿名"传心"，传的便是"人心惟危，道心惟微，惟精惟一，允执厥中"这十六个字的警示恒言。

在位六十一年间，康熙帝多次在南巡期间亲临山东曲阜拜谒孔庙。康熙二十三年（1684），康熙帝在听完监生孔尚任讲《大学》后，御笔题写"万世师表"的匾额悬挂于孔庙大成殿的梁枋之上。

此外，康熙帝还开清朝一代整理中华文化典籍之风。康熙四十九年（1710），命文华殿大学士张玉书、文渊阁大学士陈廷敬主持编纂了中国第一部官修字典，最终完成收录47035

个汉字的《康熙字典》，这是唯一一部以皇帝年号命名、第一部被皇帝赐名"字典"的工具书。第五次南巡期间，康熙帝交代江宁织造曹寅刊刻《全唐诗》，最终收罗 2200 多位诗人、48900 多首作品。康熙四十年（1701），陈梦雷受命主编《古今图书集成》，历时五年终于编成。《古今图书集成》共一万卷，于雍正六年（1728）完成印制，内容分 6 汇编、32 典、6117 部，共计 1.6 亿字，是现存规模最大、保存最完整的类书，外国学者称赞该书为"康熙百科全书"。

❀ 维护统一建武功

清朝以前，历代中原王朝多以长城为屏障，防范北方游牧民族的入侵。康熙三十年（1691），康熙帝率王公大臣前往多伦诺尔（今内蒙古多伦）与蒙古诸部落贵族举行会盟，化解各部落之间的旧怨，并为喀尔喀三部按左、中、右三路设盟，实行盟旗制度，清朝对漠北地区的管理也进一步加强。

其间有大臣提议拨款修葺长城，康熙帝说："秦筑长城以来，汉、唐、宋时常修理维护，难道就杜绝边患了吗？明朝末年，太祖努尔哈赤统兵长驱直入、所向披靡，长城可曾成为有效的屏障？由此可见，守国之道，只在于修法养民，人们心悦诚服，国家就会安定，边境自然也稳固无忧，这就是所谓'众志成城'的道理啊。"

在"中外一视""天下一家"的大一统思想之下，土石结构的长城非但不如民心凝聚的长城更为有效，反而成了统一多民族国家发展的一道障碍。不仅对于长城，康熙帝对于台湾的看法也是如此。

从康熙元年（1662）到康熙二十二年（1683），清廷与台湾郑氏集团的谈判始终没有中断。康熙帝亲政后，由刑部尚书明珠主持招抚工作，允许封郑氏为藩王，世代镇守台湾。郑经则提出，应参照朝鲜的例子，台湾只向朝廷称臣纳贡，不剃发留辫。康熙帝表示拒绝，答复说："朝鲜属于中华从未所有之外国，而郑经乃是中国之人，岂可同日而语。"他的立场很明确：<u>台湾历来为中国所有，故而不能成为独立于中国之外的国家。</u>

"三藩之乱"期间，郑经乘机与

●《清圣祖戎装像》 清代 无款

此幅图描绘清圣祖康熙帝身着戎装,在四名侍卫的陪同下坐在松树之下。图中的康熙帝应该是二十几岁的年纪,反映了康熙帝年轻时演武射箭的装束。

吴三桂、耿精忠勾结，发兵攻打福建、广东，占领厦门、漳州、泉州、潮州、惠州各地，后来遭到清军大举反击，被迫退回台湾。福建总督姚启圣派副将黄朝用再次前往招抚，郑经又要求仿照高丽等外国之例称臣奉贡。康熙帝再次拒绝："台湾人皆闽人，不得与琉球、高丽相比。"

双方僵持不下时，康熙帝决定使用武力收复台湾。他力排众议，起用曾是郑成功部下的施琅为福建水师提督，于康熙二十二年（1683）率兵出征台湾。

攻台时，施琅发布《安抚输诚示》：严禁杀戮，宽大投诚。郑经之子郑克塽决定投降后，施琅登陆台湾，主动前往祭拜郑成功，肯定他从荷兰人手中收复台湾以及多年经营台湾的历史功绩。郑氏官兵与台湾百姓无不为其公私分明的宽广胸襟而感动。康熙帝也以"海外孤忠"来称赞郑氏一门收复台湾的历史功绩。

从亲征噶尔丹，到驱逐沙俄的两次雅克萨之战，康熙帝维护着属于中国的每一寸疆土。在康熙二十八年（1689）签订的《尼布楚条约》中，当时的政府是清廷，使用的国名却不是大清而是中国，首席代表索额图的全衔是"中国大圣皇帝钦差分界大臣"，条约中表述疆界归属时使用的称谓也是"中国""中国人"。《尼布楚条约》作为中国与外国签订的第一个主权国家之间的条约，第一次正式将"中国"作为本国的专称，有着极富标志性的意义。

可以说，康熙帝留给中国的痕迹，远不止是紫禁城之中的种种训诫，更融入了中华民族的发展之中。

❸ 蒙古文本《甘珠尔经》 清康熙
蒙古文《甘珠尔经》是佛教的重要典籍，它对研究蒙古族佛教文化、绘画技巧、雕版印刷技术、翻译方法及蒙古语言文字演变，具有特别重要的价值。

> 我去故宫看历史

汇集天下美味的超豪华套餐

据说康熙帝为了促进民族团结,特地在自己66岁大寿的宴席上,让满、汉不同民族的大臣围坐在一起进餐。菜肴也尽量融合满、汉特色饮食,汇集各地精品,取材广泛,山珍海味无所不包,用料精细,荤素搭配,再配以全套粉彩瓷器特制的餐具,非常高贵奢华。康熙帝将此次宴会亲自题名为"满汉全席",从此成为宫廷宴席的最高标准。顾名思义,满汉全席的最大特点就是一个"全"字。普遍传说菜品总数为108道,包括:12道闽菜,12道广东菜,30道江浙菜,12道满洲菜,12道北京菜,30道山东菜。说法更多的是320品,最少也有64种,据说可以连吃三天不重样……

❀ 满汉全席,清朝皇宫无法提供

宫廷宴席各有规格,互不混淆。而且各种宴席也有不同的用途和不同的花费标准,满席定六等,汉席分五级:一等满席用于太后、皇帝、皇后大殡之后的答谢招待,标准为每桌八两白银;一等汉席用于宴请科举考试的各位主考官(为国家选拔官员,责任非同一般),每桌鱼、鸡、鸭、猪等荤菜二十三碗,水果类八碗,蒸煮类三碗,蔬菜四碗。至于燕窝鱼翅,只能靠想象了。

那么,"满汉全席"这个词是从哪传出来的呢?《清稗类钞·饮食》的作者徐珂说,所谓满汉全席其实是清末才出现的一种烧烤宴席,主菜是一道满洲风味的烤全猪或烤全羊,当然也有从福建、广东进贡的燕窝、鱼翅等海鲜类菜肴。爱新觉罗·瀛生作为皇族成员,也在《京城旧俗》里澄清说,满汉全席纯属虚构,其实只是来源于一段相声。20世纪20年代，北京和天津的相声演员为了练习口技，编了一段"贯口词"叫"报菜名"，很受听众欢迎。后来以讹传讹就变成了宫廷盛宴的代名词。但连御膳房都没听说过"满汉全席"这个名号，御厨出宫以后，在京城街头开了许多以宫廷菜为主题的饭店，但也只是老老实实地做自己拿手的炒肉末烧饼、豌豆黄或者芸豆卷，从来没人宣称自己会做满汉全席中的某道菜。

虽说满汉全席大概只是借着宫廷的名义宣传中华美食，但各种版本的菜谱毕竟也荟萃了各地的饮食精华，可以说，代表着中华菜系的最高境界，而它的扬名海外也在很大程度上对中国的饮食文化做了最好的宣传。

❀ 活到六十不容易，千叟宴上吃火锅

土豪只是为富一方、只顾自己奢侈消费，真正的富豪却能做到惠泽四方、让街坊乡亲也能沾点福利。但要说与民聚餐同乐、共享盛世繁华的大气，只有康熙帝和乾隆帝能做到了：他们过大寿不光自己乐呵，还请所有进京的寿星吃饱喝足，而且，费用全免！

康熙五十二年（1713），康熙帝迎来自己的六十大寿。为庆祝这一盛事，布告天下，凡是年满65岁的大清公民，不论身份是官是民，都可以来京城参加设在畅春园的超大型御宴，全场精品美食随意享用，酒水全免，太监宫女全程贴心服务。

能够品尝来自宫廷的豪华大餐，还不用花钱，这种机会前所未有。于是老人们只要走得动，都纷纷赶来赴宴。汉族臣民作为第一批宴请对象，在三月二十五日这一天正式开宴，到场人员年纪在90岁以上的有33人，80—90岁之间的538人，65—80岁的有3000多人。虽说人数有些超乎预期，但饭菜的质量和数量都还是相当有保证的：每桌共有10道菜，外加各类点心、酒水，均由御厨精心制作，而菜名也起得十分精致，都和中国的某一个乡镇或特产有关。

◉《紫光阁赐宴图》（局部） 清代 姚文瀚

紫光阁始建于明代，清代时用来作为皇帝阅射和进行殿试武举的地方，乾隆时期重修，至今依然保持着当年的样貌。紫光阁修缮完成后的次年正月，乾隆帝在此举行庆功宴，王公贵胄、文武百官纷纷出席。此图生动而具体地再现了当时宴庆的宏大场面，并将乾隆时期的盛世华景展现得淋漓尽致。现藏于北京故宫博物院。

此行前来赴宴当然不能亏待自己，大家狼吞虎咽、大快朵颐，把平生没机会吃到的美味佳肴一次吃了个够。

宴会期间，皇子、皇孙、宗室成员纷纷搀扶起80岁以上的老人向康熙帝敬酒祝寿，皇上龙心大悦，下令给所有从外省入京的老人赏赐银两，报销往返路费。三月二十七日重摆酒筵招待满洲臣民，第二天又在皇太后宫门前宴请70岁以上的八旗妇女。据不完全统计，参加本次聚餐的老人总数不下7000人，盛况空前，一时被传为佳话。

康熙六十一年（1722），康熙帝69岁，决定提前庆祝70岁生日。在正月初一举行了新年朝贺礼之后，康熙帝第二天在乾清宫前设宴招待65岁以上的八旗文武大臣，人数为680人；初五这一天又宴请了340名65岁以上的汉族大臣，总数超过1000人。于是康熙帝赋诗一首，名叫《千叟宴》，这类宴席也由此得名。

乾隆五十年（1785）正月初六，75岁的乾隆帝为了纪念登基50周年，外

加喜添五世元孙,在乾清宫举办大清第三次千叟宴,3000余名年过六旬的老人欢聚一堂。当时被推为上座的是一位最长寿的老人,据说已有141岁。乾隆帝和纪晓岚特地为他作了一副对联:<u>花甲重开,外加三七岁月;古稀双庆,内多一个春秋</u>。上联中,两个甲子120年再加三七21个岁月,正好141岁;下联中,古稀是指70岁,双庆便是两倍,再加一个春秋也刚好141年。这副对联在当时堪称"绝对"。

到了乾隆六十年(1795),昔日的风流天子已经成了一位85岁的耄耋老人,为了不打破祖父在位61年的历史纪录,他决定将皇位传给十五子颙琰,自己去做太上皇。嘉庆元年(1796)正月初四,刚"退休"三天的太上皇在宁寿宫皇极殿再次举办"千叟宴"。

三年后乾隆帝驾崩,康乾盛世慢慢地画上了句号,大清开始走向衰落,这次千叟宴也就成了历史上的绝唱。

选择继承人，起初有点乱

选择继承人的标准，应该是宗法嫡长还是品德才干？这是一个始终困扰古代中国的难题。从西周开始，继承人的挑选就遵循"有嫡立嫡，无嫡立长"的原则。问题在于，这个规则未必合理，国家的治乱兴衰完全系于嫡长子一人，如果有德才更优、更专业、更适合的人选，难道还要任凭嫡长子祸国乱政吗？从努尔哈赤到康熙帝时代，满族人显然更倾向于"物竞天择，适者生存"的规则。

❁ 年长者纷纷落马

褚英是努尔哈赤嫡福晋佟佳氏所生，又是长子，本来有着得天独厚的优势。努尔哈赤也很重视对褚英的培养，早早就带他到战场上历练。凭借多年累积的赫赫战功，褚英在万历四十一年（1613）被确立为汗位继承人，奉命执掌国政。

但褚英居功自傲，成了继承人后，更加有恃无恐，对诸位兄弟和父亲手下的五大将领颐指气使，还扬言将来上位以后一定会处死那些跟自己作对的人。因为树敌太多，褚英的继承人资格很快被剥夺。万历四十三年（1615），始终不知悔改的褚英被努尔哈赤下令处死。

褚英失势后，次子代善取而代之成了大贝勒。代善骁勇善战、军功卓著，努尔哈赤又将国政交给他来执掌，如此看来，接班人已非代善莫属。

第四章 新朝新气象

清太祖努尔哈赤像　清代

　　结果没过多久，代善又因对儿子岳托、硕托不好而被努尔哈赤认为失德，公开宣布废掉代善的太子之位。不过代善很快修复了跟父亲的关系，仍然居四大贝勒之首，参与治国理政，还有很大机会继承大汗之位。

◉ **明黄缎绣五彩十二章龙纹吉服 清代**
明黄色缎面，以红、蓝、绿、黄、白为主色调，用二十四色绒线、龙抱柱线等绣龙纹九条。此吉服从技法上看应为苏绣作品，运用晕色法，以辑珠绣为主，辅以散套针、打籽针、鸡毛针、滚针等针法刺绣而成，是皇帝所穿的朝服。现藏于美国纽约大都会艺术博物馆。

日：即太阳，太阳当中常绘有金乌，太阳纹一般出现在左肩。

月：即月亮，月亮当中常绘有蟾蜍或白兔，月亮纹一般出现在右肩。

星：常以几个小圆圈表示星星，星星间以线相连，组成一个星宿，日月星辰象征皇恩浩荡，普照四方。

山：一般绘为群山，象征帝王举止稳重，能治理四方水土。

龙：传说中的龙变化多端，象征帝王善于变通，审时度势，教化万民。

华虫：通常为一只雉鸡，其华丽尾羽象征帝王文采昭著。

宗彝：通常为一对尊，尊上绘有一只猿和一只虎，宗彝作为祭祀器物，代表了帝王的忠孝美德。

藻：即水藻，绘成一团水草花纹，象征帝王冰清玉洁的品行。

火：即火焰，绘成一团火焰花纹，象征帝王处理政务光明磊落。

粉米：即白米，白米滋养万民，象征帝王重视农桑。

黼：为斧头形状，斧身为黑色，斧刃为白色，象征帝王果断干练。

黻：为"亚"字形花纹，或类似两个"己"字相背，象征帝王明辨是非，背恶向善。

◉ **金嵌珠宝带钩凉带 清代**
此件黄色腰带两端缀有金质带钩，金花卉座上饰有点翠、珍珠、红宝石、蓝宝石、子母扣，带钩背部饰有花卉纹。现藏于台北故宫博物院。

从后金天命六年（1621）开始，代善、阿敏、莽古尔泰、皇太极四大贝勒分月轮流主持政务。次年，努尔哈赤规定，由八旗旗主贝勒共议国政，后来"八王"共同决定国家大事演变成为清朝前期的一项制度。

❀ 胜出者是才干

后金天命十一年（1626），努尔哈赤因病去世。当时，四大贝勒都手握重兵，各有一批支持者，如果因为即位而产生严重纷争，国家势必陷入分裂。在此关键时刻，代善的儿子岳托等劝说父亲从大局出发，拥立皇太极。因为从性格、才干来看，努尔哈赤的八子皇太极才是皇位最合适的人选。

在八王议政的时候，代善当场表示皇太极"才德冠世，当速继大位"。有了长兄代善的鼎力支持，皇太极顺利被推举为新一任大汗。

皇太极也不负众望，逐步率领大军统一黑龙江流域、征服蒙古和朝鲜，并在与明朝的作战中逐渐确立起优势。后金天聪十年（1636），皇太极正式称帝，定国号"大清"，改元"崇德"，开启了新的征程。

后金崇德八年（1643），皇太极猝死于盛京清宁宫，同样没有指定继承人。五天后，代善召集各大贝勒开会，商议新君人选。

第四章 新朝新气象

❀ 折中方案下的胜出者

皇太极之弟睿亲王多尔衮先去找了大臣索尼，发现对方态度十分坚决："先帝有儿子，轮不到兄弟，继承人必须从皇子中选！"多尔衮一上来就碰了钉子，心里很不痛快。他刚踏进崇政殿的大门，索尼、鳌拜等几位大臣就闯进来，嚷嚷着要求由皇太极的长子豪格即位。多尔衮生气地说："只有八王议政才有权力决定谁来即位，这是太祖定下来的规矩。"

等八位贝勒全部到场后，英亲王阿济格、豫亲王多铎提名多尔衮。不知道是故作谦虚，还是对大臣们的态度有所顾忌，多尔衮一时间迟疑不决。弟弟多铎有点不耐烦了："哥，要是你不想当皇帝，那就我来。如果大家不同意，那就论资排辈，该礼亲王代善上位。"

代善虽然掌握着正红旗和镶红旗，却也知道若是自己即位，豪格跟多尔衮绝不会善罢甘休，自己谁也得罪不起，只好说："我年老体衰，难以胜任。睿亲王如果答应即位，当然是国家之福；不然的话，就应该在先帝的诸位皇子中选一个。"豪格一看多尔衮占了上风，打算以退场相威胁——要是你们推举多尔衮，反正我不同意。

经过多日的协商，原由皇太极直接掌控的两黄旗将领上殿，他们按着腰间的刀剑齐声说："如若不立皇子，我们宁可追随先帝于地下！"多尔衮于是选择退步：可以立皇子，但不能立豪格。

最终，最高会议达成协议：皇太极第九子福临即位，由多尔衮与镶蓝旗旗主济尔哈朗摄政（济尔哈朗是豪格的支持者，选他做摄政大臣多数人都没有异议）。

❀ 出过痘，很重要

顺治十八年（1661），顺治帝不幸感染天花，选择接班人便成了当务之急。鉴于清朝刚入关不久，选择一个年龄稍大的君主来掌控局势显然更合理。可是顺治帝的八位皇子中，长子牛钮只活了八十九天，次子福全8岁，三子玄烨 7 岁，四子 3 个月便夭折，剩下的几个都在 4 岁以下。顺治帝很为难：这可怎么挑呢？

这时，来自意大利耶稣会的传教士、被顺治帝尊为"玛法"（满语，意为尊敬的老爷爷）的汤若望提了特别关键的一个建议：<u>皇三子玄烨已经出过痘（天花）了</u>，虽说痊愈后脸上有些麻子，但安全系数会高很多，帝王更换频繁对国家也不是好事。

于是，玄烨在懵懂之中被扶上皇位，然后用一生的丰功伟绩证明给父亲，他临终前的选择是多么正确——尽管有没有出过痘作为标准实在有些伤人……

❋ 太子真的不好选

康熙帝的皇后赫舍里氏在生下二阿哥胤礽时难产而死（嫡长子、大阿哥承祜也不幸夭折），康熙帝为了对她有所回报，早在康熙十四年（1675）就将刚满周岁的胤礽册立为太子。他以为尽早册立太子，可以断了其他皇子的念想，兄弟间能和睦相处。

胤礽起初的表现十分优秀，聪慧好学，文武兼备，康熙帝对他比普通皇子多了几分期待，也多了许多纵容。正是由于康熙帝的偏爱，胤礽便逐渐变得不可一世、蛮横无理起来。随着其他皇子陆续成年，他们的身边也逐渐有了各自的追随者，难免会对太子之位产生想法，把所有火力都集中在胤礽身上，试图扳倒太子，取而代之。

康熙四十七年（1708），康熙帝在木兰围场的布尔哈苏台行宫召集文武官员，当众数落胤礽的种种罪行，宣布废除其太子之位。而太子之位空缺也使多数皇子卷入储位之争。

康熙帝对皇子之间的明争暗斗深感厌恶，对胤礽又心存眷恋，故而第二年以"胤礽之前犯了失心疯，如今已经痊愈"的名义恢复其太子名分。康熙五十一年（1712）九月，康熙帝得知胤礽暗中策划逼迫自己及早让位，便再次将其废除，不再提立太子的事，胤礽在咸安宫被一直圈禁到死。

第四章 新朝新气象

胤礽像 清代 佚名

尺寸：纵 164.2 厘米，横 115.6 厘米
材质：绢本，设色
收藏地：美国弗利尔美术馆

胤礽朝服顶戴，手捻东珠正襟危坐，颇有几分大国储君的威严。

一家样式雷,半部古建史

烫样就是建筑模型。在清代,皇家建筑在施工前,工匠一般都要把设计的建筑按照比例缩小,用木料、草纸板、秫秸、油蜡等材料制作成模型,呈献给皇帝御览。因为制作中有一道熨烫工序,所以称它为"烫样"。"样式雷",是对清代两百多年间主持皇家建筑设计的雷氏家族的誉称。

"样式雷"祖籍江西永修,康熙年间,第一代"样式雷"雷发达进京参加营造宫殿的工作,因技术高超,得到康熙帝的赏赐,并获得了官职。从雷发达起直至清末,共有八代"样式雷",他们为皇家进行宫殿、园囿、陵寝以及衙署、庙宇等设计和修建工程。雷氏家族的烫样,设计巧妙,制作精良,最大的特点是它的构件可以灵活自如地拆装,让人观看到建筑内部的每一个细节。每件建筑烫样上都贴有黄色标签,上面注明建筑的名称、各部位的尺寸以及工程做法,每个细节都详细清楚。烫样的出现体现了中国古代工匠的聪明才智。

◎ 样式雷建筑烫样

◉ 样式雷建筑烫样

◉ 样式雷建筑烫样

我去故宫看历史

第三册

毛帅 张小李 ◎ 编著

北方文艺出版社

目录【第三册】

第五章　工作狂人与十全老人／1

雍正帝即位之谜／2

藏在最高处的最高机密：秘密立储／8

藏在最高处的最高机密：选个喜欢的继承人好难／14

藏在最高处的最高机密：我们根本没的选／19

雍正帝搬进了养心殿／25

单线联系，绝对保密／30

重华宫：此情可待成追忆／36

乾隆帝改建紫禁城／41

文人气质，文人意境／48

宫廷里的西洋画师：郎世宁／54

第六章　帝国走上了下坡路／61

紫禁城里的特殊新年／62

和珅跌倒，嘉庆吃饱／69

只有皇帝勤政没有用／75

留在隆宗门上的箭镞／81

相似风格，相同轨迹／92

全程糊涂的鸦片战争／97

撷芳殿三代之缘／102

苦命天子／108

多事之秋／112

❀ 宫廷里的娱乐活动／120

第五章 工作狂人与十全老人

雍正帝即位之谜

民间传言，雍正帝的年号"雍正"，是表示自己皇位来路很正。关于雍正帝即位之谜，众说纷纭，难道他在年号上都费尽心机为自己正名？问题是年号肯定在他即位前夕就已经定好了，年号在前，传言在后，雍正帝不可能在谣言产生前就开始辟谣吧？但如果他真做了亏心事，早就预料到别人会有怀疑，所以提前出手，好堵住悠悠之口呢？这不就成了此地无银三百两，不打自招吗？何况，年号通常是由几位高级文臣提供几个备选项，再呈给皇帝钦定。大臣就算吃了豹子胆，恐怕也不敢如此揣度皇帝心意吧。

❈ 康熙帝是被毒死的？

康熙六十一年（1722）十一月初六，身在畅春园的康熙帝突然感到身体不适，十一月十三旋即驾崩，十一月二十皇四子胤禛登基。这段时间布满了疑点，而胤禛给出的官方解释又漏洞百出，使人不得不怀疑他的即位存在惊天阴谋。

康熙帝是在南苑狩猎途中突然生病的，而他见过的最后一批人里就有胤禛。此后康熙帝下旨在畅春园静养，不再见任何人。除了御医，连妃嫔都没能见到皇帝。就在康熙帝去世前夕，胤禛曾三次去请安，这期间他到底干了些什么？

有传言说，胤禛在探病时给康熙帝喂了一碗有毒的人参汤，康熙帝喝完就驾崩了。但这个说法显然经不住推敲。

首先，康熙帝平时很注意科学饮食，对于医学和药物也有所研究，不轻易

第五章 工作狂人与十全老人

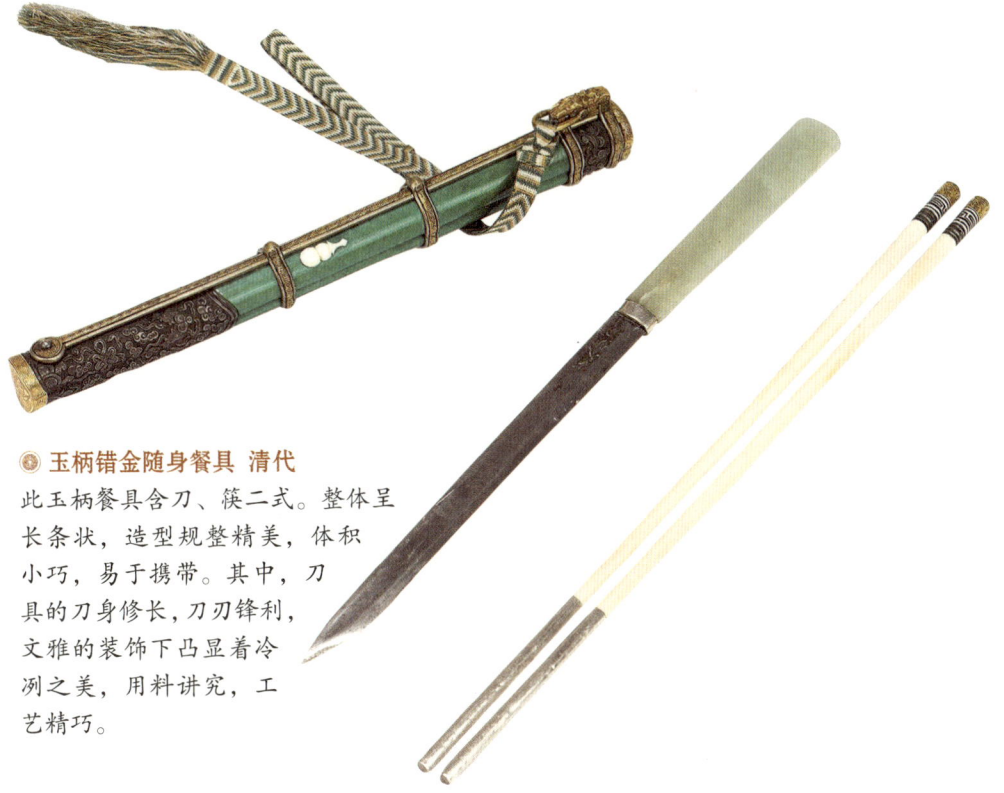

● 玉柄错金随身餐具 清代
此玉柄餐具含刀、筷二式。整体呈长条状，造型规整精美，体积小巧，易于携带。其中，刀具的刀身修长，刀刃锋利，文雅的装饰下凸显着冷冽之美，用料讲究，工艺精巧。

服食补药。既然他平常很少吃人参，胤禛这时突然端出一碗参汤，恐怕并不讨父皇喜欢。

就算康熙帝接受了这碗参汤，在他喝下去之前也会有两道固定的验毒程序——但凡是皇帝要进嘴的东西，太监都要先当面放进一块小银牌检测是否会变黑（因为古代常用的毒药一般是砒霜，往往含有硫化物杂质，而银和硫化物发生化学反应，会生成黑色的硫化银）。这一招并非总能有效，有的食物含硫却无毒，银牌插进鸡蛋黄也会变黑。所以太监还要亲口把所有东西都尝一遍，确保绝对安全后，皇帝才会食用。

且不说毒死皇帝的风险有多大，当时康熙帝已是风烛残年，胤禛这么多年都熬过来了，似乎没必要因为一时心急铤而走险。还有人说，他动手是因为他知道康熙帝选择的接班人不是他啊。

❋ 一人还是八人？

康熙帝死后，胤禛立即下令关闭京城九门，秘不发丧，将康熙帝的遗体连夜运回紫禁城乾清宫。秘不发丧运回京城属于非常之时的非常手段，如果正常即位的话，胤禛好像没道理这么紧张呀。

胤禛后来在《大义觉迷录》里说，当时，九阿哥胤禟突然来到他跟前，一屁股坐下来，两手撑地，双腿前伸，如此傲慢无礼，"其意大不可测"，要不是他镇定隐忍，说不定他俩就在父皇灵前打起来了；八阿哥胤禩对于皇阿玛病逝没有半点悲伤的表情，独自倚靠在院子里的一根柱子上若有所思，对于他指派的任务，全然不理，心中的怨气之大可想而知。所以说，人心叵测，局势紧张，他才不得已而为之。而且在宣布遗诏时，在场的不光有隆科多舅舅，还有三、七、八、九、十、十二、十三阿哥，共计七位。要是有人怀疑隆科多捣鬼，那七位皇子也可以为遗诏的真实性做证啊！

那么，康熙帝的遗诏本身有没有问题？

❋ 遗诏是真是假？

留存至今的康熙帝遗诏以满、汉两种文字写成，汉字文本中关于传位的记录是这样的："雍亲王皇四子胤禛，人品贵重，深肖朕躬，必能克承大统。著继朕登基，即皇帝位，即遵舆制，持服二十七日，释服布告中外，咸使闻知。"满文文本遗诏却缺失了这段文字，不知是巧合还是有意为之。

于是有了一个广为流传的版本：康熙帝遗诏本来写的是"皇位传十四子胤祯"。胤禛和隆科多把"十"改成"于"，把"祯"改为"禛"，遗嘱就变成了"皇位传于四子胤禛"。

事实上，篡改遗诏的可能性非常小。因为繁体字中，"于"和"於"的字形差异很大，要在仿照康熙帝亲笔的基础上不露痕迹地完成篡改，难度可想而知。何况，即便汉文可以修改，但要把满文"十四"硬生生改成"四"，也很难操作。还有一点是，满文里皇子称谓的前面都要加上相应的封号，胤禛

第五章 工作狂人与十全老人

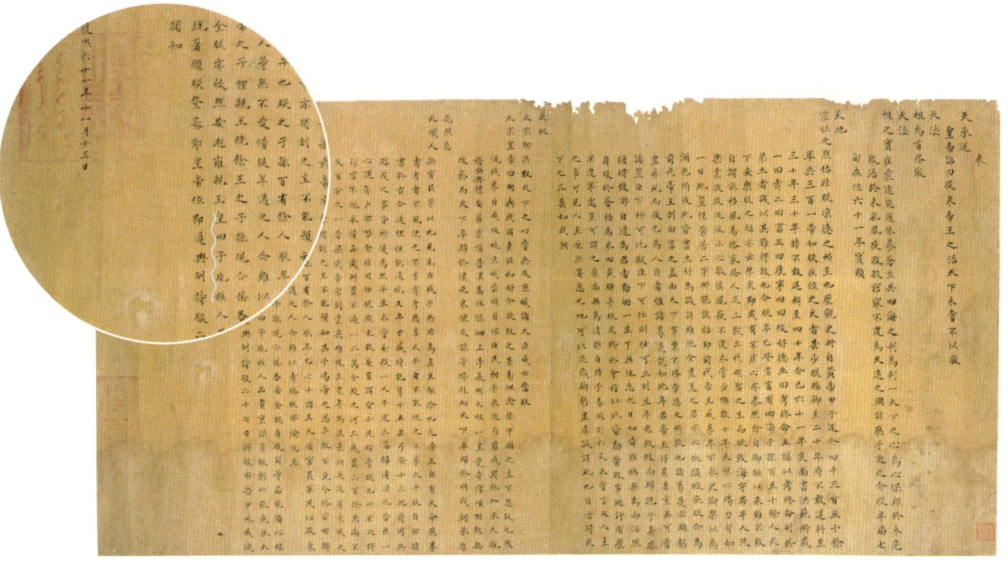

◉ **清圣祖康熙皇帝遗诏**

在这份遗诏中，康熙帝明确指出要雍亲王皇四子胤禛即皇帝位。这段文字足以拨开雍正篡改遗诏的历史迷雾。

当时是雍亲王，十四阿哥胤祯（一名胤禵）当时还只是贝子，这个关键之处是很难偷梁换柱的。

❀ 胤禛真的是黑马？

胤禛即位之所以令人难以置信，主要还是因为他之前的低调表现几乎骗过了所有人。

在大家看来，大阿哥胤禔、八阿哥胤禩、十四阿哥胤禵才是皇位争夺大戏的主角。自称"天下第一闲人"的四阿哥胤禛，则给人一种与世无争的感觉，对任何一方都和和气气却又保持距离，表面上不结党，看起来也没什么势力（事实上胤禛只是做得比较隐秘，他暗中把十三阿哥胤祥和十七阿哥胤礼拉到自己的阵营，同时还争取到了康熙帝跟前的红人隆科多和年羹尧），所以其他竞争者才没有把火力集中在他身上。

我去故宫看历史

◉ 康熙帝

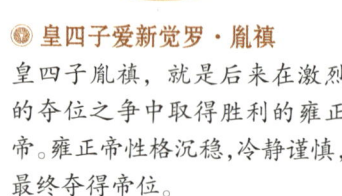

◉ 皇四子爱新觉罗·胤禛

皇四子胤禛，就是后来在激烈的夺位之争中取得胜利的雍正帝。雍正帝性格沉稳，冷静谨慎，最终夺得帝位。

◉ 皇八子爱新觉罗·胤禩

生于康熙二十年（1681），能力过人，声望很高，是胤禛争夺皇位时最为强劲的对手。雍正初年，晋封康亲王。雍正四年（1726），以结党妄议朝政为由被雍正帝削去王爵、圈禁、除宗籍，并更名为"阿其那"。

◉ 皇九子爱新觉罗·胤禟

生于康熙二十二年（1683）。雍正三年（1725），因违法乱行、结党营私等罪名被夺爵、圈禁。雍正四年（1726）被削宗籍，改名为"塞斯黑"，圈禁至死。

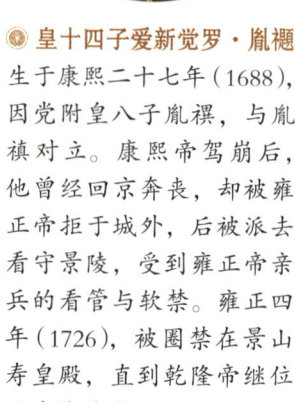

◉ 皇十四子爱新觉罗·胤禵

生于康熙二十七年（1688），因党附皇八子胤禩，与胤禛对立。康熙帝驾崩后，他曾经回京奔丧，却被雍正帝拒于城外，后被派去看守景陵，受到雍正帝亲兵的看管与软禁。雍正四年（1726），被圈禁在景山寿皇殿，直到乾隆帝继位后才被释放。

但是，不显山不露水不代表胸中就没有丘壑，胤禛韬光养晦的战略是一位名叫戴铎的幕僚向他提出的。戴铎说："如果父亲太英明，做他的儿子难度就很大，因为过分显露长处，他很容易就看破你的图谋，反而会激起父亲的防备和厌恶；如果什么优点都不展示，他就会认为你没出息，反正儿子一大把，淘汰你一个也无所谓。所以我送您十六字的锦囊妙计——孝以事之，诚以格之，和以结之，忍以容之。"

当然，胤禛表面上痛斥戴铎，装作置身事外的样子，其实暗地里将这些提议全都采纳了。胤禛正是照着戴铎设计的路线，不声不响地接近了皇位。

❀ 接班有迹可循？

康熙帝晚年经常派胤禛替自己举行祭天仪式。所谓"国之大事，在祀与戎"，祭祀这种事一般都是太子代劳，而胤禛代父祭祀有二十二次之多，于是有人据此推测，他获得临终遗命也是有迹可循的。

但军事与祭祀同等重要。康熙五十七年（1718），十四阿哥胤禵被任命为抚远大将军，统率大军进驻青海，讨伐准噶尔部叛乱。胤禵出征时，不仅悬挂历来是皇帝亲自掌握的正黄旗旗帜，康熙帝还命令青海蒙古王公大小军务谨遵胤禵指示，与皇帝当面训示无异。可见，胤禵所受的重用一点都不比胤禛少。

在康熙帝去世后第二天，胤禛让豪格之孙延信快马加鞭赶赴甘州接掌抚远大将军印信，并下了一道密令："你抵达后，将胤禵所有奏折、先帝朱批谕旨以及他的家信全部收缴，密封后送回京城。"胤禛如此心急地收缴胤禵与康熙帝之间的往来文件，也让人怀疑是为了销毁康熙帝可能传位给胤禵的证据。

康熙六十一年（1722）十一月二十，京城戒严令解除，胤禛在太和殿奉康熙帝遗诏登基称帝，是为雍正帝。然而众多的猜疑和流言并没有随之消失，由于无法找出确凿的证据，雍正帝即位之谜或许永远不会被揭开了。

我去故宫看历史

藏在最高处的最高机密
秘密立储

  雍正帝在遗诏中，确认皇四子弘历正是他写进秘密建储诏书里的继承人："宝亲王皇四子弘历，秉性仁慈，居心孝友。圣祖皇考于诸孙之中，最为钟爱，抚养宫中，恩逾常格。雍正元年八月朕于乾清宫召诸王、满汉大臣入见，面谕以建储一事，亲书谕旨，加以密封，收藏于乾清宫最高之处，即立弘历为皇太子之旨也。其后仍封亲王者，盖令备位藩封，谙习政事，以增广识见，今既遭大事，著继朕登极，即皇帝位。"

秘密建储

  雍正元年（1723）八月十七，雍正帝在乾清宫西暖阁召集总理事务王大臣、满汉文武大臣开会。

  一开始，雍正帝就主动提起最敏感的即位问题，以官方权威的姿态解释说："先帝为了江山社稷的安危、黎民百姓的福祉，在诸多皇子中慎重选拔继承人，直到去年，才在弥留之际仓促留下口谕。结果大家都知道了，那个人就是我。"

  紧接着，雍正帝又谈到皇位传承问题："先帝如此英明，还是因为二阿哥胤礽的废立而心力交瘁，可见确立储君一事着实复杂艰巨。储君必须要立，但又不能过早公布，免得后续一大堆麻烦。"随后，雍正帝抛出了他关于确立储君的方案——秘密立储。

  所谓秘密立储，就是彻底抛开嫡庶长幼的观念束缚，综合考察儿子们的各

◈ "正大光明"匾额

这个匾的背后藏有决定皇子命运的"建储匣"。

方面表现,从中择优选取一人,将他的名字写进传位诏书。这份诏书必须严格保密,皇帝生前在任何场合、对任何人都不透露其中的内容。为了防止造假,文件一式两份,一份由皇帝随身携带,另一份密封在匣子里,放到乾清宫正殿"正大光明"匾额的后面。等到天子驾崩,由几位顾命大臣在众人的见证下取出密诏,与皇帝随身携带的一份进行比对,确认内容一致后,拥戴密诏规定的皇子登基。雍正帝宣布完毕后,得到了诸王、大臣的拥护,秘密立储制度就这样确立下来了。

❋ 初次执行

过去,在继承人提早公开的情况下,处在太子位置上的人不得不战战兢兢、如履薄冰,他的任何举动一旦出现纰漏都可能致命。而对竞争者来说，他们要做的就是把确定的接班人打倒，这种明争暗斗对于国家的影响往往是恶性的。

秘密立储制度确立后，皇帝不再提前公开确立继承人，以此形成对储君的保护，减少了许多无谓的倾轧斗争。而每一位皇子的名字都有可能被写进传位诏书里，所以他们必须努力进取、好好表现，由此便形成了良性的激励与竞争机制。皇帝本人也可以在有生之年做出从容选择，如果写好建储密诏后发现不妥，还可以秘密更换。

雍正帝说到做到，在乾清宫西暖阁会议结束后，他留下和硕廉亲王允禩、和硕怡亲王允祥、大学士马齐、吏部尚书隆科多四位总理事务王大臣，在他们的见证下把一个密封好的锦匣放到了"正大光明"匾额的后面，清朝史上第一次秘密立储活动宣告完成。

❀ 不是秘密的秘密

雍正帝总共有十个儿子，没活到序齿（按年龄大小排序）的有四个，其中长子、次子都未能成年。雍正帝实施秘密立储时，皇子福惠刚出生，六阿哥弘曕尚未出生，所以其实只有三、四、五阿哥这么几个选项。

按道理说，19岁的三阿哥弘时年龄最长，应该是皇位最有力的竞争者。可惜他早在雍正帝即位前就和允禩走得很近，而允禩是雍正帝夺嫡路上的死敌。雍正四年（1726），允禩被开除宗籍，弘时也在同一时间被勒令解除与雍正帝的父子关系，成了允禩之子。第二年，弘时被开除宗籍，很快死去。

第五章 工作狂人与十全老人

◉ 双凤纹松花石砚 清雍正

长方形石砚,灰绿色,有多层次绿色丝纹。砚背中央剔地,阴刻"以静为用是以永年",并钤"雍正年制"篆印,有一紫色夹灰绿色松花石双凤砚盒。现藏于台北故宫博物院。

五阿哥弘昼当时只有11岁,从他后来的表现看,酗酒如命也就算了,还喜欢办丧事、吃祭品,行事风格荒诞不经,当然这也可能是他表示自己无意于帝位的一种方式。弘昼有一首题为《金樽吟》的诗很有名,被后世誉为"保命诗":"世事无常耽金樽,杯杯台郎醉红尘。人生难得一知己,推杯换盏话古今。"

不过,雍正元年(1723)的弘昼不可能已经有了这些荒诞的行为,也不可能有韬光养晦的觉悟。但几乎所有人都可以断定:密诏里的名字绝对不是弘昼。因为有太多明显的迹象表明,四阿哥弘历才是最受雍正帝垂青的那个人。

❀ 太多蛛丝马迹

康熙六十年(1721)三月二十五,弘历第一次见到了爷爷康熙帝。康熙帝一共有九十七个皇孙,孙子们站在面前,估计他都分不清,但康熙帝第一次见到弘历就十分喜爱,他觉得弘历很有自己少年时代的风范,破例把弘历接到身边抚养、教育,弘历还随着爷爷巡幸避暑山庄。民间盛传,雍正帝即位也是沾了儿子的光,正是因为康熙帝太中意弘历，才决定把皇位传给雍正帝，这样弘历才有机会接过帝国的指挥棒。按照这个说法，雍正帝传位给弘历，显然是顺理成章的事。

雍正帝对弘历的栽培，也与对其他皇子有所区别。康熙帝周年忌日时，雍正帝派弘历代替自己前往景陵祭祀，其中的倾向已经很明显了：这是在向康熙帝汇报工作——继承人已经确定，请您检阅，既然是您喜欢的孙子，还希望您的在天之灵予以庇佑啊。

雍正二年（1724），代父前往景陵祭祀康熙帝的还是弘历。如果一次是偶然，两次就绝对不是巧合了。自雍正十一年（1733）弘历被册封为和硕宝亲王之后，雍正帝无法参加的各种祭典几乎被他承包了。如果密诏最后公布的时候，继承人不是弘历，估计大家都要惊掉下巴。

答案毫无悬念

雍正八年（1730）六月，雍正帝得了一场大病，自以为命在旦夕的雍正帝紧急召见弘历和几位亲信大臣，大致讲了一下后事安排，只留下继承人没有公

玳瑁管紫毫笔 清代
此笔直管，有帽，管长24.3厘米，帽长9厘米，直径2.2厘米。笔管与笔帽顶端均镶嵌鎏金铜扣，笔锋为紫毫葫芦式。现藏于北京故宫博物院。

第五章 工作狂人与十全老人

❀ 景陵隆恩殿
景陵是康熙帝的陵墓，位于河北省遵化市。

布——他对自己开创的皇位传承新方法很有信心，坚守密诏在皇帝驾崩后才能公布的程序。

雍正十三年（1735）八月二十一，雍正帝感到身体不适，但仍然坚持处理政务；八月二十三，雍正帝突然驾崩。由于事发突然，在场的人完全慌了神，幸好张廷玉、鄂尔泰火速赶到，立刻提醒大家：先找传位诏书！

总管太监一脸茫然地表示不知道密诏放在哪里。张廷玉根据印象回忆：皇上曾给他和鄂尔泰看过，外面用黄纸包着，背后写了个"封"字，一定就在这个寝宫里，马上去找！

这份遗诏与安放在"正大光明"匾额后的密诏一致，弘历顺利登上皇位，这次不会再有什么谜案产生了。

我去故宫看历史

藏在最高处的最高机密
选个喜欢的继承人好难

乾隆三年（1738），乾隆帝评价次子永琏："聪明贵重，气宇不凡。皇考命名，隐示承宗器之意。"乾隆十二年（1747），又说七子永琮"秉质纯粹""聪颖殊常"。永琏8岁，或许还能看出点苗头；永琮只有20个月，哪里能看得出本性纯真、聪明异常？显然，这完全是乾隆帝先入为主的看法，只因为他们是嫡子，是皇帝和皇后爱情的结晶。乾隆十三年（1748）以后，乾隆帝说："从前朕中意永琏、永琮，并不是因为他俩是皇后所生，而是因为他们真的太聪明了！"从立嫡到立贤，乾隆帝的态度来了个一百八十度大转弯。

孝贤纯皇后

第五章 工作狂人与十全老人

❀ 爱皇后，立嫡子

乾隆元年（1736）七月，乾隆帝当着大臣的面把写好的建储密诏放到了"正大光明"匾额后面。

起初并没有人知道密诏里写的是谁，但两年后谜底自动揭晓。乾隆三年（1738）十月，8岁的嫡长子永琏因病夭折，素来勤政的乾隆帝悲伤得一连五天都没心思上朝。他命人把藏在乾清宫的建储密诏取下来公之于众："永琏是皇后所生，朕的嫡子，我把他的名字放到'正大光明'匾额的后面。虽然没有正式册封，但他也是太子。如今不幸夭折，葬礼按太子的规格举行。"随即正式册封永琏为太子，作为对死去的儿子的一种告慰。

乾隆帝对永琏中意，不仅因为永琏本身聪明可爱，更因为他与孝贤纯皇后富察氏伉俪情深。

富察氏是满洲名门察哈尔总管李荣保之女，从小接受良好的家庭教育，知书达理，端庄文静，属于标准的大家闺秀。15岁的富察氏被雍正帝一眼看中，指配给弘历做嫡福晋，乾隆帝即位后被立为中宫皇后。富察氏生性节俭，经常用花草作头饰，还在后宫摆起织机，自己织布做衣服。乾隆帝对这位质朴贤惠

❀《亲蚕图（局部）之采桑卷》 清代 郎世宁等
尺寸：纵51厘米，横590.4厘米
材质：绢本，设色
收藏地：台北故宫博物院

的结发妻子的爱恋远远超出了容貌的范畴,对于两人爱情的结晶也分外看重,所以,几乎是不假思索地在建储密诏上写上了永琏的名字。

❀ 嫡子相继而亡

乾隆十一年(1746),为了陪伴再次怀孕的孝贤纯皇后,乾隆帝连去圆明园欢度上元节、观看烟火的惯例都不顾了,一门心思留在紫禁城。四月初八,皇七子呱呱坠地,当天正值佛诞日(佛祖释迦牟尼诞辰),乾隆帝异常欢喜,坚信这个孩子会承蒙上天更多眷顾,给他取名永琮(琮是祭祀大地用的玉杯,蕴含着皇位传承的深意)。

乾隆十二年(1747)除夕之夜,不满两周岁的永琮因感染天花而死。悲痛不已的乾隆帝公开发布谕旨:"皇七子永琮是皇后所生嫡子,也是太后最钟爱的孙子。尽管不曾像永琏那样被写入建储密诏,但从他出生的那一刻起,朕便在心里认定他为太子。如今突然出痘夭折,实在令人悲痛。回顾我即位以来的

❀ 西湖名胜花港观鱼图墨 清乾隆

此款为乾隆御制墨,构图饱满,制作精良。正面图案为西湖名胜花港观鱼,反面题乾隆御诗:"御制花港观鱼,庚子。惠庄空论知与否,鱼乐由来在港花。大辂椎轮原即此,玉泉踵事笑增华。"花港观鱼为西湖十景之一,与雷峰塔、净慈寺隔苏堤相望。现藏于台北故宫博物院。

时光，自问从未得罪天地、祖宗，为什么嫡子却一再遭遇不幸？莫非是因为我朝历代皇帝都不是以嫡子身份继承大统，而我一味要传位给嫡子，太过贪心了吗？如果真是这样，那就是我的罪过了！"

反正现在大家已经知道了套路，那就一起等皇后生第三个儿子吧。富察氏当时才35岁，如果没有意外，还可以再有儿子，到时候再定储君也来得及。不幸的是意外出现了：乾隆十三年（1748），皇后病逝于东巡途中。

❀ 提前退休

孝贤纯皇后病逝后，乾隆帝才不得不放弃了立嫡子的想法，不复有公开立储的兴趣与信心，也深刻理解了父亲雍正帝实施秘密立储的良苦用心。

乾隆帝感叹说："不可不立储，又不可显立储，秘密建储是最好的办法了，我大清子孙应当世代遵守，不可随意变更。倘若亿万年之后，还有人拘泥于古代及早、公开确立太子的做法，必不能安然无恙，等他们见识到手足相残的悲剧，才会后悔不听我的话，可惜那时已经晚了！"

乾隆三十八年（1773），62岁高龄的乾隆帝意识到已经不能再回避立太子的问题了（当然他无法预知自己能活到88岁）。这个时候，活着的皇子只剩下七位，其中两位还被过继给了兄弟（四子永珹、六子永瑢），可供选择的只有八子永璇、十一子永瑆、十二子永璂、十五子永琰、十七子永璘五个人。这一次，大家猜不出到底谁的名字被藏到了宫中的最高处，因为这五个儿子里谁都没有绝对优势。

最后，还是乾隆帝主动公布了答案，不过这一次不是因为继承人的意外死亡，而是乾隆帝决定提前退休，让位给接班人了。乾隆六十年（1795）九月初三，乾隆帝在勤政殿当众公开了之前写好的立储密诏，正式册立皇十五子永琰（永琰称帝后改名颙琰，其余兄弟不用改名避讳，因此均保留原来的"永"字）为太子，定于次年正月初一归政给他，年号为嘉庆，自己则退居二线成了太上皇。

昔日乾隆帝曾焚香默祷：蒙上天眷佑，自己在位六十年便已知足，为了表示对爷爷康熙帝的尊敬，自己在位时长不敢超过六十一年，届时会将皇位传给太子。

既然太子提前接班，乾隆帝的秘密立储也就完成了历史使命。乾隆帝与嘉庆帝的政权交接尽管十分平稳，但也在一定程度上体现出了秘密立储的弊端：以往，提早和公开册立储君，可以给接班人预留"实习"的时间，使其熟悉业务、积累经验、提高能力，也有利于接班人塑造威望、磨合团队，不至于登基后手忙脚乱、无所适从。秘密立储既然不能让人看破，皇帝平时就不能表现出明显的倾向，储君缺乏有所侧重的针对性锻炼，必然影响其日后的执政水平。

尽管乾隆帝手把手教了永琰几年，嘉庆帝即位后也依然保持着清朝前几代皇帝惯有的勤政作风，而且以厉行节俭著称，但嘉庆帝的执政表现着实一般，康乾盛世后的中国渐渐滑向衰落的深渊，史称"嘉道中衰"。

秘密无绝对

乾隆三十八年（1773）的立储活动并没有在大臣的见证下进行，但有人知道乾隆帝已经立储后，还是能从一些事件中看出端倪。比如乾隆六十年（1795）新年，乾隆帝举行家宴，赏赐给皇子们一些金银，唯独"遗漏"了皇十五子永琰。之后，乾隆帝别有一番深意地对永琰说："钱财对你有什么用呢？"向来机灵的和珅在乾隆帝准备公布永琰为太子的前一天，送给永琰一柄如意，就是想抢占拥戴太子的头功。

藏在最高处的最高机密
我们根本没的选

四子奕詝仁孝敦厚，六子奕䜣文武全才，晚年的道光帝一直在他们二人之间纠结。有一天，道光帝决定召见两兄弟，看看他们对未来执政的规划，作为最终的考察。六阿哥口若悬河，大谈自己的政治见解和抱负；四阿哥奕詝却从头哭到尾，只是重复说"皇阿玛万寿无疆""您一定会好起来的"之类的话。道光帝被奕詝的一片孝心感动，最终把皇位传给了他——在对皇帝评价的标准里，德高于才，而奕詝恰恰就是这种人。

❁ 密诏不见了

嘉庆四年（1799）四月，嘉庆帝把皇二子绵宁（登基后改名旻宁）的名字写进密诏，藏在"正大光明"匾额后面，建储工作算是完成了。但是嘉庆帝驾崩那天，却出现了意想不到的状况——密诏不见了！

嘉庆二十五年（1820），自以为年富力强的嘉庆帝（其实他已61岁）前往热河举行秋狝活动，智亲王绵宁、瑞亲王绵忻等皇子随行。不料在承德避暑山庄，嘉庆帝突然生病，抵达行宫第二天便驾鹤西游，死前连句话都没来得及留下。

慌乱之间，绵宁赶紧让人寻找父皇随身携带的那份遗诏，但死活没找到，消息传到北京，坐镇紫禁城的皇后钮祜禄氏立即派人去乾清宫找另一份密诏，也不见踪影。

随行的瑞亲王绵忻是皇后钮祜禄氏之子，很受父亲宠爱，如果这时皇后假传丈夫口谕，绵忻也有继承帝位的可能性。然而皇后做出了一个惊人的举动，

🟠 石青缎绣熊纹方补 清代

此方补以石青缎为底衬,以金、红、蓝、绿为主色调,以多色绒线及捻金线绣成图案。熊纹是清代五品武官的补子。此方补为苏绣作品,纹饰精细,针法多样,体现了清代苏绣的高超技法。现藏于美国纽约大都会艺术博物馆。

她下了一道懿旨连夜发往热河,内容是:"皇次子智亲王表现突出,是皇帝早已中意的继承人。我担心遗诏仓促之间没来得及公布,特此颁布懿旨,命智亲王就地即位,以安定人心。"

第三天,人们终于在嘉庆帝的遗物中找到了收藏密诏的金盒,里面的名字正是绵宁。

嘉庆四年(1799)秘密建储时,皇长子没来得及取名就夭折了,四子绵忻和五子绵愉尚未出生,只有二子绵宁和三子绵恺两个选项。绵宁17岁,绵恺4岁,所以继承人选谁还用猜吗?至于后来为什么密诏不见了,据说是因为嘉庆帝觉得其他儿子也不错,想多考虑一段时间,看要不要换人,就悄悄从匾额后面拿走了立储密诏,以备将来重写。谁知自己竟意外猝死,才造成了一时的惊险。

❂ 匣里有两个名字

道光帝即位后,并没有按照惯例立即着手确立继承人。因为在他48岁之前,只有三位皇子,其中次子奕纲、三子奕继还不幸早夭,只剩下长子奕纬一棵独苗。道光十一年(1831),四子奕詝、五子奕誴相继降生,长子奕纬却去世了。两年后六子奕䜣出生,再过几年,七、八、九子相继出生。

在道光帝考虑立储的时候，前三个儿子早已去世，五子奕誴被过继给了惇恪亲王绵恺，七、八、九子年纪太小，只有四子奕詝和六子奕䜣比较合适。奕詝虽然仁厚孝顺，但在各方面能力上表现平平，远不如文武双全的奕䜣优秀。

有一次，道光帝带着皇子们狩猎，奕䜣满载而归，奕詝却一箭不发。等道光帝问起原因，奕詝充满了悲天悯人的忧伤："眼下正值冬去春来、鸟兽繁殖之际，我实在不忍心小鹿、小兔失去父母而孤苦伶仃，也不想和诸位兄弟一争高下，免得伤了和气。"道光帝听了特别高兴：我儿仁孝，连动物都这么爱惜，将来也必然会善待百姓啊，这才是一个帝王该有的胸襟。

道光二十六年（1846）六月十六，道光帝终于决定，"皇四子奕詝立为皇太子"，密诏里这行汉字的旁边还特地加上了满文作为防伪标志。可皇六子明明更出色啊，道光帝于心不忍，怀着一丝歉意在旁边加了一句："皇六子奕䜣封为亲王。"

❀ 压根没的挑

奕詝 20 岁登基，年号"咸丰"，意思是普天之下，丰衣足食。可惜事与愿违，咸丰帝的执政表现只能说一般，雪上加霜的是他运气还不好。咸丰帝在位十一年，恰逢多事之秋，先是爆发农民起义，然后是外国列强入侵，逼得咸丰帝不得不前往热河行宫"避暑"，结果在那里得病归天了。咸丰帝是清朝最后一位通过秘密立储继承皇位的，因为到了该他选拔继承人的时候，压根没的挑。

咸丰十一年（1861）七月十六，咸丰帝在热河行宫召见自己平时最信任的八位大臣，然后下旨："立皇长子载淳为皇太子。"大臣请他用朱笔亲自撰写遗诏，以示郑重，可是病重的咸丰帝已经握不住毛笔，只好由他人代劳。

载淳当时不过 5 岁，为什么不换一个年长的皇子呢？咸丰帝表示无奈，他

❄ 千秋亭

千秋亭位于故宫御花园的西侧，与东侧的万春亭相对，两亭都始建于明代嘉靖年间。千秋亭在咸丰年间被大火烧毁，后又重建。两亭在造型和构造上基本相同，但千秋亭宝顶的宝瓶上镶嵌的铜鎏金飘带脱落了，这成了区分两亭的最简单方法。

只有两个儿子，载淳是排行最高的大阿哥，另一个是玫贵妃徐佳氏的孩子，出生当天就夭折了。

遗憾的是，没等八位顾命大臣鞠躬尽瘁，载淳的生母、懿贵妃叶赫那拉氏就发动政变夺了他们的权。为首的顾命大臣肃顺被斩首，其余两人自尽，五人被革职或充军，懿贵妃升级为慈禧太后，本来已经定好的年号也由"祺祥"改为"同治"——慈禧太后与慈安太后垂帘听政，开始了对大清帝国长达四十七年的实际掌控。

❄ 同治帝没儿子

同治帝在位的前十二年只能老老实实听亲妈的话，好不容易成年了，该亲政了，慈禧太后却一直以"学业未成"

第五章 工作狂人与十全老人

为由拖着，直到同治十一年（1872）才为儿子举行大婚，宣布第二年撤帘归政。

同治十二年（1873）九月，同治帝以方便太后颐养天年为名，下旨兴修颐和园。同治十三年（1874）正月十九，开始重修圆明园，同治帝高度重视，多次视察工地，最终因为财力有限，加上众多大臣反对，才不得不下令停工。

同治十三年十二月初五（1875年1月12日），同治帝在养心殿病逝，年仅19岁，是清朝十二位皇帝中寿命最短的一个。同治帝压根没留下子嗣。为了能名正言顺地继续把持朝政，慈禧太后把妹妹不满4岁的儿子载湉过继给自己，然后扶植他登基称帝，定年号为"光绪"。

❀ 光绪帝不做主

眼看光绪帝到了该大婚和亲政的时间，慈禧太后便把自己的侄女、都统桂祥的女儿叶赫那拉氏硬塞给光绪帝。光绪帝极不情愿地把自己的表姐立为皇后，慈禧太后才宣布移交政权（实际只是转移到了幕后操作而已）。光绪十三年（1887）正月，光绪帝正式开始亲政。

光绪二十四年（1898）戊戌政变后，慈禧太后再次出

❀ **金盆 清同治**
金盆为铜制鎏金，造型为盘口，竖边，浅壁，平底。在同治时期，此类金盆主要用于皇帝和后妃盥洗。

面"指导"光绪帝执政,光绪帝成了戴着皇冠的囚徒,每天上朝时被太监抬到养心殿往宝座上一放,下朝后再押回瀛台(位于中南海南海中的仙岛皇宫)。不服气的光绪帝决定和老太后比寿命:我比你年轻,等你先走了,总会有我掌权的那一天。

光绪三十四年十月二十一(1908年11月14日)傍晚,38岁的光绪帝万万没料到自己反而走到了74岁的慈禧太后前面。

奄奄一息的慈禧太后替光绪帝做了人生的最后一次选择:让3岁的溥仪继承皇位,年号"宣统"。没等溥仪长大,辛亥革命就爆发了,小皇帝稀里糊涂地退了位,秘密立储这一制度也落下了帷幕。

◉《光绪帝读书图》 清代 无款
光绪帝虽然贵为皇帝,但其实过得一点也不轻松,慈禧太后对他的管教甚严,如果他"上朝"时过多扭动身子或者下跪时忘了复杂的规矩,那么无一例外,都会受到她的批评。

第五章 工作狂人与十全老人

雍正帝搬进了养心殿

养心殿始建于明代嘉靖年间，起初是供术士炼丹的地方。因为中轴线建筑被李自成焚毁，清初顺治帝刚进紫禁城时，只好暂时住在养心殿。顺治十八年（1661），顺治帝感染天花，为了防止传染扩散，他又住进养心殿，直至去世。康熙帝时期，养心殿成了造办处的作坊，负责制作各种御用物品。自雍正帝搬进养心殿，造办处各作坊逐渐迁出。雍正帝之后的几位皇帝也都在这里居住和办公。

❊ 守孝三年

康熙六十一年（1722），康熙帝在畅春园清溪书屋去世，皇四子胤禛被宣布为皇位继承人，他将父亲的遗体运回乾清宫停放——无论皇帝死在哪里，灵柩都要运回乾清宫停放一段时间再正式出殡，这是明朝以来形成的惯例。

根据《清世宗实录》中的描述，康熙帝去世后，"上哀痛号呼，擗踊不已"——雍正帝不仅放声大哭，还捶胸顿足。康熙帝灵柩将葬入地宫时，雍正帝又"号泣不止，声振林木"——哭声响亮得能震动路边的树林。在为康熙帝陵墓定名时，雍正帝没有使用事先准备好的朱笔，而是当场刺破手指，用鲜血圈出"景陵"二字。

在古代，为父母守孝三年代表了对父母恩德的回报，也是子女有孝心的一种体现。守丧期间，不可以外出做官，更不可以举办庆典；除丧事之外，不谈论任何事情，也不能像平时一样住在家里，而是要在父母坟前"倚木为庐"，即倚靠树木搭建一座简陋的棚庐，睡草席，枕土块。

我去故宫看历史

◉《雍正帝读书像》轴 清代 宫廷画家

纵171.3厘米，横156.5厘米。绢本，设色。此图绘雍正帝端坐于锦垫之上，手捧书卷，仿佛正在思考书中内容。现藏于北京故宫博物院。

天子守孝"以日代月",相比于民间的二十七个月,只要穿二十七天孝服就可以。雍正帝将乾清宫西侧的养心殿作为"倚庐",身着孝服守在康熙帝灵柩旁。

二十七天之后,雍正帝却选择了继续留在养心殿。他解释说:"我决定效仿民间习俗,为先帝守孝二十七个月,以尽孝心。乾清宫是先帝六十年治理天下的地方,他所取得的成就我望尘莫及。养心殿就在旁边,建筑等级低于乾清宫,住在这里可以表达我对父亲的敬仰之情。再说了,我每次进乾清宫都免不了睹物思人,想起与父亲相处的点滴,不禁黯然神伤,还是少去为好。"

❀ 勤与俭的表率

养心殿的名字出自《孟子》:"养心莫善于寡欲。"意在提醒皇帝,修养内心最好的办法就是减少欲望。雍正帝御笔题写在养心殿正中的"中正仁和"匾额,便是在时刻提醒自己要注意言行举止。

雍正帝在迁居养心殿时特地强调:他希望能以身作则,带动天下勤俭节约的优良作风,所以务必要保持殿内简单朴素的风格。故而,养心殿内没有富丽堂皇的装饰,也不摆放大量的名贵珍玩,朴素的装潢、简单的陈设都是为了不让皇帝分心,能够更加专心致志地工作。而在做皇帝的十三年里,清心寡欲的雍正帝也的确干劲十足,每天工作十几个小时,堪称勤政的典范。

在养心殿里,除了堆积如山的奏折、储备充足的办公用品,数量最多的就是书。在正殿(明间)正中皇帝的御案和宝座后面的书架上,收藏着历代皇帝有关治国之道的著述,还有《钦定十三经注疏》《大学衍义》《文选》等一大批"开卷有益"的书籍,共计七十二部。雍正帝以后历代皇帝对养心殿的藏书都十分重视,显然是希望勉励自己勤奋读书,陶冶情操,增长见识。

养心殿从雍正帝开始,取代乾清宫成了皇帝理政、生活的地方,雍正年间设立军机处、废除贱籍、惩治贪官、摊丁入亩等许多影响重大的政令都是从这里发出的。后来的乾隆帝、嘉庆帝、道光帝、咸丰帝、同治帝、光绪帝、宣统帝全都遵循雍正帝开创的祖制,踏踏实实地住在养心殿。乾隆帝、同治帝甚至还是在养心殿的龙床上走到了生命的尽头,而慈禧太后更是在东暖阁"垂帘听政"长达数十年。

1912年2月12日,宣统帝溥仪也是在这里召开最后一次御前会议,宣读《退位诏书》,结束了清朝的统治。

雍正帝爱眼镜

雍正帝因工作勤奋,很早就近视了,他曾在雍正元年(1723)交代造办处:按照十二时辰做十二副近视眼镜,哪些时辰用得多,就加做六副。雍正帝对眼镜材质的要求也很高:"将水晶、茶晶、墨晶、玻璃眼镜每样多做几副,都要质量上好的。"据不完全统计,自雍正元年至七年,雍正帝收到造办处为他打造的眼镜多达三十五副。

此外,雍正帝还喜欢把眼镜当作礼物送给大臣,以示恩宠。雍正十一年(1733),雍正帝把一副玻璃眼镜赏赐给江南河道总督嵇曾筠:"爱卿,你先看看合不合适,要是不合适,朕再给你换一副!"嵇曾筠诚惶诚恐地赶紧下跪谢恩:"一丝不差,刚刚好。"

◉ 养心殿

养心殿，始建于明代嘉靖年间。清代康熙年间，曾经是宫中造办处的作坊，专门制作宫廷御用物品。自雍正帝起，清朝的皇帝便住在养心殿。乾隆年间，养心殿成为一组集召见群臣、处理政务、皇帝读书、学习及居住为一体的多功能建筑群。一直到溥仪出宫，清代先后有八位皇帝居住在养心殿。

单线联系，绝对保密

康熙五十八年（1719），闽浙总督觉罗满保本着"好东西要分享"的原则上了一道奏折：皇上，这是来自台湾的土特产，名叫杧果，献给您尝尝。台湾成功归属清朝是康熙帝执政时期的一大成就，进献台湾的水果给康熙帝，也显示出台湾是中央管辖的一部分。

绿色通道

满族人特别讲究请安，即便是平辈人之间，在正式场合也要互相请安，晚辈对长辈的请安更是必不可少。对于八旗内部的家奴来说，向主子请安是每日必做的功课。皇帝是清朝最大的旗主，他的家奴不可避免地因为各种工作需要而被派往外地，这个请安的程序该怎么维持呢？

于是出现了专门用来请安的奏折，格式一般是："(官职名)奴才(姓名)跪请皇上圣躬万安"或者"叩首恭请皇上圣安"。皇帝简单回复两个字——"朕安"，这个仪式就算完成了。

康熙帝觉得这种沟通方式比层层呈递公文更加便捷高效，而且私密性很好，又像家人般亲切。于是在<u>康熙五十一年（1712），康熙帝正式宣布扩大"朋友圈"，除了旗内的家奴，一批高级官员也获得了密折奏事的权利</u>。康熙帝还鼓励大臣在请安折里也"顺带"聊一聊自己知道的事。

有一次，康熙帝特地在陕西巡抚鄂海的请安折后面写了一段提示："朕吃得饱、睡得好，身体也好。你以后别只顾着请安，可以多说些其他内容给朕听。

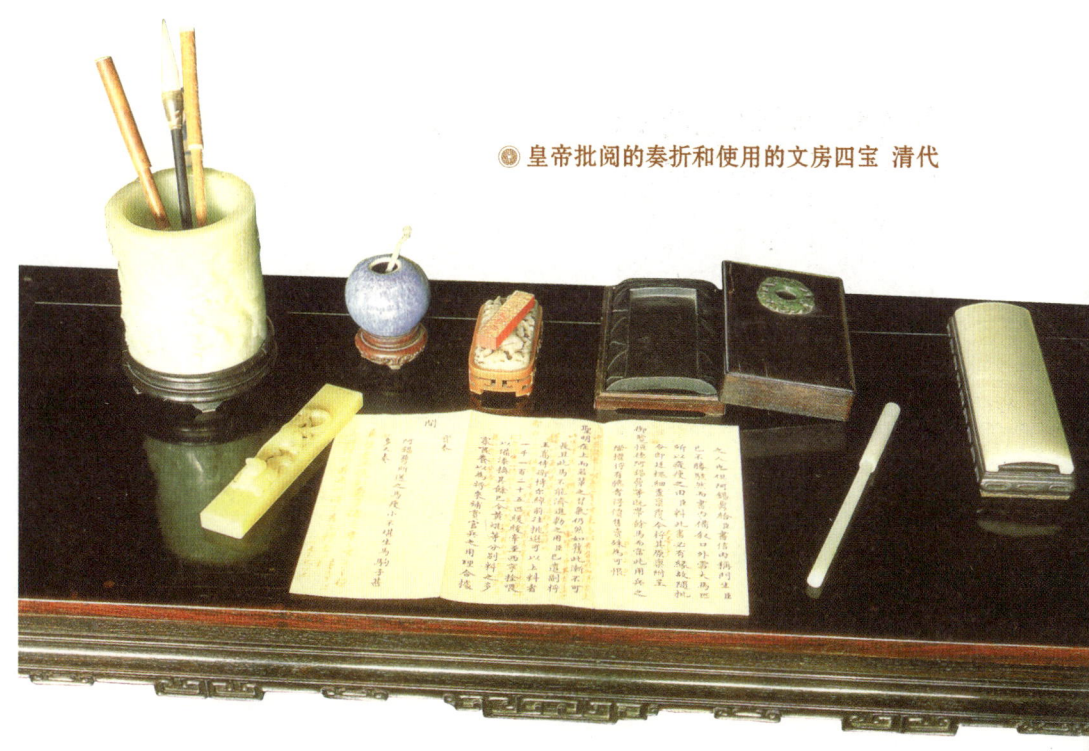
● 皇帝批阅的奏折和使用的文房四宝 清代

我知道你读书少,写起字来比较费劲,但是没关系。只是有一点,你务必亲笔书写,不能让别人知道你奏折里的内容。"

为了消除大家的顾虑,康熙帝和雍正帝为密折奏事制度制定了严密的流程。

❁ 严密的流程

由于只有皇帝指定的人员才有资格上奏折,理论上必须是本人书写,不许他人代笔,写完后不得外传,否则治罪。一些文化程度较低的满族官员,可以破例由师爷代笔。

奏折按照内容可分为奏事折、请安折、谢恩折、贺折四类,除了书写程式各有不同,所用的纸也有区别。请安折、谢恩折、贺折的封套用黄绫,里面用黄纸,以示尊敬;奏折则用白纸写,黄纸、黄绫都可以做封套。

我去故宫看历史

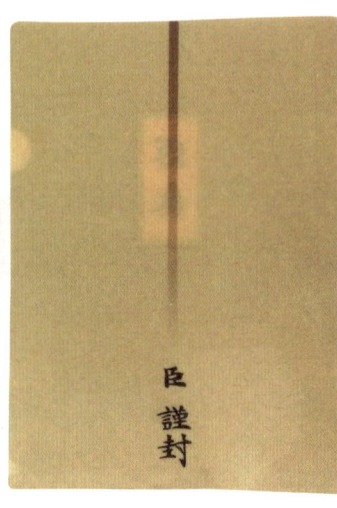

清代密折封面

清代密折制度的设立有着非常重要的意义，一来可以加强君主专制，使皇帝更加有效、透明地了解各地的民生民情；二来也可以在朝中形成监督机制，进一步约束并制约臣子，减少欺上瞒下、玩权弄术的现象。

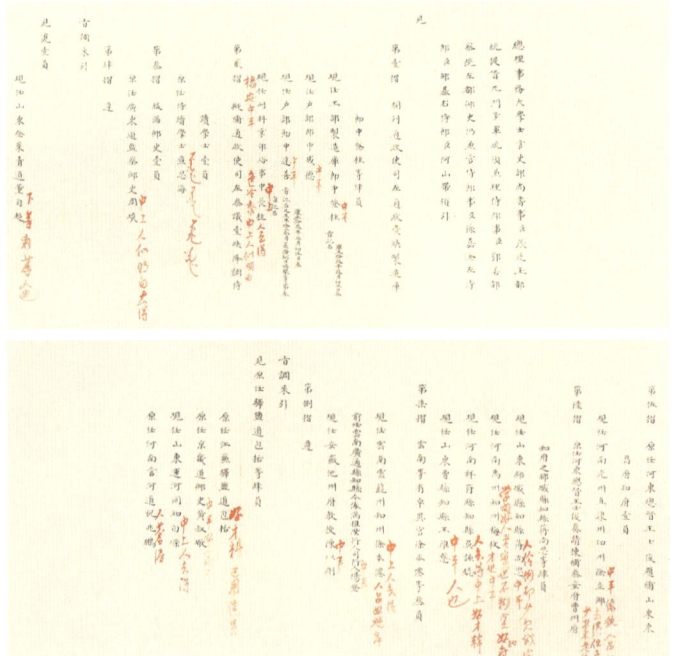

雍正帝满汉文朱批引见奏折

该奏折为吏部尚书张廷玉等奏，奏折内容为引见外派官员的事情。在奏折的字里行间，有雍正帝大量的朱批文字，诸如对官员的评价"中平""中上""下等刻薄人也""人伶俐却少欠诚实""学问好人老实也不糊涂""人品好魁岸"等评语，反映了雍正帝对用人的重视，以及对人的评判标准。

为了保证奏折内容不被泄漏，雍正帝还制定了一套保密方法。奏折写好后放进封套，再装入专用的折匣。这种折匣是工匠专门制作的，配备锁钥，都是成对出现，方便奏折往来使用，一般是四个，最少两个，最多八个。锁上折匣后还要贴上一张盖有"御押"字样的黄纸，相当于密封条，防止有人中途打开偷看。

奏折不像公文一样由朝廷设立的驿站传递，督抚以上官员会安排家丁专程送到紫禁城乾清门外，交给内奏事处，便可以直达御前；一般官员则是派专人送到皇帝指定的某位亲信大臣那里，由他们代为呈送，代交人无权拆封。

皇帝看完内容会写下朱批，奏折再由原来的渠道发回。这样，整个流程足以确保皇帝与大臣之间点对点的单线联系。

❋ 内容琐碎

既然可以放心大胆、无话不谈，直隶总督赵弘燮便在康熙五十六年（1717）六月初四上奏："皇上，这是顺天、保定等地六月初降雨的详细情况。"

康熙帝回复：今年各地的雨量都很充足，最近关于下雨的折子太多了，况且京城一带的雨情，我早就知道了。言下之意是：下雨这事，最近一段可以不用提了。

到了六月初十，赵弘燮禀报雨情的奏折又来了。康熙帝忍不住说："京城一带十二日又会下雨，这一点朕已经预料到了，你就不要再报了。"

十五天后，赵弘燮又上奏："皇上，这是京城、顺天等地六月中旬降雨的详细情况，目前河道状况良好，没有决堤危险,也没有蝗灾。"康熙帝回复:"二十七日又要下雨,对吧?朕已经知道了,你就不要再报了,好吗?"

终于没见赵弘燮再汇报雨情,本以为这家伙彻底消停了,谁知第二年他卷土重来。就这样,赵弘燮成为康熙年间密折上奏数量的总冠军,他的汉文奏折数量达到了七百九十四件,不仅远超第二名苏州织造李煦的四百二十九折,也多过满文折第一皇三子允祉的四百七十三折。

为了充分获取情报,皇上不怕琐碎,不怕鱼龙混杂,就怕没内容,怕下情不能上达,所以必须耐得住性子,耐得住琐碎。康熙帝是这么做的,雍正帝也是这么做的。

❀ 不怕琐碎

为了让大臣们充分发挥彼此监督、彼此告发的作用,雍正帝特别要求监察机关的官员每天都要上奏,就算没事也要说明为什么今天没事。有一天,雍正帝看到一

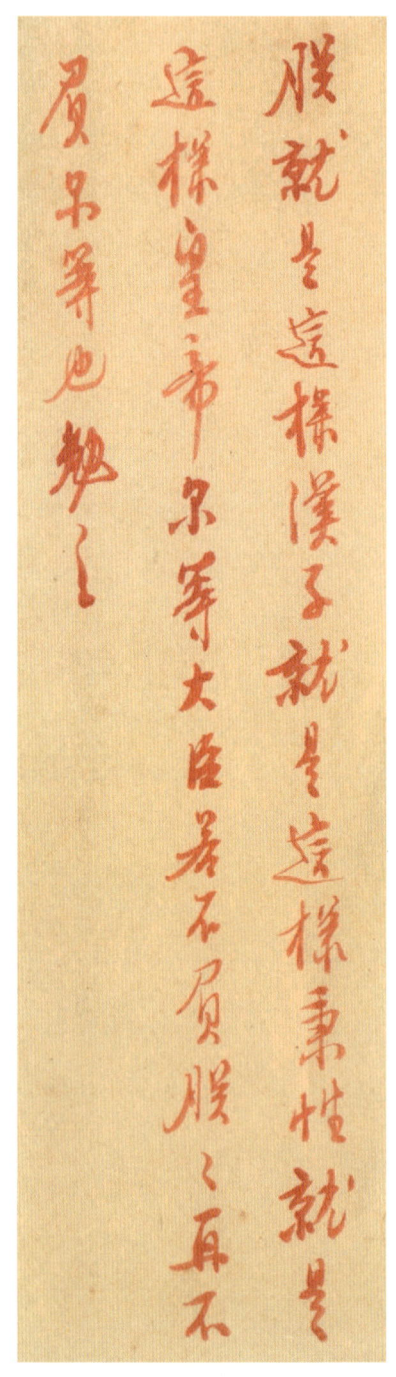

雍正帝朱批田文镜奏折 清代
雍正帝个性沉稳果敢,冷静谨慎,一贯给人以严肃泰然的印象,然而仔细翻阅他和各位大臣之间往来的奏折朱批便不难发现,不苟言笑的雍正帝其实是个十足的"汉子",口语化、随意化的生动表述,将其率直豪迈的性格展露无遗。

道折子——"镶白旗副都统奴才达色谨奏：奴才达色无奏事"。大概是之前只知道请安惹皇上不高兴，被"勒令"写个奏事折，可达色偏偏想破脑袋也不知道说啥，才有了这么一道"无事可奏"的奏事折。

对于这种虚与委蛇的态度，雍正帝表现出咄咄逼人的架势：你为什么就无事可奏？第一次叫你奏事，你就没半点内容。这种表现，实在配不上你目前的职位！朕找你一个副都统奏事，你居然一件事都说不上来，这是抗旨、大不敬，知道吗？不专心思索，辜负我对你的悉心栽培，这是不忠，是懒惰！你要还是无事可奏，就再写十道奏折交上来，当是报答朕的恩德了！

大家一看风头不对，心想：就算是信口胡说一通，也比无事可奏更容易更安全啊，咱就有事聊事，没事找事呗。

尽管多数奏折都是些琐碎无聊的内容，但也有许多关于军国大事的讨论，当君臣之间通过奏折讨论形成一致意见时，再以正式的公文（题本）形式走流程，这一回，里面既没有请安的废话，也没有关于雨情的汇报，只有满满的干货。著名的"摊丁入亩"政策，就是在这样的过程中确定下来的。

批奏折，真累

为了强化奏折在收集情报方面的作用，雍正帝在雍正元年（1723）把有权上奏的官员范围扩大，除了各省的总督和巡抚，还加入了一些品级更低的官员。结果，拥有密折奏事权的官员暴增到了一千多人，大幅度增加了雍正帝的工作量。

现存雍正年间的汉文奏折有三万五千件、满文奏折七千件，目前出版的《雍正朝汉文朱批奏折汇编》总字数接近一千万，雍正帝每天的阅读量可想而知。至于回复量，每道奏折最少也要写个"览"字表示看过了，琐碎小事要写"知道了"，心血来潮时更是洋洋洒洒成百上千字。

> 我去故宫看历史

重华宫：此情可待成追忆

重华宫的名字出自《尚书·舜典》，孔子后人孔颖达疏"此舜能继尧，重其文德之光华"。舜接过尧的帝位，使尧的功德再放光华，后人以此比喻天下出现累世的太平与繁荣。这个名字是大学士张廷玉、鄂尔泰联合拟定的，意在称颂乾隆帝有舜一样的德行，能使国家繁荣昌盛，但乾隆帝更看重其中效法明君圣主、光大父祖遗业的美好寓意。他更愿意把这个名字当成一种激励，通过一生的努力来达成这样的期许。为此，乾隆帝六十多年兢兢业业，"恐有言行不符，致负初心"。

❀ 潜邸升宫

康熙六十一年（1722），雍正帝继承皇位，从雍亲王府搬进了紫禁城。11岁的弘历作为未成年皇子，也随父亲进入皇宫生活，住在位于乾清宫东南的毓庆宫，由朱轼、徐梦元、张廷玉等著名文臣教导读书。

雍正五年（1727），弘历与察哈尔总管李荣保之女富察氏成婚。雍正帝并没有沿袭皇子成年后要出宫另选王府居住的做法，而是让弘历从毓庆宫搬到了乾西五所中的二所（弘历即位前一直住在乾西二所）。

紫禁城内廷以乾清宫、坤宁宫为中轴，两边坐落东西六宫，东西六宫北边各设五座

◉ 乾隆帝像 清代 郎世宁

闭合独立的院落，每一座被称为一所，规模和布局相同，均为南北三进院落，这就是"乾东五所"和"乾西五所"。

当年，雍正帝即位后将自己曾经居住的雍亲王府升级为雍和宫，弘历也遵循这个先例，在乾隆元年（1736）决定将自己的潜邸（皇帝即位前的住所）乾西二所升级为重华宫。

这次改建彻底打破了乾西五所的原有格局，除了重华宫占据原来的二所，头所被改为漱芳斋并建有戏台，三所成了重华宫厨房，四所、五所则变成了建福宫及花园。

❀ 孝在躬行

如今的重华宫基本保留着在乾隆时期的面貌，院落依然为前后三进，前院正殿是崇敬殿；中间正殿即重华宫，两侧有配殿，东侧的葆中殿曾经收藏着《钦定古今图书集成》，西边的浴德殿曾作为乾隆帝的书房；后院正殿是翠云馆。

崇敬殿大殿正中央设宝座，上方是乾隆帝亲笔题写的匾额"乐善堂"。匾额两侧的对联由乾隆帝自拟、大臣张廷玉书写："圣训光昭，敬诚常自勖；天伦敦叙，忠孝在躬行。"这表达了乾隆帝对孝悌亲情的重视，他对生母崇庆皇太后钮祜禄氏的孝心可谓一片赤诚，他亲身践行了这副对联的寓意。

钮祜禄氏12岁即被指婚给胤禛，此后十余年间她始终只有格格的位分，即使生下弘历，位分也没有得到晋升。胤禛即位后，钮祜禄氏先被封为熹妃，不久升熹贵妃，雍正帝死后进位为崇庆皇太后。

为了丰富母亲的晚年生活，乾隆帝但凡外出，都会带着太后一起去游玩散心。此外，乾隆帝还经常请崇庆皇太后来养心殿和自己一起吃饭。

乾隆四十二年（1777），崇庆皇太后以85岁高龄去世，是清朝众多太后中最为长寿的。而在生命的最后时刻，乾隆帝也始终形影不离地陪在她身边，尽了最后的孝道。

❀ **粉彩像生瓷果品高足盘 清乾隆**

盘心趴伏一只螃蟹，四周散落核桃、红枣、荔枝、荸荠、石榴、花生、莲子、瓜子、樱桃、菱角等。盘口沿处模印缠枝莲花纹，圈足内青花篆书"大清乾隆年制"六字款。此件像生瓷果品盘仿生效果精湛，盘中诸果品不但酷似实物，而且都具有吉祥含义，如螃蟹寓意"一甲"，即科举殿试第一；荔枝树有"经四百余年犹能结实者"之说，象征长寿；核桃、石榴是多子多福的象征；而枣、花生、瓜子等则有"早生贵子"的寓意。现藏于北京故宫博物院。

❀ 归来始终是少年

重华宫是第二进院落的正殿，面阔五间，进深一间，是乾隆帝曾经的卧室，这里保存着他年轻时的种种记忆。

造办处在乾隆九年（1744）奉旨制作了一百余件黄绢包裹的楠木匣子，并且准备了大量"圣祖御赐""世宗御赐"字样的纸签，乾隆帝将祖父、父亲赏赐的东西全都陈列在这里。其中，康熙帝御赐之物有十五件（套），雍正帝赏赐之物多达九十余件（套），漆器、铜器、珐琅器、玉器、象牙器应有尽有。乾隆帝还曾让皇子们来重华宫参观瞻仰，感受其中蕴含的长辈的关爱，将孝道推而广之。

重华宫西侧一间房对乾隆帝更是有着特殊的意义，那里曾是他和结发妻子孝贤纯皇后富察氏大婚的洞房。乾隆元年（1736）冬至，乾隆帝与皇后还专门回到重华宫共进晚餐，一起回味昔日的幸福时光。乾隆二年（1737）元旦以及正月十五，皇帝与后宫妃嫔又在这里聚餐。此后，每逢重大节日，乾隆帝都要在重华宫举行家宴。

◉ **黄地粉彩镂空干支字象耳转心瓶 清乾隆**

高40.2厘米,口径19.2厘米,分出了内外两层。外瓶短粗颈,颈两侧堆塑了象耳,垂肩鼓腹。而内瓶则是一个直腹小瓶,和外瓶的颈部相连接,可以自如转动。现藏于北京故宫博物院。

乾隆十三年（1748），孝贤纯皇后病逝，乾隆帝沉浸在无尽的伤痛之中，一连穿了十二天丧服，每天都到爱妻灵前祭酒。《清史稿》中收录了乾隆帝为孝贤纯皇后所作的《述悲赋》，诗中乾隆帝满含深情地回忆了他与孝贤纯皇后刚结婚时的情景，极力褒扬皇后的孝顺宽仁；接着乾隆帝笔锋一转，叙述了皇后骤然离去后，自己的震惊与伤痛；对着后宫嫔妃，愈发怀念皇后的容颜；怜惜自己与皇后的女儿和敬公主幼年丧母……《述悲赋》通篇情真意切，字里行间皆是一个丈夫失去妻子后的无助与对妻子无尽的思念。

重华宫一直保留着当初他与皇后居住时的原貌。此生余年，岁末年初乾隆帝都要来这里，看着父祖赏赐的物品，想起自己成长在慈爱与关怀下的幸福；抚摸着存放孝贤纯皇后嫁妆的一对红木雕花大柜，新婚燕尔时的甜蜜情景不断浮现在脑海……

越是年逾古稀，就越是细腻而持久地缅怀，身在重华宫的乾隆帝，卸下了所有的自负与权威，像一个普普通通的老人，单纯地幻想着时间可以永远停留在那个时候。

《孝贤纯皇后朝服像》 清代 无款

纵194.8厘米，横116.2厘米。绢本，设色。孝贤纯皇后备受丈夫乾隆帝的宠爱。作为名门之后，她自幼便接受良好的教育，知书达理，贤淑温雅，蕙质兰心，是一位名副其实的大家闺秀。现藏于北京故宫博物院。

乾隆帝改建紫禁城

乾隆年间，紫禁城经历了大规模改建。乾隆七年（1742），乾隆帝利用乾西五所狭长的地段修建了建福宫。皇帝起初打算将来在这里为太后守丧，后因故未能实行。乾隆帝十分喜爱建福宫，著有《建福宫赋》《建福宫红梨花诗》等作品。乾隆十一年（1746），在明代撷芳殿原址上修建三所院落，作为皇子居所，因其位于宁寿宫以南，所以被称为"南三所"。此外，乾隆帝还在宫中大量兴建佛教建筑，养心殿设有皇帝专用的佛堂，宁寿宫中的养性殿、梵华楼是乾隆帝准备给自己做太上皇以后使用的佛堂；乾隆十四年（1749），乾隆帝又在明代原有建筑上，改建雨花阁，作为藏传佛教的佛堂。

❀ 太后专宫

明成祖自称是明太祖原配夫人马皇后的儿子，但马皇后在洪武十五年（1382）就病逝了，所以兴建北京紫禁城时没有太后，也就没有确定太后居住的宫殿。明仁宗的皇后张氏是明朝第一位太后，她的寿命不但超过了丈夫，也超过了儿子明宣宗，在孙子明英宗即位后成为明朝第一位太皇太后。当时，张皇后住在清宁宫（位于东华门内，现已无存）。

明神宗称帝后，尊父亲明穆宗的皇后陈氏为仁圣皇太后，仁圣皇太后住在慈庆宫；尊生母李氏为慈圣皇太后，慈圣皇太后住在慈宁宫。明神宗朝的李太后、郑贵妃、昭妃，明熹宗朝的皇贵妃等人，都曾在慈宁宫居住。

顺治十年（1653），孝庄太后入住慈宁宫，她在这里住了三十五年。自此，慈宁宫成为太皇太后和皇太后的住所。康熙帝即位后,尊孝庄太后为太皇太后。孝庄太皇太后与康熙帝感情很深,康熙帝在祖母死后下令将其灵柩停放在慈宁宫,计划等到来年再发丧,他还一度打算把慈宁宫改造为专门供奉孝庄太皇太后牌位的"奉殿"。虽然后来在大臣们的坚决反对下才将灵柩移了出去,但康熙帝还是坚持每年都去慈宁宫祭奠孝庄太皇太后。

❀ 寿康宫与寿安宫

乾隆帝刚一登基,就着手给母亲崇庆皇太后寻找一处合适的宫殿,为此不惜将乾西二所的改建工程推后一年,优先在慈宁宫西侧修建寿康宫。

崇庆皇太后住进寿康宫后,乾隆帝每隔两三日就会来行礼问安,他每次都在寿康门前走出舆轿,步行进入暖阁,恭恭敬敬地跪在地上问候太后的生活起居,如果太后请他坐下喝茶,他一并叩谢。

在紫禁城的各式建筑里,寿康宫的规模不算太宏大,但胜在设施齐备。太后上了年纪,身体随时可能出状况,因此宫里常驻御医,还备有常用的药材,就医十分便利。

◉ **寿康宫藻井**

藻井是中国传统建筑中室内顶棚的装束部分，多用在宫殿、寺庙中的宝座、佛坛上方的重要部位，是天人交流的一种象征。故宫作为古代宫殿建筑的巅峰，宫殿中的藻井结构十分复杂，极尽精巧之能事。

在崇庆皇太后之后，嘉庆朝的颖贵太妃、道光朝的和睿皇太后、咸丰朝的康慈皇太后都在这里安度晚年。慈禧太后在同治帝大婚后撤帘归政，也在寿康宫小住过一段时间。

寿安宫始建于明代，初名咸熙宫，乾隆十六年（1751）为庆贺崇庆皇太后六十寿诞，乾隆帝将这座宫殿修葺一新，改称寿安宫，作为崇庆皇太后的生日礼物。

寿安宫主要是用来祝寿的场所，乾隆帝在这里为崇庆皇太后举办了60岁、70岁、80岁三次隆重的生日庆典，而且规模一次比一次大。崇庆皇太后生日这天，乾隆帝亲自率领王公大臣行礼庆贺，他还会身穿彩衣，带着皇子皇孙一起为太后跳"喜起舞"贺寿。

❀ 宁寿宫：一天都没住过

紫禁城的东北区域原本只有仁寿宫、哕鸾宫、喈凤宫稀稀落落几座建筑，它们远离政治的尘嚣，供前朝的太后、太妃们静心养老。康熙二十八年（1689），在皇极殿之后营建宁寿宫，依然延续之前的功能。乾隆三十七年（1772）起，宁寿宫经历了大规模改建，乾隆帝在此区域内完成了他对紫禁城最得意的改造。

❀ 宁寿宫
宁寿宫位于皇极殿之后，现为故宫博物院文物陈列室。

第五章 工作狂人与十全老人

宁寿宫实属紫禁城的城中之城，分为前朝、后寝两部分。九龙壁之后的皇极门对应紫禁城中路的午门，其后的皇极殿仿照太和殿的规制，宁寿门和宁寿宫则类似于乾清门和乾清宫。

◎ 宁寿宫畅音阁大戏楼

畅音阁三重檐，卷棚歇山式顶，覆绿琉璃瓦、黄琉璃瓦剪边。畅音阁与南边五开间扮戏楼相接，平面呈凸字形。上层檐下悬"畅音阁"匾，中层檐下悬"导和怡泰"匾，下层檐下悬"壶天宣豫"匾。内有上中下三层戏台，上层称"福台"，中层称"禄台"，下层称"寿台"。

乾隆六十年（1795），85岁高龄的乾隆帝正式宣布退休，将皇位传给皇十五子颙琰，次年为嘉庆元年。然而禅位大典之后，乾隆帝并没有搬进宁寿宫，而是仍然住在养心殿。嘉庆元年（1796）正月十九，太上皇召见藩属国的使臣时说："朕虽然归政于皇帝，但大事还是我来办。"他给自己继续操心军国大事的行为起了一个动听的名字——训政。训政三年之际，太上皇还特意进行了一番自我表扬："禅让三载以来，孜孜训政，不敢稍有偷懒。"直到去世的那一天，乾隆帝才被抬出了养心殿。

所以宁寿宫最大的遗憾是：自乾隆年间建成以来，皇帝一天也没住过。

宫苑精品：乾隆花园

宁寿宫后半区相当于紫禁城的内廷，西路是俗称"乾隆花园"的宁寿宫花园，它与御花园、建福宫花园、慈宁宫花园并称故宫"四大花园"，是公认的宫苑精品。

由南面的衍祺门进入，迎面是一座假山，沿着曲折的小径行走，就来到了古木参天、山石环抱的古华轩。古华轩的天花不是传统的彩画式样，而是采用楠木贴雕，放眼整个紫禁城以及其他皇家园林，都是极少见的。

由于乾隆帝钟爱苏州名园狮子林，花园中刻意模仿了狮子林中的假山造型。除了宁寿宫花园，圆明园和承德避暑山庄内也有相似的仿建工程。符望阁是整座花园的最高建筑，可以俯瞰一城秀色，它是仿延春阁而建，后来延春阁被大火烧毁，重建时又反过来参考了符望阁的形制。

倦勤斋位于花园最北端，也是整座花园中最奢华和精美的部分，天顶画和全景画借鉴了欧洲的绘画风格，由意大利画家郎世宁绘制，有明显的3D效果——藤萝架上爬满了盛开的蓝紫色花朵，在空隙中可以远远望见蔚蓝的天空，仿佛此刻就身在紫藤花架之下。

我去故宫看历史

文人气质，文人意境

自视甚高的乾隆帝并不满足于文治武功上的"十全"，除了在政治上尽心尽力扮演好圣明君主的角色，日常生活中他还会吟诗作画、收藏鉴赏、园林设计……力争达到无所不能、无所不精的境界。他的文人气质深入骨髓，无论兴趣爱好还是他追求的意境，都与传统文化深深契合——这就是乾隆帝，一个自诩深得中华文化精髓的顶级文化人。

❋ 爱好写诗

被誉为"诗仙"的李白一生创作的诗大概一千多首；"诗圣"杜甫仅有一千四百余首诗留存于世；步入晚年的陆游疯狂写诗，几乎勤奋到把诗当成日记来写的地步，流传下来的诗词也不过九千余首；杨万里应该是有记载的诗人里产量最多的，作诗两万余首，但这个数字也只有乾隆帝的一半。乾隆帝一生酷爱文学创作，根据不完全统计，他的诗歌产量超过了四万首，《全唐诗》共收录了两千两百位作者的四万八千多首诗作，才勉强与乾隆帝匹敌。

正如乾隆帝在《御制诗集》里一首作品的自白："慎修劝我莫为诗，我亦知诗可不为。但是几余清宴际，却将何事遣闲时。"——有人劝我不要以作诗为能事，我也有自知之明，知道自己并没有什么天赋。但要是没了吟诗作赋的日常

活动,茶余饭后我又拿什么来消遣时光呢?作诗对于乾隆帝而言,是一种发自肺腑的热爱和一种早已养成的习惯。有时候,他吃盘黄瓜也能写首诗。

《黄瓜》诗:"菜盘佳品最燕京,二月尝新岂定评。压架缀篱偏有致,田家风景绘真情。"浅显直白,有点顺口溜的气质。又比如《菜花》:"黄萼裳裳绿叶稠,千村欣卜榨新油。爱他生计资民用,不是闲花野草流。"似乎全诗完全可以用一句话概括——菜花可以榨油,有用,真好!在乾隆帝笔下,猪都可以被写进诗里:"夕阳野草见游猪。"这画面感很强,是不是和"风吹草低见牛羊"有异曲同工之妙?

别人写诗是触景生情,乾隆帝的感想发来发去,无非是勤政爱民、谦虚自省、关心民生等固定套路,但内容贴近生活,表达浅白通俗。诗中,乾隆帝的日常生活和老百姓也差不多——也吃黄瓜,也看猪,乾隆帝是在借用诗的形式宣扬自己关注民生、体谅百姓疾苦的美好德行,展现亲民的形象。

盖章狂魔

乾隆十一年(1746),王珣的《伯远帖》进入内府。乾隆帝将它与王羲之的《快雪时晴帖》、王献之的《中秋帖》一并收藏在养心殿西暖阁尽头的一间屋子,御书匾额"三希堂"。

《伯远帖》 晋代 王珣

纵25.1厘米,横17.2厘米。《伯远帖》是王珣写给亲友伯远的一封书信,因为是私人往来,这幅作品纯属信手写出,笔力遒劲,结构疏朗,行云流畅。明代书画大师董其昌曾经收藏它,并高度称赞说:"潇洒古淡,东晋风流,宛然在眼。"现藏于北京故宫博物院。

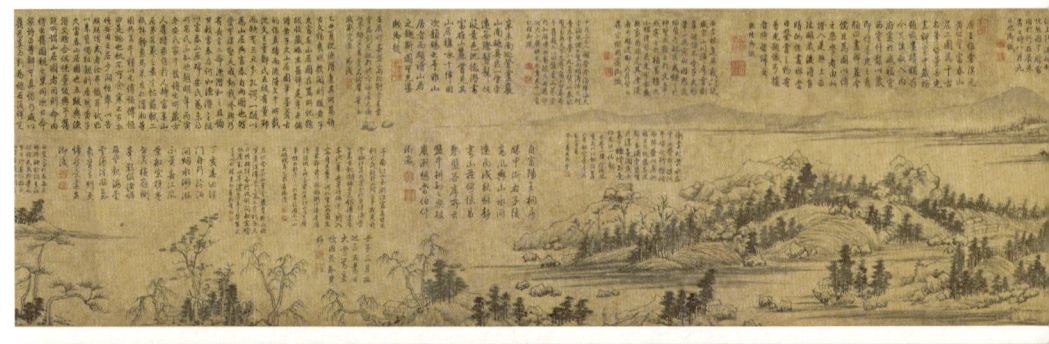

◉《富春山居图（子明卷）》 元代 黄公望

纵 32.9 厘米，横 589.2 厘米。纸本，水墨。乾隆帝对《子明卷》极为喜爱，兴之所至，随时题词、赋诗，卷上题词多达五十余处。现藏于台北故宫博物院。

    乾隆帝闲暇时会坐在养心殿三希堂特设的高低炕上，细细欣赏自己的藏品。他在品鉴《伯远帖》时，经常按捺不住喷涌而出的欣赏之情，既要即兴写感受，又要不断盖章以示认可，俨然一个鉴宝大师。

    《伯远帖》本身只有五行四十七个字。狭小的空间里，挤满了乾隆时期各种各样的印章：既有"内府图书""石渠宝笈""乾隆鉴赏""乾隆御览之宝""养心殿鉴藏宝""三希堂精鉴玺""宜子孙""游六艺圃""观书为乐"等官方印章，也有皇帝个人使用的闲章。据不完全统计，乾隆帝用于书画鉴赏的印章有一百七十多方，其他印章加在一起，总数高达一千方。

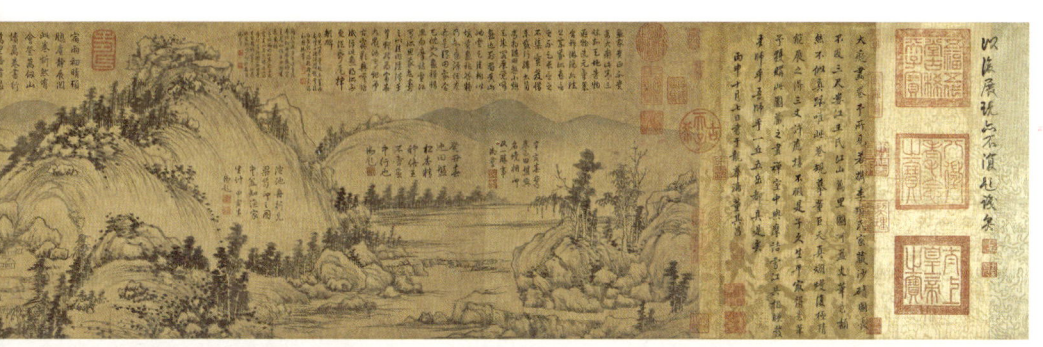

三希堂

"三希堂"有两种解释，一是源自"士希贤，贤希圣，圣希天"的说法，即每个人都在不懈追求着更上一层楼，借此鼓舞自己昂扬向上的斗志；第二种解释是"希"通"稀"，意为这里收藏着乾隆帝最喜爱的三件稀世珍宝。匾额两侧的对联上写着"怀抱观古今，深心托豪素"。

乾隆帝长寿，他在有生之年几乎把宫中收藏的艺术珍品看了个遍，也把印盖了个遍……说他是盖章狂魔，一点都不为过。

❋ 山水情怀

自打坐上皇帝宝座，皇帝就被烦琐的政务缠了身，一年到头几乎没有机会出宫透口气。紫禁城发生火灾后，康熙初年又在建筑四周砌起了高高的宫墙，院院相套的格局使建筑物显得更加封闭单调。皇宫里虽说有后花园，但人工开挖的溪沟水流过于平缓，很难缓解盛夏时节的燥热与沉闷。

康熙帝修建畅春园、避暑山庄，雍正帝建造圆明园，而乾隆帝则把皇家园林建造工程推向了高潮，不但将圆明园从二十八景扩大为四十景，还新建了长春园、静宜园、清漪园（即颐和园），最终形成"三山五园"（万寿山清漪园、香山静宜园、玉泉山静明园、圆明园、畅春园）的庞大园林体系。

乾隆帝晚年选择宁寿宫作为自己归政后的颐养之地，他曾在符望阁题诗中说："耆期致倦勤，颐养谢喧尘。"经历了大半辈子辛劳，身心已经疲倦，于是找一个远离尘嚣的地方，在山水中自得其乐，使灵魂获得安逸的归宿。倦勤斋的名字也源于此诗。在宁寿宫里，拥有同样寓意的建筑名称还有很多。

所有的一切表明，饱读诗书、精于士大夫文化的乾隆帝最终也被文人群体的喜好与观念所同化。或许，这就是文化所拥有的潜移默化的强大力量吧。

第五章 工作狂人与十全老人

上下天光

◎《圆明园四十景图》之《上下天光》 清代 沈源、唐岱等

纵 64 厘米，横 65 厘米。绢本，彩绘。《上下天光》模仿洞庭湖景观，该处建筑群背依青翠群山，前临浩瀚后湖，"上下天光"楼紧依湖岸，楼前有平台伸入湖面。平台两侧，各有虹桥"蜿蜒百尺"，一直延伸至山脚。两座平桥中间均有水亭，左边为六方亭，右边为四方亭。据乾隆帝所言，站在楼上俯瞰湖光山色，虽比"气蒸云梦泽"的洞庭湖面积小了许多，但景色亦毫不逊色。现藏于法国国家图书馆。

宫廷里的西洋画师：郎世宁

十六世纪以来，一些西方传教士漂洋过海，来到中国。其中有一部分擅长作画的传教士成了宫廷画师，其中最著名的要数意大利籍传教士郎世宁了。郎世宁原名朱塞佩·伽斯底里奥内。康熙年间，郎世宁抵达北京，得到了康熙帝的赏识。康熙帝下诏让郎世宁在紫禁城的启祥宫传授西洋画技法。与郎世宁一同教学的，是一位中国的宫廷画家金鲲。教学过程中，郎世宁与金鲲相互切磋，取长补短。渐渐地，很多中国的宫廷画家也开始在绘画过程中运用西洋画技法。

郎世宁于康熙五十四年（1715）入宫，到乾隆三十一年（1766）病逝，无愧为宫廷画西洋画师第一人，他画作等身，为中西方绘画技艺交融做出了不可估量的贡献。

《乾隆皇帝大阅图》 清代 郎世宁

《阿玉锡持矛荡寇图》 清代 郎世宁

◎《百骏图》 清代 郎世宁

郎世宁擅画马,相关代表作以《百骏图》为首。《百骏图》为长卷,松下、湖畔、草中、石上,群马毛色多样,黑、白、红、花俱全,更兼各种姿态。画作中,马匹多采用浓淡对比法绘制,极为逼真,而远处山峦及近处草地又掺入中国画构图技巧及笔法,更显得整幅画卷疏密得宜、动静有致。现藏于台北故宫博物院。

◎《平安春信图轴》 清代 郎世宁

纵68.8厘米,横40.8厘米。纸本,设色。图中,在青竹掩映下,两位身着汉服的男子正在互送梅枝。根据画上的题诗可知,其中穿着红鞋、唇上无须的便是十几岁时的乾隆帝,另一位为他的父亲雍正帝。现藏于北京故宫博物院。

【令妃】 【嘉妃】 【纯妃】

【循嫔】 【顺妃】 【惇妃】 【忻嫔】

◎《乾隆帝后妃嫔图卷》 清代 郎世宁

画卷上所绘的13个人像，头戴冬吉服冠，身着冬季龙袍的半身肖像，与北京故宫博物院中所藏的乾隆帝、孝贤纯皇后、慧贤皇贵妃大幅全身朝服像，如出一人手笔。尽管服饰稍有变动，但面庞神态一模一样，应均出自宫廷画师郎世宁之手笔。现藏于美国克利夫兰艺术博物馆。

◎《十骏犬图轴》之《茹黄豹》 清代 郎世宁

| 贵妃 | 皇后 | 乾隆皇帝 |

| 颖嫔 | 庆嫔 | 舒妃 |

❸《乾隆皇帝射猎图》 清代 郎世宁

◉《仙萼长春图册》 清代 郎世宁

纵 33.7 厘米，横 28.4 厘米，共 16 幅。绢本，设色。所绘花卉分别为牡丹、桃花、芍药、海棠与玉兰、虞美人与蝴蝶花、黄刺么与鱼儿牡丹、石竹、樱桃、罂粟、紫白丁香花、百合花与缠枝牡丹、翠竹牵牛花、荷花、豆花、鸡冠花与菊花。现藏于台北故宫博物院。

第六章 帝国走上了下坡路

我去故宫看历史

紫禁城里的特殊新年

进入子时,爆竹声此起彼伏地响起,历史正式迈入嘉庆元年(1796)。养心殿里,86岁高龄的乾隆帝早早起了床,准备明窗开笔礼仪以及一会儿将要举行的皇位禅让大典。他的脑海中还回荡着昨天晚上所作的诗句:"此日乾隆夕,明朝嘉庆年。"

❀ 明窗开笔

清朝皇帝在新年有一个重要的仪式——明窗开笔。从雍正帝开始,每年正月初一皇帝都要在养心殿御笔书写"国泰民安""天下太平""风调雨顺"之类的吉祥语,祈求新的一年诸事顺遂。乾隆帝在养心殿东暖阁的明窗处举行开笔仪式。

为了强化明窗开笔的仪式感,乾隆帝还特意

❀ "玉烛长调"烛台 清乾隆

青玉制,玉色略灰黄。此烛台在乾隆帝新年开笔时和"金瓯永固"杯配合使用,有吉祥的寓意。全器共分四节,中以铜条相连,上有烛盘,盘琢菊瓣形,柱面浮雕花朵、枝叶,底有木座,上有以三片镂空玉拱为烛台柱的支架。分藏于北京故宫博物院、台北故宫博物院。

找内务府造办处定制了三件器物:"金瓯永固"杯、"玉烛长调"烛台、管端刻有"万年青"字样的"万年杆"毛笔。

古代有正月初一饮用屠苏酒的风俗,北宋王安石有诗云:"爆竹声中一岁除,春风送暖入屠苏。"说的正是这种药酒。屠苏酒又名"岁酒",内含大黄、桔梗、肉桂等多味草药,传说有"屠绝鬼气、苏醒人魂"的功效。人们在辞旧迎新之际饮用此酒,以远离瘟疫、强身健体。

"金瓯永固"杯是用来装屠苏酒的专用器具,其中"金瓯"一词出自南朝梁武帝萧衍之口:"我国家犹若金瓯,无一伤缺。"后人便以此比喻国家疆土稳固完整。"金瓯永固"杯的设计图样先呈送乾隆帝御览,经过反复修改后制作模型,遇到不满意的地方重新打磨,直至符合乾隆帝心意。最终成型的酒杯尽管只高12.5厘米,却用了黄金20两(约合625克),镶嵌11颗大小不等的珍珠、12粒蓝宝石、9粒红宝石、4粒碧玺,当真是奢华至极。

到了大年初一子时,皇帝会穿着

皇宫里的屠苏酒

每年除夕当天中午,御茶房会同御药房一起制作宫廷专用的屠苏酒。屠苏酒制成后,御茶房首领用金制和银制柿子壶分别盛装,金壶交给养心殿总管,在开笔仪式时倒入东暖阁内的"金瓯永固"杯;银壶交给乾清宫首领,倒在西暖阁内铜制的"金瓯永固"杯里。正月初一午时,再将这两处的屠苏酒取回,倒在名为"天圆地方"的金制器具内,以备举办新年家宴时皇室成员共同饮用。

朝服来到养心殿东暖阁,亲手向"金瓯永固"杯内注入屠苏酒,点燃"玉烛长调",然后拿起"万年杆"毛笔,书写新年的第一笔。

❀ 元旦试笔诗

辞旧迎新之际,乾隆帝又怎会少了作诗的雅兴。乾隆九年(1744)恰逢甲子年,属于干支纪年一个新循环的开始,乾隆帝决定在传统开笔礼的基础上,每年元旦至少创作两首试笔诗。这些诗作后来装帧成册,取名为《履端集庆》(履端即元旦,大年初一)。

◉ **金嵌宝"金瓯永固"杯 清乾隆**

杯金质，外壁满錾宝相花，花蕊以珍珠及红、蓝宝石为主。两侧各有一变形龙耳，龙头上有珠。三足皆为象首式，长牙卷鼻，额顶及双目间亦嵌珠宝。杯口沿一面中部錾篆书"金瓯永固"，一面錾"乾隆年制"四字款。"金瓯永固"杯是清宫造办处奉旨制造的祈福圣器，寓意为大清的江山社稷平安永固。此杯是清代皇帝镇朝传家之宝。现藏于北京故宫博物院。

第六章 帝国走上了下坡路

🏮 **石鼓砚及金漆砚盒 清乾隆**
石鼓又称"猎碣"，是中国现存最早的文字刻石。石鼓文，即刻在石鼓上的籀文，为我国最古老的石刻文字。乾隆帝曾不断将石鼓文复制到各种材质的重刻石鼓上。现藏于台北故宫博物院。

对于一些感觉特别满意的诗句，乾隆帝还会通过各种形式加以纪念。比如乾隆三十七年（1772）元旦，他曾写下"敬天勤政励初志，图易思艰恤小民。亿万人增亿万寿，泰平岁值泰平春"，这首诗被贴在乾隆帝经常光顾的建福宫花园延春阁，后两句还被画入了宁寿宫花园玉粹轩的贴落画中。

乾隆四十五年（1780），《元旦日雪》中有句"望过三冬泽犹靳，欣蒙元旦福如几"，后半句在十年后成为工部尚书金简进献给乾隆帝的一组"宝典福书"印章中的重要一枚。

乾隆六十年（1795）的最后一天，乾隆帝的心绪久久难以平静。早在当年九月，他便把之前早已确定的太子人选——皇十五子颙琰公之于众，并宣布下一年改为嘉庆元年。再过几个时辰天就亮了，一场盛大的禅位大典将在太和殿举行，届时乾隆帝将让出皇位，成为清朝唯一的太上皇。

历史上多数太上皇都是被迫去做的，下场也往往很凄惨，这些晦暗的先例并没怎么影响乾隆帝的心情，他并不太担心将来。因为他已经事先声明，新皇帝只处理一些常规事务，他将会继续掌握帝国的最高权力。

在这个特殊的除夕夜里，乾隆帝完全沉醉于功成身退所带来的喜悦之中，本着对接班人谆谆教导的想法，他在养心殿里提笔写了一首新年诗："此日乾隆夕，明朝嘉庆年。古今难得者，天地锡恩然。父母敢言谢，心神增益虔。近成老人说，云十幸能全。"

《万树园赐宴图》 清代 郎世宁等

乾隆十九年（1754），隶属于准噶尔部的阿尔泰乌梁海部归顺清朝；三月，阿睦尔撒纳与达瓦齐内讧，派人向清廷示好。眼见准噶尔部四分五裂，统一蒙古部落有望，乾隆帝心情大好。五月，他在避暑山庄的万树园举办盛大宴会，热情款待杜尔伯特部的首领们。《万树园赐宴图》便是这次盛会的真实写照。画上气氛庄严肃穆，乾隆帝坐在步辇上缓缓进入宴会场地，被接见的杜尔伯特部首领及文武官员在旁跪迎。现藏于北京故宫博物院。

❀ 两份祝词，同样内容

虽说从子时开始，大清便进入嘉庆纪元，但禅位大典还没举行，乾隆帝仍然是帝国的皇帝。他踱步来到养心殿东暖阁，准备进行每年例行的明窗开笔仪式。

通常情况下，都要先在心中默默许愿祈祷，然后再写下祝词。乾隆帝此时却不假思索地提起"万年青"笔，快速写下"乾隆六十一年元旦良辰，宜入新年，万事如意"——尽管对外界而言，新一年将采用嘉庆元年，但皇宫里还是乾隆帝的天地，仍然沿用乾隆纪年。

蘸上墨，乾隆帝在左右两边分别写下"三阳启泰，万象更新"和"和气致祥，丰年为瑞"。这份祝词他早已烂熟于心——从乾隆二十六年（1761）开始，每年元旦写的都是这几个词，只需要更新日期就好。

回顾六十年的执政生涯，是多么意气风发——在叛乱突起时焦急地祈求国家安定，在灾害不断时虔诚地盼望风调雨顺，在人才匮乏时殷切地希望能人辈出。乾隆二十五年（1760）平定了西北地区长期的叛乱后，国家终于太平无事。

此时此刻，毓庆宫中仍是太子身份的颙琰即将迎来属于自己的嘉庆元年，他也以皇帝身份写了一份元旦祝词——在父亲宣布明年由他接班之后，颙琰就开始接受关于明窗开笔礼仪的培训。

这份祝词的内容与乾隆帝保持高度一致，唯一的区别就是年号用了"嘉庆"。而这份祝词他一抄就是二十五年，每一次都是雷打不动的"元旦良辰，宜入新年，万事如意，三阳开泰，万象更新，和气致祥，丰年为瑞"。

有人说，从这一点就能看出，嘉庆帝资质平庸、因循守旧，国家在他手里怎能延续康乾盛世的发展势头，从高峰滑落似乎成了必然的结果，于是有了"嘉道中衰"的说法。可是，国家衰落的原因仅仅是嘉庆帝的资质平庸吗？

第六章 帝国走上了下坡路

和珅跌倒，嘉庆吃饱

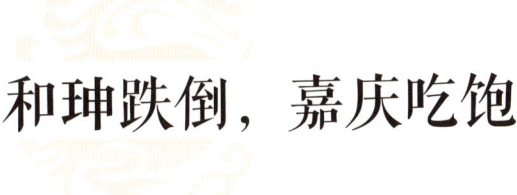

乾隆帝起初执意于传位给嫡子，无奈两位嫡子均未活到成年，后来他又中意文武双全的皇五子永琪，早早将其册封为和硕荣亲王，没想到永琪26岁也英年早逝。乾隆帝晚年，皇十五子、嘉亲王颙琰是众望所归的接班人，而当乾隆帝公布建储密诏时，结果也不出大家所料。不过，似乎是因为竞争对手太弱的缘故，嘉庆帝当选一直被认为是"矮个子里拔将军"。

❁ 只要您高兴就好

乾隆帝退位后，只把那些接待、开会、祭祀之类的工作交给嘉庆帝，军国大事还是由他来办，退位之后他仍自称"朕"，旨意称"敕旨"。中央大员离京、地方督抚进京都必须觐见太上皇，聆听指示，宫中也依然采用乾隆纪年。

虽然早就斥巨资给自己准备了颐养天年的宁寿宫，但乾隆帝一直没有从养心殿搬出来，用他的话说就是："我自即位以来就一直住在养心殿，已经六十年了，始终觉得这里最舒适、最习惯。既然今后还需要指导儿子理政，住这里显然更方便啊。"

嘉庆帝十分清楚自己目前的地位，所以但凡太上皇能拿主意的，他从来不做任何判断，更不做任何决定，表现得比即位以前更加恭谨勤快，每天早起去养心殿请安，时常陪在太上皇身旁察言观色，力求让乾隆帝高兴。

◉ **各种釉彩大瓶 清乾隆**

此瓶高86.4厘米，口径27.4厘米，足径33厘米。颈两侧各置一螭耳，整个器物从上到下依次运用了15种施釉方法，16层纹饰，腹绘12扇开光图案。此瓶集高温、低温色釉和釉下彩、釉上彩于一体，其烧造工艺十分繁复。乾隆时，御窑厂的瓷器生产无论量还是质，都达到前所未有的高度。它汇集了瓷器施釉技法，是乾隆年间景德镇官窑的炫技之作，因此被称为"瓷母"。现藏于北京故宫博物院。

乾隆帝也看不透

乾隆六十又企四,
初祉占丰滋味参。
八十九龄兹望九,
乾爻三惕敢忘三。
虽云谢政仍训政,
是不知惭实可惭。
试笔多言今可罢,
高年静养荷旻覃。

乾隆帝在嘉庆四年（1799）写下了人生最后一首试笔诗《己未元旦》。在诗中，他觉得对儿子有点干预过多：当初说退休，却仍训政了四个年头，自己都觉得有点不好意思了。他想着今后还是安心静养吧，试笔诗就不再写了。

正月初一，嘉庆帝带着二品以上大臣们前来给乾隆帝拜年，他还坐在御座上欢欢喜喜地受礼呢，没料到正月初三的早晨，这位自诩"十全武功"的老人便停止了呼吸。

乾隆帝的去世使大清臣

乾隆帝食谱

乾隆帝的御膳有两个特点：一是注重食疗的功效，以求减缓衰老，延年益寿；二是严格遵守御膳食谱的搭配，绝不轻易改动。每天的御膳中，必须搭配一两种具有强身健体作用的药膳。比如，补肺益肾、健脾止泻的山药鸭羹，清热解毒、化痰止咳的口蘑萝卜青菜汤等。

民不得不停下新年的娱乐活动,换上丧服进行哀悼。乾隆帝临走时可能心里还敲着鼓,经过整整三年手把手的教导,这个接班人真的可以独当一面了吗?反正下一代是很难超越自己这一生的成就了,他能做个合格的守成帝王就行。

三年来一向以唯唯诺诺姿态示人的嘉庆帝,在乾隆帝的光环下几乎成了可有可无的影子皇帝,人们也似乎习惯了他的平庸。在父亲去世之后,嘉庆帝能创造属于自己的时代吗?

一改孝顺恭谨、宽厚温和的形象,在大丧期间干净利落地铲除乾隆帝生前最宠信的大臣和珅,便是嘉庆帝向世人交出的第一份答卷。

◉《固伦和孝公主像》 清代 佚名
固伦和孝公主是乾隆帝的第十个女儿,她性情率直豪爽,善骑射,时常身着男装随同父亲射猎。乾隆帝对这个女儿颇为宠爱,甚至说过如果十公主是男儿身,便会将自己的皇位传予她。乾隆五十四年(1789),固伦和孝公主下嫁和珅长子丰绅殷德。

第六章 帝国走上了下坡路

❋ 一鸣惊人

乾隆帝去世的第二天，嘉庆帝就削去了和珅的军机大臣、九门提督等官衔，任命他为治丧总管，与他的同党、户部尚书福长安一起为太上皇守灵，并且特意规定：二人不得随意走动。正月初八，和珅、福长安便被逮捕入狱。只用十天就查清了和珅、福长安的二十条大罪，正月十八赐和珅自尽。这一切发生得太快，连那些最机灵的官场老手们也目不暇接。

按理说，和珅位高权重，即使存在种种罪行，也势必掩人耳目，而且案情复杂，牵连众多，逮捕后也应仔细审问、理清涉案人员名单。嘉庆帝为何如此急迫，如此狠绝，不惜在太上皇的丧期动手，非要置和珅于死地呢？

民间"和珅跌倒，嘉庆吃饱"的说法广为流传，据说和珅的财产数额甚至超过清政府十五年财政收入总和。无论数额究竟多少，来历不明的巨额财产只排在和珅二十大罪状中的第十五至二十条，甚至是可以忽略不计的小问题。

❋ 罪有应得

排在二十大罪状前面的，是泄露国家机密、对太上皇大不敬、欺上瞒下、延误军情之类的大罪，这些便足以要了和珅的命。

乾隆六十年（1795）九月初三，颙琰被公开宣布为皇太子，次年元旦正式接班。和珅提前得到了消息，为了博得新领导的青睐，他在消息发布之前一天就给颙琰送去如意，暗示祝贺与亲附。在嘉庆帝看来，这属于泄露国家最高机密的头等大罪，构成了二十大罪状的第一条。

至于之后几条罪状，诸如骑马、乘轿进入宫禁重地，因乾隆帝字迹模糊而另行誊写谕旨这些"罪状"，其实基本都是乾隆帝授意，本来是和珅极受宠信的证明。但在外人看来，就变成了严重的僭越和不敬。对于本该处于权力中心却被乾隆帝与和珅挤到角落的嘉庆帝来说，他感到的威胁尤其强烈。和珅死后五天，嘉庆帝曾说："朕若不除和珅，天下人便只知有和珅而不知有朕。"当和珅在嘉庆帝眼里做什么都是错的时候，死就成了他唯一的结局。

● 白玉小太平车 清代

此件白玉小太平车用料上乘,细润滑腻。可在身体的穴位上前后滚动,用来通畅脉络,舒筋活血,消除疲劳。现藏于北京故宫博物院。

杀人立威

和珅对于官场腐败、效率低下最多应负连带责任,如果要把"罪魁祸首"的锅扣给他,未免有些太重。负主要责任的应该还是乾隆帝本人:他在晚年对朝政表现出了明显的懈怠,不再像以前那样兢兢业业,而是日益沉湎于安乐的生活。

乾隆帝对于腐败的惩治力度也远远比不上从前,晚年的他曾无奈地感叹:在各省总督、巡抚一级的官员里,洁身自好的人,十个里面能挑出两三个就不错了。但这种腐败,除了疏于惩治,也与"上有所好,下必甚焉"有关——乾隆帝对奇珍异宝、名贵字画的浓厚兴趣激发了官员们争相献宝的热情,由此助长了阿谀奉承和层层搜刮的歪风邪气。

嘉庆帝对于国家存在的种种问题比乾隆帝有着更强的危机感与责任感,但在真正掌握实权之前,他只能眼看着国家一天天沉沦。终于,从嘉庆四年(1799)开始,属于他的时代真正到来了。和珅不过是做了那串响彻天地的鞭炮,既给先帝开脱、给臣民交代,又给自己立威、给即将展开的新政铺路。嘉庆帝以一记干脆、漂亮的重拳,成功把举国上下的目光重新聚集到自己身上。

只有皇帝勤政没有用

内外朝臣尽紫袍，何人肯与朕分劳。
玉杯饮尽千家血，银烛烧残百姓膏。
天泪落时人泪落，歌声高处哭声高。
平时漫说君恩重，辜负君恩是尔曹。

嘉庆帝在诗中怒斥大清官员工作懈怠、生活腐化、辜负皇恩，将欢乐建立在百姓的痛苦之上。这个指责，当时的官员们绝对担得起，而嘉庆帝也有资格说这样的话：他本人在节俭方面竭尽所能，勤政程度也不逊于祖父雍正帝。可惜任凭他如何劝诫怒骂，甚至以杀头相威胁，都无法扭转帝国的官场风气。

❀ 力行新政

嘉庆元年（1796），爆发了席卷湖北、四川、陕西三省的白莲教起义。乾隆帝认为白莲教这种民间宗教组织本身就是危险的根源，必须彻底铲除，因此他立刻调集"精兵强将"进行镇压，然而直到他去世，也没能解决这个问题。

嘉庆帝亲政后，便将镇压白莲教起义列为最紧迫的政务。他一改之前单纯对起义军军事打击的策略，除了对少数冥顽不灵的首要分子斩草除根外，其余参加起义的民众则能争取的争取，能分化的分化。他还认为平息叛乱的根本途径在战场之外，要让下层人的冤屈得以伸张。于是，嘉庆帝一反乾隆帝过去严格限制中央受理地方案件数量、严厉处罚"无中生有"的上诉者的做法，鼓励

◉《嘉庆帝六岁时像》 清代 佚名

此图描绘的是乾隆帝的第十五子颙琰的孩提时代,画面左侧的妃嫔可能是他的母亲魏佳氏。此图应是宫中熟练掌握西洋绘图的画家所绘。在颙琰画像的边上贴有黄签:"今上御容。嘉庆二十年十二月初一日敬识。"

人们上诉,即便是到京城拦御轿告御状,也没什么不可以。在短时间内,涌向京城上诉、申冤的人数成倍增加,为此嘉庆帝还成立了一个新的省属机构——发审局(由各省总督、巡抚委派候补官员审理州、县不能处理的诉讼案件),缓解官民之间的矛盾,减少了民众暴力反抗的可能。

亲政头一个月,嘉庆帝明确要求各级官员必须如实汇报政情、民情,使没有密折奏事资格的官员和平民百姓的文书也可以上达天听。亲政第二个月,嘉庆帝宣布今后出

第六章 帝国走上了下坡路

宫祭天、谒陵的随行仪仗全部减半，皇后、嫔妃不必随行，尽可能减少不必要的开支，前往圆明园避暑的次数以及时长也尽可能压缩。几天之后，嘉庆帝又下了一道谕旨，禁止大臣进献古玩字画。嘉庆帝直言不讳地说，他对奇珍异宝、名贵字画毫无兴趣，不能助长官员们阿谀奉承和层层搜刮的歪风邪气。

嘉庆帝亲政后的几项措施，取得的一个最显见的成果就是终于在嘉庆九年（1804）平息了白莲教起义。

谨遵祖训

明清以来，皇子教育的模式已经高度成熟——勤政、节俭、礼贤、纳谏、恤民这些"正道"在潜移默化中成为帝王必须学习的治国之道。嘉庆帝即是这种教育下一个极为典型的成功样本，所以他执政中表现出的种种美德、祭出的种种举措，包括他对祖宗家法的敬重与遵循，都源于传统。嘉庆帝认为列祖列宗确立的典章制度既正确又完美，只是在传承中逐渐走了样，才出现各种问题，只要回归祖制，所有的问题便可以迎刃而解。

除了上述这一点，嘉庆帝的执政状态也和他长期的接班人身份密切相关。对于储君来说，最大的利益便在于安全平稳，从父亲手中接过传国玉玺时，嘉庆帝已经35岁，而后他又不得不在太上皇的光环下克制隐忍了三年。长期

◎ 金嵌宝石朝珠
清嘉庆

此串朝珠共108颗金珠，每27颗金珠穿入一颗蓝宝石佛头。朝珠是清朝礼服的一种佩挂物，挂在颈项上，垂于胸前。清朝皇帝笃信藏传佛教，凡皇帝、后妃、文官五品及武官四品以上，另外侍卫和京官等，均可佩挂朝珠。现藏于台北故宫博物院。

的韬光养晦或许彻底磨掉了嘉庆帝心中原本隐藏的锐气与锋芒，凡事追求不犯错误、四平八稳已经内化为他性格的一部分。

嘉庆帝宽厚稳重，如果换成之前，他有可能会成为一代明君，即便不能开创康乾年间的盛世辉煌，至少也能做个守成之君。但对于一个刚刚经历了盛世的帝国，这些传统举措似乎正在失去原本的作用，尤其是在治贪问题上，嘉庆帝悲哀地发现：对于贪腐已成常态的帝国官场来说，雷厉风行地大行杀伐连"雨过地皮湿"的效果都快没有了。

❀ 救灾巨贪

乾隆四十六年（1781），乾隆帝任命和珅为钦差大臣，和珅与军机大臣阿桂督师前往甘肃平定当地反清起义。阿桂与和珅入甘肃后奏报遭遇当地连阴密雨，影响行军。

乾隆帝立即联想起之前甘肃布政使王亶望在奏折里的汇报，甘肃连年大旱，灾民众多，请求朝廷拨款救济。甘肃到底是下大雨还是闹旱灾呢？于是乾隆帝命阿桂与总督李侍尧详查，没想到却牵扯出了一桩惊天大案。

原来，以王亶望为首的甘肃各级官员上下联手，无灾报有灾，小灾报大灾，集体冒领国家赈灾款，相互配合，私吞国家用于赈济灾民的公款，然后按官员级别分成，一分钱也没用在救灾方面——因为这些年根本就没有旱灾。七年过去了，朝廷始终没有发觉异样，王亶望的官位甚至升到了浙江巡抚。要不是这次平叛，这件事还不知道能瞒多久呢。

乾隆帝还记得，当年正是为了防止地方官员中饱私囊才特地挑选自己信得过的王亶望出任甘肃布政使，负责监管当地财政工作。王亶望在上任前曾拍着胸脯向他保证，会把每一粒粮食、每一两银子都用在灾民身上。结果他却带头组织了一个贪污同盟！

勃然大怒的乾隆帝决定对甘肃特大贪污案严加查处，以警示后人，规定贪污两万两以上者立斩。因为如果全部查处，甘肃官场势必陷入瘫痪。即便如此，被处决的案犯仍多达五十七人，另有五十六人被流放边疆，革职免官和畏罪自杀的也有好几十人。

◉ **明黄底刺绣龙纹朝服 清乾隆**
清代皇帝朝服多以明黄色作为主色调，袍上绣有形态各异的九条金龙，下摆处还有许多波涛翻滚的水浪，水浪之上立有山石宝物，俗称"海水江涯"，寓意是吉祥富贵，盛世昌隆。

然而事情到这里并没有结束：按照惯例，王亶望的财产要全部没收上缴，但在上缴的家产中，那些奇异珍宝、名贵字画竟然全是假货。浙江布政使李封、按察使陈淮面对乾隆帝的质问矢口否认，直到把抄家清单和实物现场做了对比，他们才不得不低头认罪，供出是受上司闽浙总督陈辉祖的指使将赃物调包的事实。乾隆四十八年（1783），陈辉祖被赐自尽。

❀ 反贪反出和珅第二

嘉庆帝起初希望通过严厉的惩罚来警醒其他官员，但凡发现有人贪污，就抓一批、杀一批。嘉庆帝惩治贪污的手段不可谓不狠辣，难道还有比杀头更具威慑力的手段吗？

然而当嘉庆帝抱着一股"新官上任三把火"的激情猛冲猛打了一阵之后，他很快发现：即使杀了"史上最大贪官"和珅，也不能使其他贪官就此收手，他们甚至连暂时的收敛都做不到。自己的记记重拳似乎打在了棉花上，贪腐的官员们几乎是"前仆后

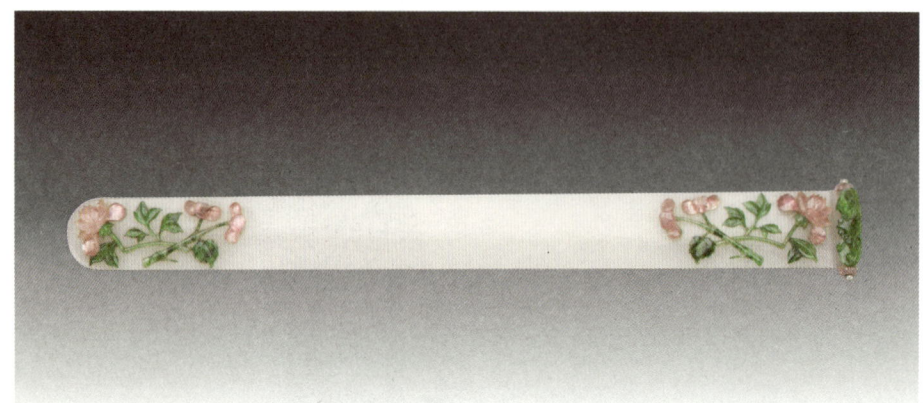

玉嵌珠翠碧玺扁方 清代

扁方是清代满族妇女在梳旗头时使用的一种特殊的发簪，为扁平的一字型。此扁方为白玉所制，两端嵌有粉碧玺牡丹花、翠玉枝叶。轴上嵌粉碧玺花，花蕊嵌珠一枚，轴身嵌翠玉蝙蝠。"蝙蝠"的寓意为"遍福"，象征幸福如意，满含着幸福绵延无边的祝愿。现藏于台北故宫博物院。

继""视死如归"，前任头一天落马，继任第二天就接着腐败，已经不在乎死亡的威胁了。

大臣广兴的堕落给了嘉庆帝一个沉重打击。当初，广兴因看不惯官场的腐败，率先揭发和珅的罪行，深得嘉庆帝信赖。但他最终还是陷入了贪腐的泥淖，利用职务之便收受贿赂，彻底活成了自己当初最讨厌的样子。在被人告发以后，广兴还执迷不悟，反而更加明目张胆地向下级索要银两，人们将他称为"和珅第二"。忍无可忍的嘉庆帝不得不处死广兴，查抄了他的家产。曾经的反腐先锋广兴，最终却因为贪腐而落得身败名裂。

身处一个大染缸里，洁身自好实在太难做到了。大清就像一个病入膏肓的病人，任凭嘉庆帝如何尽力救治，都已无力回天。悲愤中，嘉庆帝发出了"平时漫说君恩重，辜负君恩是尔曹"的感慨，每次提起官场腐败，他的心中都充满无尽的怒火与无奈。

留在隆宗门上的箭镞

神武门作为紫禁城后门,是后宫妃嫔日常出入的重要门禁,明清两代皇后举行亲蚕礼即从这道门出入;清朝每三年选一次秀女,参加选秀的人员也是从这里入宫。皇帝一般是从午门出入,而从承德避暑山庄或者圆明园回宫时,则经常为了图方便从神武门进。但谁也没想到,嘉庆帝会在这里碰上一场匪夷所思的刺杀。

七十名天理教教徒光天化日之下攻进皇宫,还差一点占领了养心殿、攻到了皇后面前,这是怎样的一番末日景象?大清难道要亡了吗?"汉、唐、宋、明未有之奇事",为什么偏偏在我身上发生了呢?这个永远洗不掉的历史污点,为什么偏偏落在了我的身上呢?正如嘉庆帝在《报天恩肃吏治修武备谕》中所说:"为君难,至朕尤难!"

❀ 神武门外的刺杀

嘉庆八年(1803)闰二月二十,嘉庆帝从圆明园经由神武门返回皇宫。突然有一个壮汉提着一把刀从墙角蹿出,直奔皇帝而去,一百多名随行人员愣在原地,好半天都没回过神来——刺杀皇帝可是诛九族的大罪,谁也没见过真实场景,没想到今天撞上了啊!

幸亏定亲王绵恩、固伦额驸拉旺多尔济等少数几人还算清醒,赶紧冲上去阻拦,与刺客扭打在一起。众人这才反应过来,一拥而上把刺客制伏了。

经过审讯得知,刺客名叫陈德,原是内务府的一名厨师,后来被主管辞退。

当时,他的妻子已经去世,家里除了两个未成年的儿子,还有一个卧病在床的老人。陈德失去工作,就意味着全家人的生活没了着落。对未来感到绝望的他本来打算自杀,但转念一想:就这么死了,也没人知道啊!不如去刺杀皇帝,既图个痛快,也博个出名。

负责审讯的官员都蒙了:因为失业活不下去,就去刺杀皇上?会不会像明神宗年间的梃击案一样另有隐情?但经过一番严刑拷打,陈德也没有供出其他人,只好就此结案。

陈德刺杀皇帝不成,还连累了自己的两个孩子,不知道他死前是否后悔。但对嘉庆帝来说,除了心有余悸,还有巨大的困惑:为什么要刺杀朕?难道是朕失德、无行,才招致了这样的怨恨吗?

没想到,嘉庆十年(1805)二月,又有一名男子大闹神武门,扬言要杀皇帝。在砍伤几名侍卫后,该男子因寡不敌众而被制伏,最终因伤势过重而死。

◉ 神武门

神武门,始建于永乐十八年(1420)。初名玄武门,后因避康熙帝玄烨的名讳,而改名为神武门。门上方匾额上的"故宫博物院"为著名历史学家郭沫若于1971年题写。

第六章 帝国走上了下坡路

嘉庆帝马上下令仔细调查，发现该男子名叫萨弥文。但他为何带着兵器闯宫，却无人知晓？至今仍是一桩迷案。

短短两年时间接连发生两起刺杀事件，令嘉庆帝自我反省。可是反省完了，他依然陷入受刺激—整治—无效的死循环之中……就这样，问题越来越严重，发展到几十个毫无训练的天理教教徒都能成功攻入紫禁城的荒唐地步。

✹ 暴徒攻进紫禁城

嘉庆十八年（1813）九月十五，从承德避暑山庄返回北京途中的嘉庆帝突然接到一个惊人的消息：昨天中午，约七十名天理教暴徒兵分两路攻进紫禁城！对方一度逼近皇后所在的储秀宫，幸亏皇次子绵宁在危急时刻开枪击毙凶徒数名，才稳住阵脚。经过全力搜捕，目前已初步肃清宫禁，正在追查漏网之徒。

嘉庆帝稍稍稳一稳心神，声音低沉地问道："这个天理教是什么来头？"

信使汇报说："天理教又名八卦教，是白莲教的一个分支。"

嘉庆帝眉头紧锁，满脸的不高兴：白莲教不是早在九年前就被剿灭了吗？怎么又冒出个分支天理教？

其实，民间宗教团体历来组织松散，即使名义上属于某一教派的分支，实际上也是不相统属、各自发展。尽管发展水平很低，却能给挣扎在贫困与死亡线上的穷苦百姓提供一线希望和寄托，因此此起彼伏，永远无法禁绝。

❀ 威逼利诱

天理教首领林清，年轻时因为不是块读书的料，先是被父亲送到一家药铺当学徒，后来与人合伙开茶馆，在京杭大运河上当纤夫……前半辈子换了十来种工作，都因为好吃懒做、喜欢赌博而失败。在走投无路的情况下，林清加入了天理教，很快因为能说会道和极强的拉拢能力而成为领袖。

林清极力发展教徒、扩大势力的动机主要是"意图敛钱"。教徒入教必须交纳"根基钱"，逢年过节还要交纳"跟账钱"。

嘉庆帝满是疑惑：如此敛财，与各地的贪官又有何不同？既然百姓仇恨贪腐，为何又甘愿被林清之流的"教主"搜刮呢？

天理教教徒遍布直隶、河南、山西、山东各省，其发展迅速的原因并不在于其教义是何等崇高，组织是多么严密，而在于会拉拢人心——林清提倡互相帮助，教徒入会时缴纳"根基钱"，都用来接济贫困百姓，因此深得广大贫苦农民的信赖。

第六章 帝国走上了下坡路

文官补子 清代
补子是缀于官服前胸和后背上的一块织物,是明清官员服制的一个重要特征,一般文官补子上绣鸟类纹样,武官补子上绣兽类纹样。清代文官补子上的织绣为禽鸟,是常见的吉祥鸟、观赏鸟。

林清还自称太白金星转世,提出了"若要白面贱,除非林清坐了殿"的口号,让教徒相信林清是神仙转世不一般,跟着他准能过上好日子。教徒甚至可以提前花钱买林清"坐殿"成功后的土地和官职,一百文钱就可以买一顷良田,几百斤粮食就能换来一个官职,口说无凭,双方还会签合同立字据。

嘉庆十八年(1813)九月十五清晨,起义军分头进入北京城,打着"奉天开道"的名义直捣皇宫,他们并不清楚,林清即将利用他们出演一场匪夷所思的闹剧。

❀ 意外一个接一个

嘉庆十六年(1811),直、鲁、豫(直隶、山东、河南)三省爆发了严重的自然灾害,林清与李文成、冯克善在三省农民中秘密展开反清斗争。由于有推翻清朝的共同目标,三人结成刎颈之交,商议起义事宜,最后定于嘉庆十八年(1813)九月十五午时,在直、鲁、豫三地同时起义。奇怪的是,形势瞬息万变,为什么他们会把起义时间定在遥远的两年后呢?原来是李文成从天象上推算——酉年戌月寅日午时属于黄道吉日吉时,主兵事。

我去故宫看历史

❀ 西华门

西华门是紫禁城的西门,与东华门相对,始建于永乐十八年（1420）。匾额上原由满、蒙、汉三种文字书写,辛亥革命后只剩下铜制汉字。西华门外还设有"下马碑石",入紫禁城的人员都要在此下马并接受门前工作人员的"安检",不能携带危险物品入宫。嘉庆十八年（1813）九月十五,天理教教徒在内应太监的带领下,通过皇城,由西华门进入皇宫。

按照原定计划,林清占据直隶,李文成攻打河南,冯克善夺取山东,之后李、冯两人带领各自人马北上,与林清会师,赶走嘉庆帝。

第六章 帝国走上了下坡路

然而,起义从一开始就出现了各种意外。河南方面,起义还在准备阶段便被滑县(今河南滑县)县令强克捷探知到消息,李文成也因此被捕入狱;起义军来不及通知在北京的林清,决定于九月初六提前起义,攻克滑县县城救出了首领。但李文成领导起义后又出现重大失误,得知清军即将到来,仍然固守滑县,坐等敌人围攻,结果也很快被消灭。山东方面由李文成的徒弟朱成贵领导,本来进展顺利,却因教徒在占领城市后忙于抢劫商铺钱庄而错失发展良机,被清军轻而易举剿灭。

虽然李文成没有按照原定方案派一千名教徒前来支援北京,但林清仍然决定执行原计划。九月十五当天,林清派二百多名天理教教徒攻打紫禁城。

隆宗门匾额上的箭镞

❀ 隆宗门激战

嘉庆帝听了，下巴都惊掉了——难道就这么两百个连"散兵游勇"都称不上的孤立无援的教徒，便轻而易举地杀进了号称精兵守卫、戒备森严的紫禁城？

进攻紫禁城的队伍按照既定计划分成东、西两路，分别从东华门和西华门攻打皇宫。东路队伍由陈爽带头，太监刘得财、刘金充当内应，负责带路。起义军伪装成商贩来到东华门外聚集，途中遇到给宫里送煤的驼队。因为驼队阻碍了起义军队伍的行进，双方发生争执。一名教徒情急之下露出了身上藏匿的刀具，守门的侍卫见状立刻关门，只有陈爽带着少数几个人冲进东华门，很快便因寡不敌众，全部被杀。

西路队伍由太监杨进忠、高广福、张太负责引路，进展十分顺利，守卫西华门的侍卫猝不及防，一败涂地。起义军听说皇帝住在养心殿，要过去就得走隆宗门，便直奔隆宗门而去，在此与宫中守卫展开了激战。在打斗过程中，一支箭正好射进了隆宗门的匾额里。

皇次子绵宁这时正在宫内读书，听到外面的喧闹声，他命太监拿来鸟枪前往养心殿查看情况。发现有几人正在翻墙逼近养心殿，绵宁情急之下端起鸟枪，一名教徒应声跌落在地，其他人见状立刻四散逃跑。绵宁见一名首领模样的人站在月华门墙头摇旗呐喊指挥，又将其射杀。

之后绵宁传令宫中侍卫关闭宫门，进行反击，几位亲王、大臣也及时带兵赶来支援，冲进紫禁城内的三十多人全部被抓获。九月十七，林清在北京郊区的黄村被捕。

九月十九，回到北京的嘉庆帝亲自审讯林清，随后下令将其凌迟处死。一场极具戏剧色彩的天理教起义至此落下帷幕。但留给嘉庆帝的震撼，还远未结束。

❁ 罪己诏

嘉庆帝看完此次天理教起义的汇报文书，心中五味杂陈，一晚上都没睡着觉：

回想十八年来的皇帝生涯，我自问兢兢业业，不敢有片刻的偷懒懈怠。刚一即位就碰上白莲教起义，把几个省闹得天翻地覆，我花了八年时间才将其平息，本想着这下可以太平了吧，结果在神武门外又遭到了刺杀。如今，还发生了这种"汉、唐、宋、明未有之事"。我虽然没有什么杰出的政绩，但也没有干过伤天害理、残害百姓的事，可命运为什么偏偏喜欢捉弄我呢？

● 自开花献桃荷花缸钟 清代

虽然想不明白究竟做错了什么，但我还是愿意自省。发生这种事的根源在于各级官员玩忽职守，导致民怨累积，终于在一朝之间爆发，酿成今日惨剧。我之前再三告诫百官要廉政、上进，奈何没有人听！官员们，你们要是还有一点廉耻之心，就应该洗心革面、精忠报国，不要空占着职位不做实事，还来增加我的罪过。

嘉庆帝含着老泪写下《罪己诏》时已经53岁，但这封发自肺腑的诏书还是没能唤醒一些官员心中的良知，官场的贪腐情况依然十分严重。

❀ 在矛盾中去世

嘉庆帝对大清在自己任期内能够化腐朽为神奇已经不抱希望，但他依然坚守自己的私德和帝王的职业道德。嘉庆帝在位二十五年，往往是天还没亮就开始秉烛办公，废寝忘食地批阅奏章。他的耐心、毅力、自制力以及敬业精神都堪称一流，这样的人救不了大清，或许确实有能力有限的原因，但更主要的是时代需要一种新的发展模式。

嘉庆二十五年（1820），嘉庆帝启程前往承德避暑山庄。从圆明园出发不久，嘉庆帝便感到头疼，太医诊断说是中暑了，应该没有大碍。七月二十四下午抵达避暑山庄时，嘉庆帝对身边亲信说，感到胸闷和呼吸困难。第二天，嘉庆帝的病情迅速恶化，当天便暴毙身亡。

史书记载，嘉庆帝体态丰腴，而且饮食习惯不好——他爱喝白酒，每天要喝一斤六两，而且他喜食肉类，却很少吃青菜。再加上他年纪大了，从他的发病过程来看，更像是中暑后突发心脑血管疾病而导致的死亡。

"小迷宫"毓庆宫

康熙十八年（1679），康熙帝下令在紫禁城东区、原明朝奉慈殿旧址上修建毓庆宫，供太子胤礽居住。雍正帝实行秘密建储，毓庆宫改为皇子住所。乾隆帝12岁入毓庆宫，直到成婚后移居乾西二所（后改建为重华宫）。嘉庆帝5岁开始在毓庆宫生活和读书，后迁居南三所（撷芳殿），直到乾隆六十年（1795）又以太子身份搬回毓庆宫。

同治帝、光绪帝、宣统帝均属幼年继位，毓庆宫是他们读书的地方。特别是光绪帝，曾经长期在此居住，处理政务，接见大臣。宣统帝曾在回忆录《我的前半生》中记录了他在毓庆宫学习的情况："我念书极不用功。除了经常生些小病借题不去以外，实在没题目又不高兴去念书，就叫太监传谕老师，放假一天。在十来岁以前，我对毓庆宫的书本，并不如对毓庆宫外面那棵桧柏树的兴趣高。"

毓庆宫是由长方形院落组成的建筑群，正殿叫惇本殿，后殿是毓庆宫。毓庆宫内装修极为考究，尤其是后殿内以隔断分成小室数间，其门或真或假，构思精妙，素有"小迷宫"之称。

相似风格，相同轨迹

刚一上任，道光帝就宣布：第一，恢复御门听政的光荣传统，自己将坚持勤政作风，诸位大臣尽可见证；第二，正式发布关于开展节约运动的通知——《御制声色货利谕》，要求各级部门厉行节俭，严厉整顿收受贿赂、私拿回扣等腐败行为。道光帝下令：各省进贡的水果、蔬菜、药材，东西本身不贵，但运到北京的耗费太大，今后一律不要再送了。

❀ 打小便优秀

乾隆五十六年（1791），10岁的绵宁（即位后改为旻宁）跟随祖父乾隆帝打猎。没想到，旻宁出手不凡，一箭射出，竟射到一头鹿。乾隆帝很是欣喜，不由得想起了差不多年纪时的自己：康熙六十一年（1722），12岁的自己也是跟随祖父一起打猎，左右开弓连射五箭，结果全部命中，康熙帝龙颜大悦，赏赐给他一件黄马褂。于是，乾隆帝就想效仿康熙帝的做法，也赏赐给自己的皇孙一件黄马褂。

黄马褂向来是给成年人准备的高规格赏赐，一时间也找不出适合旻宁的尺寸。乾隆帝打算日后再赏，但聪明的旻宁知道这次机会难得，就一直跪在地上，一副不当场拿到黄马褂就不起来的架势。乾隆帝哈哈一笑，就让人拿了件黄马褂给他，旻宁穿上以后，衣服直接拖到地上了，整个人几乎不能走路，惹得在场的人都忍不住哈哈大笑。

乾隆帝还诗兴大发，为此事作诗一首："老我策骢尚武服，幼孙中鹿赐花翎。是宜志事成七律，所喜争先早二龄。"

乾隆帝对旻宁的青睐或多或少影响了嘉庆帝对这个儿子的态度。当嘉庆十八年（1813），旻宁以鸟枪击毙攻打紫禁城的天理教教徒，更加坚定了嘉庆帝传位给他的信念。当时嘉庆帝骄傲地称赞旻宁"忠孝兼备"，封他为和硕智亲王，就连那支鸟枪也获得了"威烈"的封号。

❁ 节俭到极致

嘉庆二十三年（1818），旻宁随父亲前往盛京（今辽宁沈阳）祭奠先祖。嘉庆帝特意将他领到清宁宫东暖阁，进行忆苦思甜教育，旻宁听后不禁感动得热泪盈眶。回到北京，旻宁便叫人将房间内不实用的装饰与奢华贵重之物通通搬走，只留下床铺、桌椅等生活必需品。据传，为了在衣食上节省开支，旻宁每天凌晨就让太监出宫买烧饼，太监进进出出一个来回的时间很长，买回来的烧饼往往已经冰凉，但他毫无怨言，沏上一壶热茶，就着茶

◉《清宣宗道光帝像》 清代 佚名

有清一代，若论起以节俭著称的皇帝则非道光帝莫属。即位之后，他颁布了一道圣旨，规定内廷用款每年不得超过二十万两白银。此旨一出，后宫那些过惯了奢侈生活的妃嫔也只得忍痛将添置新衣的愿望搁置。一时之间，节俭之风似乎吹遍了整个朝堂，其实只是为了取悦皇帝而已。

水啃完烧饼，天一黑便上床睡觉——这样还可以省点灯油钱。做了皇帝以后，旻宁依然如此。

吃穿用度是宫廷开支的大头，道光帝以身作则，简直节约到了抠门的地步。

据说，他规定每日御膳不得超过四道菜。除了他本人，后宫嫔妃也一样要身先示范。

历经数年的努力，道光帝终于在道光八年（1828）平定了新疆张格尔叛乱，这是他一生为数不多的功绩之一。道光帝亲临午门受俘，仪式结束后宣布宴请诸位将士。赴宴的众人看到摆在眼前的几碟小菜，不禁面面相觑，几筷子下去就见底了，吃没的吃，提前退席又不敢，场面一度十分尴尬。

道光帝上任伊始，内务府按照惯例制作了镌有"道光御用"的四十方砚台，道光帝觉得实在太多，但闲置也是浪费，就干脆分给大臣们使用。宫中的毛笔大多使用上等紫毫，笔管为象牙、青玉或紫檀木材质，道光帝觉得华而不实，处理公务用民间市场上卖的羊毫笔就行了。

此外，康、雍、乾三代修建起来的宫殿、园林，除必要的日常维护外，不再新建、扩建。至于外出巡幸，能免则免，木兰秋狝的传统活动自此偃旗息鼓，乾隆帝时代前呼后拥下江南的盛况随之绝迹。

❀ 相同轨迹

道光帝坚持"衣非三浣不易"——三浣代指每月的上、中、下旬，即一个月才换一套衣服。除了外面的龙袍涉及皇家体面，贴身的衣服破了就打上补丁继续穿，上朝的时候还得走慢点，免得露出满是补丁的内衣。

但节俭不能只是皇帝一个人的美德与作风，要由己及人、上行下效才能达到整顿官场风气的效果。

有一天，道光帝无意间发现军机大臣曹振镛的裤子上有个补丁，感到特别欣慰，就专门说了一句："没想到爱卿也这么节约，对朕勤俭治国的精神领会得不错啊！"

粉彩蔬菜草虫图盖碗 清道光
碗内白釉无纹饰，碗外及盖外壁均以粉彩绘数丛白菜和草虫。盖顶、足底均有红彩书"大清道光年制"六字篆书款。白菜有"咬得菜根，百事可做"之意，道光帝提倡节俭，在瓷器上绘制这类图案，是道光帝思想的体现。现藏于英国维多利亚与阿尔伯特博物馆。

曹振镛从容作答："衣服只是破了一个洞而已，补一补还能穿。要是因此换件新的，实在有些浪费。"

这话答得深得道光帝欢心，他忍不住继续聊了一句："话说你打个补丁花了多少钱啊？"

曹振镛顿时愣住了，完全没防备皇上会问这种问题，下意识地回答："三文钱。"

道光帝叹了口气，满是羡慕地说："还是宫外便宜啊，我打个补丁要五两银子。唉，既然宫里这么贵，不如让后宫嫔妃们学做针线活，以后把打补丁的活计交给她们，又能省下一大笔开销了。"

曹振镛一听，惊出一身冷汗：完了，一不留神就把内务府的秘密暴露出来了。得罪了宫里的人，以后还怎么在官场混啊！

即使是在道光帝眼皮子底下，腐败也一直存在，只是相互勾结的人们想尽办法瞒过他一人而已。在道光帝眼里，官员们在他和曹振镛的带动下已经纷纷穿起了打补丁的衣服，却没想到这些都是演给他一个人看的，官员们下班后依旧过着纸醉金迷的生活。为了节省经费而舍不得踏出紫禁城半步的皇帝，只是在勤俭的自苦中自我感动，在被蒙蔽中孤独奋斗，国家却在一如既往的衰朽中继续沉沦。

巧官也亡国

曹振镛在军机大臣的位置上一待就是十五年，他的官宦生涯长达五十多年，在整个清朝都是首屈一指，但并没有留下多少可以说道的政绩。《清史稿·曹振镛传》对他的记载通篇只有七百多字，也并无对其丰功伟绩的描述。或许，他一生最得意之处本就不在于做成多少事，而在于四平八稳、官运亨通。有人曾向他请教为官秘诀，曹振镛的回答是："其实也没什么，就是多磕头、少说话而已。"人们往往把历朝历代的灭亡归罪于暴君、奸臣、贪官、污吏，有观点认为，曹振镛代表的巧官、庸官不求有功，但求无过，食君之禄却不忠君之事，这种圆滑与懈怠的官员对于国家衰败也负有极大的责任。

第六章 帝国走上了下坡路

全程糊涂的鸦片战争

乾隆五十八年（1793），英国政府任命马戛尔尼子爵为领队出使中国，英国人因为觐见时不肯三跪九叩而惹得乾隆帝不快，他们还提出了一系列贸易互利的"请求"：中国开放珠山、宁波、天津等地作为通商口岸；降低海关关税；在广州附近划出一块地方供英国商人居住；允许自由传教；允许英国派遣大使常驻北京。在给英国国王的回信中，乾隆帝全部予以拒绝。英国人希望通过谈判来扩大贸易渠道的想法落空了。四十七年后，英国人在乾隆朝没有得到的东西，最终通过坚船利炮，全部得到了。

❖ 痛下决心要禁烟

19世纪以前，停泊在广州的外国商船以英国最多，英国从中国进口的货物以茶、丝为大宗，向中国出口毛、棉织品，但由于中国小农经济自给自足的特点，中国难以实现对英国货物的旺盛需求，一来一往，便导致白银源源不断地流入中国。为了改变这种状况，英国开始向中国大规模地推销鸦片。

鸦片贻害，举目能及，清廷曾多次颁布禁烟法令，非但没能杜绝，国人吸食鸦片的情况反而愈演愈烈。道光十八年五月（1838年6月），时任湖广总督的林则徐痛心疾首地给道光帝算了一笔账：鸦片除了使数以万计的国人身心受到极大摧残，中国的白银也正以每年超过一千万两的速度向外流失。鸦片不除，十年之后，不但军饷无法筹措，就连士兵也会衰弱不堪。

道光帝看到奏折后，痛下禁烟决心，他在八天中前后八次召见林则徐，

虎门广场销烟标志

十一月十五（12月31日），林则徐以钦差大臣、两广总督的身份赶赴广东主持禁烟运动。

❀ 战争的第一阶段

针对吸食鸦片的中国人的一系列查禁活动，此前也一直有所开展，如何处置贩卖鸦片的外国商人才是关键。在这一点上，林则徐有理有据地展开行动：他先是通过中国行商传话给外国商人，要求他们将鸦片主动上缴，并传讯大鸦片商人。在遭到拒绝后，道光十九年二月初十（1839年3月24日），林则徐下令封锁商馆区，断绝一切物资、给养供应，这才迫使英国驻广州商务总监督义律同意缴出全部鸦片。四月二十二至五月十三（6月3日至6月25日），林则徐将收缴的鸦片全部在虎门海滩当众销毁。

但英国商人在封锁商馆、强制上缴货物问题上大做文章，英国政府决定对中国采取军事"报复"行动。

道光二十年五月（1840年6月），英军悍然封锁珠江口，鸦片战争爆发。

六月，英军进犯厦门，未能得逞。接着北上，攻陷定海。七月（8月），英军舰队到达白河口，威胁京城。朝廷中的妥协派乘机攻击林则徐，主张同英国妥协。在他们的劝说下，道光帝也动摇了禁烟和抗英的决心，他命直隶总督琦善前往天津海河口同英军谈判。道光帝下谕，称林则徐等人奉旨禁烟，"措施失当"，林则徐被革职查办。琦善向英军保证，只要退回广东，一切都可商量。八月，道光帝派琦善为钦差大臣署理两广总督，去广东与英国人进行谈判。

道光二十年十一月，琦善到达广州后，下令撤销珠江口附近的防御工事，"主抚"成了他的坚定立场。

为了让琦善尽快屈服，义律祭出武力这一杀手锏，于道光二十年十二月（1841年1月）攻打虎门口的沙角、大角炮台，清军大败，副将陈连升及守台官兵全部阵亡。义律派人起草了一份公告，内容有对英商进行赔偿、割让香港岛、恢复广州通商等，即《穿鼻草约》。琦善面允了这份公告，但并未在公告上签字。

道光帝得知战事不利，琦善擅自向英人许诺割让香港后，将琦善锁拿解京问罪，查抄家产，发配军台。

❀ 战争的第二阶段

道光二十一年正月（1841年1月），道光帝下诏对英宣战，任命奕山为靖逆将军、湖南提督杨芳等为参赞大臣，他们日夜兼程赶往广州。

奕山还未到达广州，英军便向虎门炮塔发动进攻，水师提督关天培率军英勇抗击，但因为琦善拒绝派军前去救援，虎门陷落。

三月，奕山终于抵达广州。可是奕山根本不会带兵，也不知道积极布防，在他的领导下，清军节节败退。四月初五（5月25日），英军攻陷广州城北诸炮台，把司令部设在地势最高的永康台。永康台位于越秀山，当地称四方台，距城仅五百米，大炮可直轰城内。一看形势不妙，奕山不顾自己并没有谈判的资格，派广州知府余保纯向英军求降。四月初七（5月27日），奕山等人私自

《南京条约》签字仪式油画

此画由英国画家约翰·普拉特绘制,真实再现了道光二十二年(1842)七月二十四,中英代表在英舰"皋华丽"号上签署《南京条约》的情景。现藏于英国布朗大学图书馆。

接受英方提出的条件,签订了《广州和约》,规定清廷缴纳六百万银元赎城费,赔偿英国商馆损失三十万元,清军退出广州城六十里外等,以换取英军不进入广州城。

令人绝望的失败

道光二十一年(1841)闰三月,英国政府认为义律与清朝官员私下达成的协议未满足发动战争之初即设定好的条件,改派更加强硬的璞鼎查来华,进一步扩大侵略。

英军在实际作战中采取避开正面火力，派部队从侧面登陆，绕到炮台侧后方进攻的策略，总能以微小的伤亡夺取炮台。凭借快速机动形成局部优势，英军接连攻克厦门、定海、镇海、宁波等要塞。

军情急报如雪花一般飞向紫禁城，道光帝急忙调派吏部尚书奕经为扬威将军，赶赴浙江组织反击。道光二十二年正月二十九（1842年3月10日），奕经在不了解敌情的情况下，仓促出战，企图一举收复定海、镇海和宁波，结果不到四个小时便宣告失败。

道光二十二年五月（1842年6月），英军发起吴淞之战，两江总督牛鉴闻风而逃，提督陈化成率军抵抗，最终壮烈牺牲。接着，英军进犯上海、镇江，六月进逼南京下关江面。

七月二十四（8月29日），清廷议和代表耆英、伊里布登上了英军战舰"皋华丽"号，与英国全权代表璞鼎查正式签订了中国近代史上的第一个不平等条约——《南京条约》，第一次鸦片战争结束。

撷芳殿三代之缘

有一天,道光帝路过横跨内金水河的一座断虹桥时,发现桥上造型各异的狮子里有一只非常特别,便忍不住停下来细细端详。他发现这只狮子左手捂着腹部,右手捂着脑袋,道光帝一时间呆住了,猛然想起被自己不慎踢死的长子奕纬,不忍心再看下去,令随行的太监用红布将这个石狮盖住。从此紫禁城便流传起一个传说:断虹桥上的这座石狮是奕纬转世,禁止触摸。

❀ 道光帝出生地

乾隆十一年(1746),乾隆帝在文华殿东北、原撷芳殿旧址上兴建了三所院落,作为皇子们的住所,因其位于宁寿宫以南而得名"南三所",也称"阿哥所",嘉庆帝以后多用撷芳殿代指整组建筑。南三所位于紫禁城的东边,按阴阳五行之说东属木,青色,主生长,所以屋顶为绿色琉璃瓦。

乾隆四十七年(1782),颙琰与嫡福晋喜塔腊氏所生的一个男孩在撷芳殿呱呱坠地。听到这个喜讯后,爷爷乾隆帝特地取消当天早朝,前来看望。当时乾隆帝已经年过七十,皇孙数量过百,为何会对这个孙子如此上心?因为早在乾隆三十八年(1773),乾隆帝就已秘密立颙琰为储君,所以颙琰的后代关系到国家命脉。之前颙琰也有过一个男孩,但未来得及起名便不幸夭折,如今的这个儿子是嫡福晋喜塔腊氏所生,属于嫡子。来撷芳殿看过孙子之后,乾隆帝为其赐名绵宁。

◉ 斋宫藻井

雍正九年（1731），雍正帝在紫禁城内兴建斋宫，在此举行祭祀天地前的斋戒仪式。

这个孩子 38 岁时从父亲手里接过帝国指挥棒，成了清朝唯一一位以嫡长子身份即位的皇帝，年号道光。考虑到众多兄弟和民间避讳不易，他主动将名字改为比较生僻的旻宁。

独苗却被一脚踹死

旻宁即位之前一直生活在撷芳殿，他 14 岁结婚后，一直都没有孩子，这一度令嘉庆帝非常着急，毕竟旻宁是他暗自选定的继承人。嘉庆十三年（1808），撷芳殿终于传来了好消息，旻宁的长子奕纬出生了，这令嘉庆帝长舒一口气，他立刻封长孙奕纬的生母辉发那拉氏为旻宁的侧福晋。嘉庆二十四年（1819），嘉庆帝将奕纬封为多罗贝勒。

多罗贝勒是三等爵位，仅次于和硕亲王和多罗郡王。康熙帝第一次给皇子封爵时，只有老大胤禔、老三胤祉被封为多罗郡王，老四胤禛和其他年幼的弟弟们一同封为多罗贝勒。这么一对比，就可见嘉庆帝对这位皇孙的喜爱程度了。

道光帝的皇子们住在乾东五所，道光五年（1825），道光帝命钦天监挑选吉日，安排 17 岁的奕纬重新搬回撷芳殿。当时，奕纬不光是皇长子，而且是独子——皇次子奕纲道光六年（1826）才出生，只活了五个月；皇三子奕继于道光九年（1829）出生，一个月即夭折。

可惜奕纬辜负了道光帝的殷切期望，他对读书完全提不起兴趣，也一点都不刻苦勤奋。道光十一年（1831）的一天，老师见他实在浑浑噩噩，就告诫说："大阿哥现在不好好读书，将来怎么能治理好天下呢？"

奕纬长期忍受着类似的说教，这一次实在不耐烦，就说了一句："我将来怎么治理天下，你管得着吗！等我当了皇帝，做的第一件事就把你给杀了，免得你再啰唆。"老师一听，这可了不得，转身就跑去找家长告状了。

道光帝一听火冒三丈：去把那个不成器的家伙给我叫来！奕纬自知闯了祸，哆哆嗦嗦地来了，刚一跪下请安，就不幸被气急败坏的道光帝一脚正中下体，当场不省人事，没过两天就死了。

道光帝心里一万个后悔啊：本来就只剩下一个儿子了，还让我一脚踹

◎《道光帝第六女寿恩固伦公主（左）、第七女寿安固伦公主（右）像》 清代 佚名

死了。不好好读书也不是什么大事，慢慢教育就好了，都怪我恨铁不成钢，一时冲动动了手。逝者已逝，无可奈何，只好追封奕纬为"隐志贝勒"。"隐志"二字出自《吕氏春秋》，意思是"隐而不露的意向"，这或许是道光帝表达愧疚的一种方式。

❁ 同住撷芳殿

也许是道光帝的悲伤与悔恨感动了上天，即将迈入50岁的他在奕纬死去那年就收获了两位皇子：全贵妃钮祜禄氏生下皇四子奕詝，祥妃钮祜禄氏生下皇五子奕誴；又过两年，静妃博尔济吉特氏生下皇六子奕䜣；再后来，七、八、九子也相继降生。

皇四子奕詝生母过世后，由博尔济吉特氏抚养，与六弟奕䜣一起长大。奕䜣虽然比奕詝晚一年进入上书房读书，但表现得更为聪慧，而且精通刀法和枪法，甚至自创武术套路，可谓文武双全。

看着两个一起长大的儿子，道光帝在做选择时一定充满了纠结和痛苦。道光二十六年（1846），道光帝在写建储密诏时，破天荒地写下"皇六子奕䜣封为亲王"，而且这句话位于"皇四子奕詝立为皇太子"之前。

道光二十八年（1848），奕詝和奕䜣一同移居已经多年无人居住的撷芳殿。为何是两位皇子一同入住？或许是道光帝借此告诉两个儿子：你们在父亲心里其实同等重要，选择谁当皇帝不过是因为谁更适合而已，并不意味着亲疏有别，<u>希望将来皇帝与亲王的不同身份并不影响你们兄弟二人的手足之情</u>。

可惜这只是一厢情愿。当兄弟俩清楚对方才是自己最大的竞争对手之后，就不复从前的亲密无间，也再不可能回到从前。

❀ 德优于才

道光三十年（1850），奕詝即位，是为咸丰帝。即位后，咸丰帝感念养母恩德，尊博尔济吉特氏为康慈皇贵太妃，遵照皇太后的待遇发放俸禄，还破格让她住在绮春园。咸丰帝甚至将其生辰定名为"慈寿节"（这也是太后才享有的待遇），每年都要举办典礼庆贺。所有这些逾制，都是为了加倍报答博尔济吉特氏昔日的抚育之恩，可见奕詝的孝顺与厚道。

咸丰五年（1855），博尔济吉特氏病重。奕䜣对咸丰帝死缠烂打，请旨遵奉母亲为皇太后。最终，咸丰帝念及抚育之恩，不得不同意，但要求不加道光帝的庙谥"成"，太后神位不进太庙，以显示嫡庶有别。奕䜣对此十分失望，兄弟至此失和。

皇太后丧事操办完成的第二天，咸丰帝称奕䜣在办理皇太后后事时失仪，免去他军机大臣和宗人府令等职务，令他重新回上书房接受教育，以示惩罚。

但当时奕䜣已经22岁,所以事实就是他下岗了,从此跟其他兄弟没什么差别。整个咸丰朝,除了与英法联军谈判之外,奕䜣几乎没有受到任何重用。

奕䜣做事大刀阔斧,做人锋芒毕露,并不能很好地处理人际关系。假设他做了皇帝,虽然可能比奕詝有更丰富的治国策略,更强硬的手腕,但没有亲和力,不懂得调和关系,也很难驾驭下面的官员。

从后来奕䜣跟慈禧太后的交锋来看,两个人年龄相当,慈禧太后接受教育的水平还远不如他,却能很轻松地利用他发动政变,给他议政王头衔再取消,让他进军机处再借故逐出,由此也可见奕䜣确实不擅长权术。可惜搞政治从来都不能只凭智商和能力,没有这方面的天赋还真就不行。

这么说来,道光帝最后没选奕䜣或许也是对他的一种特别的保护。

内务府永和宫御药房红木参刨子、针灸银针一套(二十八根)及秤一套 清代

我去故宫看历史

苦命天子

自从得知太平军起义，咸丰帝便给予了高度关注，还以雷霆之厉严惩前方作战不力的将领，即使贵为军机大臣的赛尚阿也不能例外。皇帝如此尽心尽力，可就是没有效果，只能眼睁睁看着太平军一步步从广西发展到占据半壁江山的地步。当洪秀全先后占领武汉、南京时，咸丰帝痛心疾首，先后两次颁布《罪己诏》，揽下所有责任："劳师糜饷，未能迅就荡平，皆吾罪也。"

❀ 生母早逝

奕詝的生母钮祜禄氏是二等侍卫颐龄之女，道光二年（1822）钮祜禄氏参加选秀，因蕙质兰心、才貌双全而获封全嫔，次年便晋封为全妃。

道光四年（1824），全妃因怀孕而进位贵妃——尚且不知肚子里的孩子是男是女，就能获得如此待遇，足见道光帝对她的宠爱。尽管生下的是个女儿（宫

❀ 镂空点翠镶宝石冰梅纹指甲套　清代

指甲套又称"护指"，一般是清代贵族女子所用。金色镀金弓形指甲套，自基底至指间渐细。外壁饰镂空冰梅纹，冰裂纹点翠，梅花花瓣嵌饰珍珠，花蕊嵌红色玉石。这件指甲套一式两件成对。现藏于台北故宫博物院。

中称其为"三公主"），道光帝依然十分高兴，下令隆重庆贺。

道光十一年（1831），全贵妃生下皇四子奕詝——由于前三位皇子已经离世，奕詝是道光帝实际上的长子，这使全贵妃的地位更加稳固。两年后，孝慎皇后佟佳氏病逝，全贵妃晋封皇贵妃，统摄东西六宫。道光十四年（1834），道光帝册立皇贵妃钮祜禄氏为皇后，即孝全成皇后。

母亲极为得宠，又是正宫皇后，对奕詝竞争皇位本应十分有利。可惜造化弄人，孝全成皇后于道光二十年（1840）暴毙于圆明园寝宫。母亲去世时奕詝只有9岁，转由静贵妃抚养。静贵妃的受宠程度虽比不上全皇后，但也很得道光帝欢心。在接手抚养奕詝时，她膝下还有一子，即皇六子奕䜣。奕䜣和奕詝年龄相近，两人一同长大，可惜最后却成了彼此最大的竞争对手，注定回不到小时候那样亲密无间的关系了。

奕詝本来就在文武表现上都不及奕䜣，又在一次打猎中意外坠马摔伤，

全靠老师教得好

杜受田从奕詝6岁起就当他的老师，一做就是十七年。奕詝在九位皇子中表现平平，但他有一个优点，就是有自知之明，而且对老师言听计从。道光帝有一次行围狩猎，奕䜣很快就带着猎物满载而归，奕詝却一箭不发、一无所获。道光帝问起原因，奕詝悲伤地说："眼下正值冬去春来、鸟兽繁殖之际，儿臣实在不忍杀生，致使小动物们因此失去父母而孤苦伶仃。我也不想和诸位兄弟一争高低，免得伤了骨肉之间的和气。"道光帝听后特别高兴，马上说："我儿仁孝，连动物都这么爱惜，也必然会善待百姓、施行仁政啊。"

这么高明的说辞，正是杜受田给弟子出的金点子。杜受田深知清朝以仁孝治国的根本理念，在继承人的选择上道德必然比才能更重要，这才叮嘱奕詝一定要在父皇面前尽力表现出仁慈和孝顺。

从此落下了跛脚的毛病。据说奕詝在登基后专门改了一项规矩：退朝时百官走后，皇帝再走。不明真相的人们起初还以为这是皇帝礼贤下士的表现，唏嘘感叹了许久，直到有一次皇帝因为生气而提前退场，跛脚的秘密才被大臣们发现。幸亏奕詝听老师杜受田的话，成功地用仁孝美德打动了父亲，最终才在与奕䜣的竞争中胜出。

然而，他的苦命才刚刚开始。

❖ 史上规模最大的农民起义

道光三十年（1850）二月，道光帝病逝，奕詝即位，以第二年为咸丰元年。"咸"为普遍，"丰"为富足，这个年号包含着普天之下丰衣足食的美好寓意。然而从他接掌政权开始，天灾人祸便接踵而来，而且一个比一个严重。

率先给咸丰帝送来登基"大礼"的是一个考了十多年秀才均告失败的落魄考生——洪秀全。

道光二十三年（1843），在又一次应试失败后，洪秀全无意中得到了一本宣传基督教的小册子——《劝世良言》，他读后豁然开朗，在迷迷糊糊中觉得自己仿佛受到了上帝的召见，上帝派他下凡来斩妖除魔。打开新世界大门的洪秀全在一条小河里完成了洗礼，开始信奉上帝，还向好友冯云山和弟弟洪仁玕传教。次年，洪秀全和冯云山去往广西传教。

道光三十年（1850），广西遭遇大饥荒，灾民遍野。同年夏天，洪秀全认为起义的时机已经成熟，要求各地信众到广西金田村"团营"，整编队伍与清军作战，并接连取得胜利。清政府这才意识到太平军有坚强的组织和严明的纪律，远不是之前认为的流寇，告急的奏章像雪花般朝咸丰帝飞来。

咸丰帝很快就想到了一个理想的人选——林则徐。林则徐从云贵总督卸任，回到福建老家养病才半年光景，即被任命为钦差大臣，前往广西镇压太平天国起义。皇命难违，林则徐不得不躺在特制的卧轿里带病仓促起程，走到广东潮州普宁县时病逝。

假如林则徐多活几年，这场农民起义是不是就被扼杀在摇篮之中呢？历史不能假设，留给咸丰帝的只有无可奈何，他转而把希望寄托在了文华殿大学士、军机大臣赛尚阿的身上。

赛尚阿出身于蒙古正蓝旗，鸦片

第六章 帝国走上了下坡路

战争期间曾以钦差大臣身份赴天津、山海关一带布防,以防英军北上进犯北京。其间他还向朝廷提出过多条专业的军事布防建议。

得,就他了!咸丰帝果断任命赛尚阿为钦差大臣前往广西。然而太平军势头不减,咸丰元年(1851)九月,太平军击败赛尚阿率领的清军,在永安(今广西蒙山)分封诸王,完成了政权的初步创建。其间,赛尚阿也因作战不利被革职,判处斩监候。

接着,太平军转战湖南、湖北,势如破竹。咸丰三年(1853)二月,洪秀全又率领太平军水陆并进,连克江西九江、安徽安庆、芜湖等地。三月,攻下江宁(今江苏南京),改名天京,正式定都,与清政府对峙。

鉴于八旗军、绿营兵战斗力极度衰败,咸丰帝认为用人行政,应一秉大公,无满汉之分。因此,他决定鼓励各地发展团练,希望借助民兵组织来对抗太平军。这个做法虽然违背了清朝入关以来"以满制汉"的祖制,却成为拯救已经处在风雨飘摇之中的朝廷的一剂良药。渐渐地,曾国藩在屡战屡败但又屡败屡战中崛起,率领湘军于同治三年(1864)攻破天京,结束了长达十四年之久的太平天国运动。

可惜咸丰帝并没有看到这一天——咸丰十年(1860),英法联军入侵北京,咸丰帝以"木兰秋狝"为名逃往承德避暑山庄。比起远在江南的太平天国,西方列强的接踵而至,带给咸丰帝一场更大的噩梦。

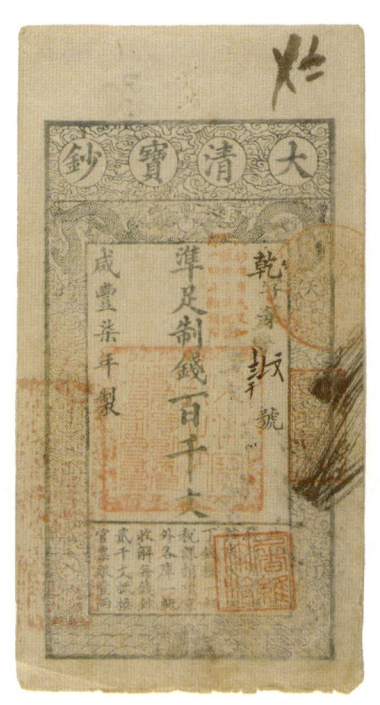

🏛 **大清宝钞百千文　清咸丰**
由于清末围剿太平军使军费支出浩繁,黄河连年决堤,财政窘迫,筹划艰难,清政府无奈在咸丰三年(1853)的二月和九月上谕户部,正式发行"户部官票"和"大清宝钞"。现藏于上海博物馆。

多事之秋

咸丰帝起初还密切关注着京城的动静：朕何时才能结束狩猎、起驾回銮？老六与英、法的和谈进展如何？后来听说英、法公使坚持要亲自向皇帝递交协议，咸丰帝忍不住唉声叹气：圣明如乾隆帝，当年在觐见礼仪上也没令英国使臣马戛尔尼完全屈服，最终只是单膝下跪、不必叩头，他就更别指望了。唉，看来这天朝上国的尊严与脸面势必一去不返了！

❁ 和与战举棋不定

咸丰六年（1856），咸丰帝遇到了和父亲同样的窘迫——英、法因修订条约的要求遭到拒绝，而向清廷宣战。

鸦片战争爆发时，道光帝即将步入花甲之年，本就已经有了无力改变现状后的懈怠，官员们也看出道光帝不爱听那些不太平的烦心事，便一味报喜不报忧，只为哄皇帝开心。林则徐在《软尘私议》中描述了鸦片战争后北京城内的景象："议和之后，都门仍复恬嬉，大有雨过而忘雷之意。海疆之事，转喉触讳，绝口不提，即茶坊酒肆之中亦大书'免谈时事'四字，俨有诗书偶语之禁。"中国太大了，信息相对闭塞，加之战事失利太折损颜面，所以大家便出奇一致地绝口不提，依然自欺欺人地沉睡在"天朝上国"的迷梦中。

咸丰帝生活在这种环境中，自然不可能对西方有太多了解。当英、法宣战时，朝廷正被太平天国运动搅得心力交瘁。江南未定，外患又起，英法联军由南向北，直逼北京，咸丰帝既不愿在洋人面前失了颜面，又不想滋生战事，

第六章 帝国走上了下坡路

◉ 顶戴花翎

顶戴花翎不仅是一种装饰，更体现着官员们的品级高低。

因此在和与战之间举棋不定。

咸丰七年（1857）十一月，英法联军进攻广州城，都统来存、千总邓安邦虽奋力抵抗，但广州城还是失守，两广总督叶名琛被俘。英法联军攻下广州后，乘军舰北上，于咸丰八年（1858）四月抵达天津白河口，俄、美公使表示愿意充当"调停人"。咸丰帝一面命令清军设防，一面将希望放在俄、美的"调停"上。四月初八，英法联军炮轰大沽炮台，守卫清军英勇还击，但直隶总督谭廷襄等人毫无斗志，一心只想着逃跑，大沽陷落。英法联军进逼天津城下，并扬言攻打北京。

❀ 颜面大于利益

咸丰帝仍坚持和战兼施的政策，一方面加紧军备，一方面派大学士桂良、吏部尚书花沙纳前往天津同各国公使议和。桂良与英、法、美、俄四国达成《天津条约》草案，咸丰帝对于条约的内容很不满意。

等英法联军撤离天津后，咸丰帝指示桂良等人赶赴上海与英、法继续交涉，务必取消外国公使进驻北京等"要

害"条款,并设法避免日后交换条约批准书时英、法公使来北京面见皇帝。

清廷为什么要极力避免各国互派大使驻在首都呢?就是因为对方见了皇帝不愿意行三跪九叩大礼。

不下跪有什么要紧吗?咸丰帝认为这会让他丢尽颜面,由此引发的连锁反应就是——"朝鲜、琉球等国,久奉正朔,每遇朝贡,皆极恭顺。若见该夷之桀骜倨侮,必皆有轻视天朝之意",持续多年的朝贡体系可能彻底崩溃。所以跪拜礼仪背后的含义,远比关税代表的实际利益更为重要。

不料英、法坚持在北京换约,并于咸丰九年(1859)再度进攻大沽口。守卫炮台的清军在科尔沁亲王僧格林沁的指挥下开炮还击,击沉击伤多艘舰艇,打死打伤敌人约五百多人,英法联军遭遇了侵略中国以来罕见的失败。咸丰帝对此次胜利十分兴奋,认为大可趁此机会震慑英、法,并彻底废除《天津条约》。

咸丰十年(1860),英法联军两万余人、舰船两百余艘,卷土重来,向大沽炮台发动猛烈进攻,炮台失守,英法联军一路杀向北京。

❀ 仓皇北狩

咸丰帝急派怡亲王载垣、兵部尚书穆荫等人前往通州议和,但这一次英、法提出的条件更加苛刻,要求除全部接受《天津条约》外,还要增开天津为通商口岸、增加战争赔款等。双方争执不休,谈判破裂。

咸丰十年(1860)八月,清军与英法联军在八里桥展开激战,结果惨

恭王府大戏台
历史悠久的恭王府换过三代主人（和珅、嘉庆帝同母弟永璘、咸丰帝弟弟奕䜣），留下了许多文化遗迹，故有"一个恭王府，半部清朝史"之称。恭王府大戏台是私家戏园，富丽堂皇、气势宏伟，用具相当豪华。

败。正在圆明园内避暑的咸丰帝得知后十分惊慌，称要按照"木兰秋狝"的祖制去承德打猎，暂避锋芒。临走时，咸丰帝命恭亲王奕䜣留守北京，负责议和。

"木兰"这个词来自满语，汉语意思是捕鹿。清军入关后，要传承这一打猎传统就得另寻场地。康熙二十年（1681），康熙帝为了团结蒙古诸部，在喀喇沁、敖汉、巴林等蒙古王公进献牧场后，决定建立一座皇家猎场，也就是木兰围场。每年夏秋之际，清朝皇帝会带领皇室宗亲、文武百官以及蒙古各部来这里围猎，史称"木兰秋狝"。

咸丰帝单方面宣布：眼下刚好到了木兰秋狝的日子，这是祖宗为了传承满族勇武精神而定下的铁规矩，岂能因英法联军即将攻陷都城这样的小事耽误，所以朕要去木兰围场围猎了，北京的烂摊子就留给各位爱卿慢慢收拾吧。

我去故宫看历史

❋ 耻辱与崩溃

咸丰十年（1860）九月，咸丰帝到圆明园西北隅的安佑宫（完全仿建景山寿皇殿，殿内陈列着先帝遗像）行礼告别后，带着孝贞显皇后、懿贵妃以及唯一的儿子载淳仓皇出逃。

据传，路过一处开满荷花的池塘时，少不更事的载淳哼起了宫女们在泛舟游玩时喜欢唱的歌曲："安乐渡，安乐渡……"咸丰帝听了，满怀伤感地摸着儿子的头说："这样的日子再也不会有了！"

◉ **圆明园大水法遗址**
大水法在圆明园西洋楼远瀛观南端，这是乾隆帝观看喷水景观之地。1860年被英法联军焚毁。

火烧圆明园

咸丰十年（1860）十月初七，英法联军来到圆明园，首先闯入的法军士兵，见到金银珠宝就往口袋里装，口袋里溢出的宝贝散落四处。英军把能带走的统统收入囊中，不能带走的就全部打坏。

大肆抢劫后，英国公使额尔金下令火烧圆明园，大火三日不灭，圆明园成了断壁残垣。但圆明园面积很大，因此少许偏僻之处及水中景点得以逃过劫难。同治十二年（1873）勘查时，园内还有建筑十三处。光绪二十六年（1900），八国联军入侵北京，京畿大乱，圆明园再遭焚劫。

这是清朝皇帝历史上第一次被人逼得逃出京城，还是被一向不放在眼里的洋人赶走的，这样的奇耻大辱给咸丰帝带来的打击不仅远超鸦片战争，也远超太平天国运动。

咸丰帝心里的痛苦比咸丰三年（1853）太平军占领南京时还要强烈，这一次事变几乎彻底摧毁了他多年以来不服输的意志。

❀ 自弃与堕落

折腾了这么多年，一个太平军起义，一个英法联军侵略，将咸丰帝所有的努力化为乌有。大清传到他手里后，各地狼烟四起、满目疮痍，一国之都都被人占了，汇聚万千艺术瑰宝的万园之园——圆明园也在熊熊烈火中化为残垣断壁。

咸丰帝早年大展宏图的满腔热忱顿时化为乌有，他失去了重新再来的勇气和信心，对人生产生了彻底的怀疑。丧失心志的咸丰帝逐渐喜欢上了避暑山庄远离尘嚣、每日歌舞升平的安逸生活，面对奕䜣等留在北京的官员请求圣驾回京的催促，咸丰帝说："今年天气已经冷了，等明年开春再说吧。"

咸丰帝自幼体弱多病，还有咳血的顽疾，加上纵情于声色，他的身体每况愈下。本来，严格遵照医嘱吃药调理还有一线转机，可惜他听说鹿血有补益虚损、治疗咳血的功效，就当成救命良药天天喝。咸丰十一年（1861），他咕咚咕咚一口气喝下三碗鹿血，没等太医抢救便气绝身亡。

咸丰帝在位期间内忧外患接连不断，连一天好日子也没过上，虽然他曾努力改变，但反而每况愈下，最终在极端的痛苦中走向崩溃和堕落。不仅如此，咸丰帝的苦命还在于，好不容易给大清留了个独苗，却莫名其妙被枕边人截了胡——自己尸骨未寒之际，载淳的生母慈禧太后便勾结恭亲王奕䜣发动政变，除掉了他生前精心挑选的八位顾命大臣。之后整个中国被慈禧太后统治了半个世纪之久，继续着沉沦与抗争的命运。

承德避暑山庄内寝宫——烟波致爽殿

烟波致爽殿建于康熙四十九年（1710），因康熙帝谓此"四周秀丽，十里平湖，致有爽气"而得名。正殿东西两侧各有一小跨院，为后妃居住之所。

宫廷里的娱乐活动

在摄影技术发明之前,纪实类绘画作品便相当于宫廷里的"生活照",为我们展现了丰富多彩的游艺与娱乐活动。

❀ 冰嬉

冰嬉源于八旗冬季训练项目,后来每年冬至到三九隆冬期间都会举办。乾隆帝不仅御制了一篇一千三百多字的《冰嬉赋》、六首以冰嬉为主题的诗歌,还让

◉《冰嬉图》 清代 金昆

画师完成了一幅《冰嬉图》,直观记录冰嬉运动会的盛况。冰嬉大典包括速度滑冰、冰球和转龙射天球三项比赛。

其中转龙射天球是在滑行中射击目标的项目,参赛人员根据自己所属八旗的颜色组成八支队伍,三人为一小队,一人举旗做引导,二人手执弓箭跟在其后,按照预先设定好的行进路线曲折向前滑行。接近皇帝御驾的地方设有旗门,门上悬挂一个"天球",接近旗门时,拉弓射天球,射完后再按预定路线归队。

为了增加观赏性,队伍行进中有杂技滑冰表演,一种是"双飞舞",两人在冰上翩翩起舞;一种是杂技、武术展示,包括冰上翻杠、耍刀、使棒、叠罗汉等等。射球时有的单脚点冰,如金鸡独立,有的故意滑过旗门,来个犀牛望月,回首疾射。八支队伍宛如八条游龙在冰面上团团旋转,煞是好看。

❈ 十二月行乐图

现藏于北京故宫博物院的《雍正十二月行乐图》反映了雍正帝的真实生活场景,也展现了十二个月不同的节令风俗,主题分别为正月观灯、二月踏青、三月赏桃、四月流觞、五月竞舟、六月纳凉、七月乞巧、八月赏月、九月赏菊、十月画像、十一月参禅和腊月赏雪。

◎《雍正十二月行乐图》之《正月观灯》 清雍正

《雍正十二月行乐图》之《八月赏月》 清雍正

◉ 五彩十二月令花卉图杯 清康熙

杯胎轻体薄，色彩清新淡雅，釉面细润洁白。十二月花卉纹杯以12件为一套，按照一年12个月分别在杯上描绘代表各月的花卉，再配以诗句加以赞美。杯撇口，圈足。外底青花双圈内书"大清康熙年制"六字双行楷书款。杯上的花卉和题诗分别是：一月水仙，诗曰"春风弄玉来清昼，夜月凌波上大堤"；二月玉兰，诗曰"金英翠萼带春寒，黄色花中有几般"；三月桃花，诗曰"风花新社燕，时节旧春农"；四月牡丹，诗曰"晓艳远分金掌露，暮香深惹玉堂风"；五月石榴花，诗曰"露色珠帘映，香风粉壁遮"；六月荷花，诗曰"根是泥中玉，心承露下珠"；七月兰花，诗曰"广殿轻香发，高台远吹吟"；八月桂花，诗曰"枝生无限月，花满自然秋"；九月菊花，诗曰"千载白衣酒，一生青女香"；十月芙蓉，诗曰"清香和宿雨，佳色出晴烟"；十一月月季，诗曰"不随千种尽，独放一年红"；十二月梅花，诗曰"素艳雪凝树，清香风满枝"。每首诗后均有一方形篆书"赏"字印。将诗、书、画、印结合起来装饰瓷器，体现了古人将多种艺术形式融会贯通、相互借鉴的艺术创作思想。十二月花卉纹杯构思巧妙，风格新颖，使人在品味美酒的同时能感受到美器的韵味。

❋ 看戏

宫廷里，每逢皇帝大婚、皇子诞生、帝后生日、外国使臣来访以及元旦、元宵、中秋等重要日子，都会安排戏剧节目上演，这叫"庆典承应"制度，是乾隆帝在位时期制定的。

当然，最痴迷的非慈禧太后莫属。慈禧太后对皮黄（即京剧的前身）情有独钟，归政后在颐和园里闲来无事，参与了昆腔《青石山》的改编，将昆腔改成皮黄腔。1898年至1900年，她还利用晚上就寝前的时间完成了对《昭代箫韶》的审定。慈禧太后看戏的时候相当认真，每次都拿着剧本边看边对照，发现演员的唱词与剧本上不一致时立即暂停，当场纠正。

◎ 《定军山》剧照
京剧名角谭鑫培在《定军山》中的剧照。《定军山》是中国第一部舞台艺术短片，由北京丰泰照相馆拍摄。

我去故宫看历史

第四册

毛帅 张小李 ◎ 编著

北方文艺出版社

目录【第四册】

第七章　黄昏至暗夜／1

权位，源于有机可投／2

叛逆与抗争／8

在沉默中爆发／12

儿子当了皇帝，父亲怎么办？／18

清朝女子的特色服饰／24

没有永远温顺的羔羊／28

痛则思变／35

康有为搅动风云／38

欲速则不达／45

山雨欲来／50

无法逆转的决裂／58

断送希望／63

京剧／68

前言

当明成祖决定在北京再造一座皇宫时，心里想的绝对不只是复制南京故宫的样子。规模、气势盖过历代皇宫，让自己成为各方面的标杆，才是一个有心超越古今的王者想要的模样。

为了体现天子"受命于天"的神圣性，紫禁城的布局处处向天帝看齐——天帝的居所位于天之中央，天子的宫殿便占据都城的中轴；天帝的宫殿名叫紫微宫，皇帝的居所也称紫禁城，守卫森严，神秘莫测；据说天宫有一万间房屋，这个数字象征着极限与圆满，紫禁城比天宫少半间，既略表谦逊，不敢与天帝平起平坐，又以九体现至高地位，以五寄托中庸祥和之寓意，契合皇帝的"九五之尊"。

天子既然"受命于天"，便自然而然地希望得天庇佑，"既寿永昌"。在天人合一的观念下，紫禁城处处体现着阴阳的对立与平衡：前朝部分在数量、尺寸等方面反复使用代表阳性的三、五、九这类奇数，后宫区域则多以偶数出现。乾清、坤宁两宫坐落在中轴线上，东、西六宫对称分布在左右两翼，同时，乾清宫与坤宁宫、日精门与月华门相对的命名规则也有阴阳相济、中和守恒的寓意。

除此之外，紫禁城内还有众多避灾祈福的讲究。主要建筑的正脊"龙口"位置均安放有一个宝匣，内含五金元宝（金、银、铜、铁、锡）、五色宝石、五色线、五香、五药、五谷等不同的镇物。重要宫殿的屋顶往往还有一排脊兽，脊兽的数量与大殿的等级相应，太和殿以十只脊兽独冠天下，代表其地位独一无二。木质结构建筑最怕火灾，明清两代将大吻视为镇火神物，每逢大吻制成，都要举行隆重的迎吻仪式；大殿正中还会设计"藻井"，上面雕刻或者彩绘荷花等水草植物，取以水克火之意。凤凰、狮子、龟、鹤等镇宅神兽散布各处，其中又以龙最为常见。以太和殿为例，殿外三层台阶共伸出排水用的汉白玉螭首（龙头）1142个，大雨滂沱时，千龙吐水，蔚为壮观。殿内每一块天花板上都有一条金色盘龙，计3909条。据统计，太和殿内的龙纹多达13844条！

六百年时光流逝，紫禁城人来人往。从数量上讲，太监、宫女、侍卫才是这座宫城里人数最多的群体，他们却属于最卑微的存在。不但从事着繁重的体力劳动，稍有过错还会面临主子的各种惩治，甚至默默无闻地死去。他们的绝大部分都湮没在历史的尘埃中，未留下一点痕迹，只有深得明成祖宠信而七下西洋的郑和，明朝第一代专权宦官王振，因生育明神宗而摆脱宫女身份、最终被尊为太后的孝定皇后李氏，因皇帝偶然临幸而生下明光宗的孝靖皇后王氏等极少数命运的佼佼者，才有机会在历史记录里留下姓名与事迹。

除了一般人信奉的多子多福，繁衍子嗣还是涉及延续皇家血脉的重大政治问题，因此在一般情况下，后宫妃嫔人数众多，她们往往因为美貌或者政治联姻的缘故而进入宫廷，从此与紫禁城为伴。虽然贵为皇帝的妻妾，她们却算不上皇宫的主人，非但很少有权力和机会过问宫中事务，就连自身命运也紧紧依附于皇权。除了养尊处优的物质生活，后妃们也有着凡人皆有的七情六欲，有着情理之中的种种举动：明孝宗一生只娶孝康敬皇后张氏一人，相信张皇后内心是极幸福的，很享受千古罕有的专一爱情；孝庄睿皇后钱氏得知丈夫明英宗被瓦剌俘虏无法回家时，忍不住日夜哭泣，直至双目失明，这纯粹出于结发妻子对丈夫应有的情感，并不因帝后的特殊身份而与普通人有何差别，明英宗也对钱皇后一生敬爱，不离不弃，两人依偎在南宫，一起熬过了最艰难的一段时光。

这座紫禁城，对外有着令人敬畏而又驰往的神秘气息，对内有着严苛到不可逾越的尊卑礼法；在这里，至尊与卑贱两极并存，翻云覆雨与命不由己并行不悖，穷奢极欲与孤寂落寞相应相合；其中的人物，既享受着高耸云端的尊荣富贵，也不能摆脱人所共有的爱恨情仇、生老病死。

皇帝曾经是紫禁城毋庸置疑的主人，六百年间，主人如走马灯一般换了许多任——他们有的长寿且大有作为，在此间留下了强烈的个人印记，如康熙帝、乾隆帝；有的因为疾病、政变、亡国等缘由匆匆而过，如明光宗。因为身处权力之巅，一举一动都有可能牵动天下、影响万民，所以即便在位时间短暂，也绝非了无痕迹。明光宗经历了国本之争的风雨煎熬，终于从皇子转为太子，却并未从此一帆风顺，反而横生波澜，遭遇了梃击案的意外凶险，即位一个月便撒手人寰更是他和大臣所意想不到之事，还留下晚明三大疑案之一的"红丸案"，继续影响着朝局的发展。

在专制时代，帝王不仅在历史记载中占据主角光环，紫禁城的命运也往往被帝王的个人作风所左右：各处宫殿或失火受灾，或年久失修，可能被尽职尽责的皇帝迅速修复，也可能迟滞数十年方才修复，或者干脆就此荒废；可能因为材料短缺或财政困窘而缩减规模，也可能因为明世宗个人的喜好而大规模改造与改名；会被明武宗不那么正经地感叹一句"好一棚大烟火"，也会因为溥仪时期的管理不善而流失大量珍宝……

紫禁城出路何在？走向共和，回归人民，这不仅是一个国家的历史走向，也是一座昔日皇宫摆脱破败、获得新生的必然之路。随着由皇宫到博物院的身份转变，历经繁华破败、沧桑冷暖的故宫，终于开启了别样的新篇章。

六百年已逝，六百年易逝，然而，故宫不老，故宫未央。

目录【第一册】

第一章　定都太纠结／1

朱棣：南京套路深，我要回北京／2

紫禁城里多玄机／11

永乐十九年天火／20

不按套路出牌的劝与让／26

爷孙隔代亲／32

仁宣之治非一人之功／36

三大殿终于重建了／42

第二章　天灾和人祸／49

崇质宫深锁英宗／50

被推上来，又被挤下去／58

东华门下喊，奉天殿上坐／65

明英宗的糊涂人生／72

遥不可及的父爱／78

明宪宗的业余爱好／84

好人治下的乱局／88

文官最爱的圣君形象／95

弘治中兴／102

嬉嬉复嬉嬉，嬉出新高度／108

两不迁就，都很痛苦／114

第一章 定都太纠结

朱棣：南京套路深，我要回北京

建文四年（1402），燕王朱棣以"靖难之役"胜利者的姿态昂首进入南京，侄子建文帝在奉天殿的一场大火中下落不明。自以为皇位已是唾手可得的朱棣万万没有想到，南京给他的第一份见面礼就是一场刺杀。一副文弱书生形象的御史连楹意图行刺，尽管失败被杀，但连楹死后屹立不倒的尸体，仍让朱棣感到胆寒。登基没几天，假意归顺的大臣景清也来行刺，朱棣又被溅了一身血……尽管慢慢在南京站稳了脚跟，但朱棣心里始终有挥之不去的阴影。北京，对他来说才是既熟悉又安全的地方。

❖ 开工时间是个谜

康熙帝曾经感叹："明朝历代皇帝的《实录》里面压根没多少实话，比如明成祖修建北京宫殿这么大的事情，居然一个字都没提。"确实，《明太宗实录》中的建筑营造部分仅仅罗列了陵墓建造和已有宫殿的日常维修，北京宫殿的营建活动还真没有记录。

但在《明太宗实录》中也有这样的记载：永乐四年（1406），明成祖下令以南京为蓝本，营建北京宫城——"自永乐十五年（1417）六月兴工，至是（永乐十八年十二月）成"。

可是，只要有常识的人很快就能觉察到这其中的蹊跷：紫禁城占地七十二万平方米，在缺少机械作业的古代，这样庞大的建筑群所需的工程量绝非三年时间就能完成。所以关于何时开工的疑问依然存在。

◎ **太和殿内景**

太和殿始建于永乐十八年（1420），仿南京故宫奉天殿而建，也称奉天殿。嘉靖四十一年（1562），改名为皇极殿。顺治二年（1645），改名为太和殿。太和殿是中国现存最大的木结构建筑之一，殿内的匾额"建极绥猷"是乾隆帝亲手所写，原件在袁世凯称帝时被换下，已佚，现在看到的匾额是复制品。

有人联想到，在信天命、敬鬼神的古代社会，重大工程的开工一般都会挑选黄道吉日举行开工仪式，当初明太祖建南京宫殿就有相关记录，难道唯独北京宫城不存在？这个，还真的有。

跟随朱棣多次北征及巡幸北京的金幼孜在《皇都大一统赋》、内阁首辅杨荣在《北京赋》里都提到北京皇宫也举行过开工仪式——显然，他们二位都知道确切的开工日期。巧的是，这两人后来都参与了《明太宗实录》的编纂工作，可见，"永乐十五年兴工"的官方说法就是他们掩盖真相的一个说辞。

◉ **《明成祖像》 清代 姚文瀚**

明成祖朱棣（1360—1424），明太祖朱元璋第四子，年号为永乐，故也称其为永乐帝。明朝建立后，朱棣被封为燕王，封地在北平（今北京）。建文帝即位后为巩固统治，采取削藩政策，朱棣发动靖难之役，建文四年（1402）取得胜利，在南京称帝。为加强对北方和东北地区的控制，永乐十九年（1421），朱棣迁都北京。在他统治期间，明朝经济繁荣、国力强盛，文治武功都有了很大提升。

✿ 步步为营

朱棣刚一登基就提出：想要将原来封国的社稷坛提升一下规格。但很快就被礼部官员以"不符合礼制"为由给否决了。连改建一个社稷坛都要受阻，如果这时贸然宣布迁都，还不知道有多大的反对声浪呢！

等到在南京即位半年后，初步稳住形势的朱棣于永乐元年（1403）正月正式下令，将北平所在的行政区划由北平府，并改为顺天府，与南京所在的应天府相对，北平则升为北京。为了预防有些大臣反对，朱棣特意在后面加了"行在"二字——意思是天子巡狩将会抵达的地方——只是出于工作需要而已，这个要求不过分吧？

既然是"行在"，总得事先做点准备，不然等天子真的去了，怎么解决吃住问题？永乐四年（1406），靖难之役中位居功臣之首的淇国公丘福"及时"站了出来，他率领文武百官奏请在北京建造宫殿，"以备巡幸"。

于是，朱棣颁布了《营建北京诏》，分派官员到四川、湖广、江浙、山西等地，组织当地军民采集建筑用木，身在北京的泰宁侯陈珪负责烧制砖瓦，各地提前挑选工匠、士兵和民夫，准备第二年五月去北京服劳役。

永乐七年（1409），皇上还真来北京巡狩了！按照计划，他将在原来的燕王府小住一段时间。最熟悉礼制的礼部官员立刻意识到了其中不妥之处，主动请示：燕王府内各处宫殿、门阙的名称都不符合您现在的身份，必须立刻整改！礼制方面的事宜，当然应该交给专业人士去办。于是，北京有了和南京规格一样的奉天殿。

重回北京的朱棣感慨万千，忍不住把第一道圣旨颁发给了当地老人，给他们许下关于未来生活的美好愿景——"谕在京耆老曰：朕今营建北京，欲与百姓同享太平。"似乎是在向天下人宣告：他的年号"永乐"绝非皇帝一人独

我去故宫看历史

◎ 从景山上俯瞰紫禁城

乐,而是要国家长治久安、君与民同乐。当地百姓听了感激涕零,无不希望北京宫殿能够迅速完工,好像只要这里一建成,皇帝就会搬回来一样。

❀ 北征突然中断

这是朱棣第一次以皇帝的身份巡狩北京,也是他人生中第三次北征(前两

第一章 定都太纠结

紫禁城

次是燕王时期）。永乐八年（1410）二月，朱棣亲率大军从北京出发，在"飞云山大战"中击败五万蒙古铁骑，迫使鞑靼部落称臣纳贡。七月，凯旋之师抵达北京，十一月返回南京。

永乐十一年（1413）四月，皇帝又来北京了，并且一直待到永乐十四年（1416）九月才回南京。永乐十二年（1414），朱棣指挥明军在忽兰忽失温（今

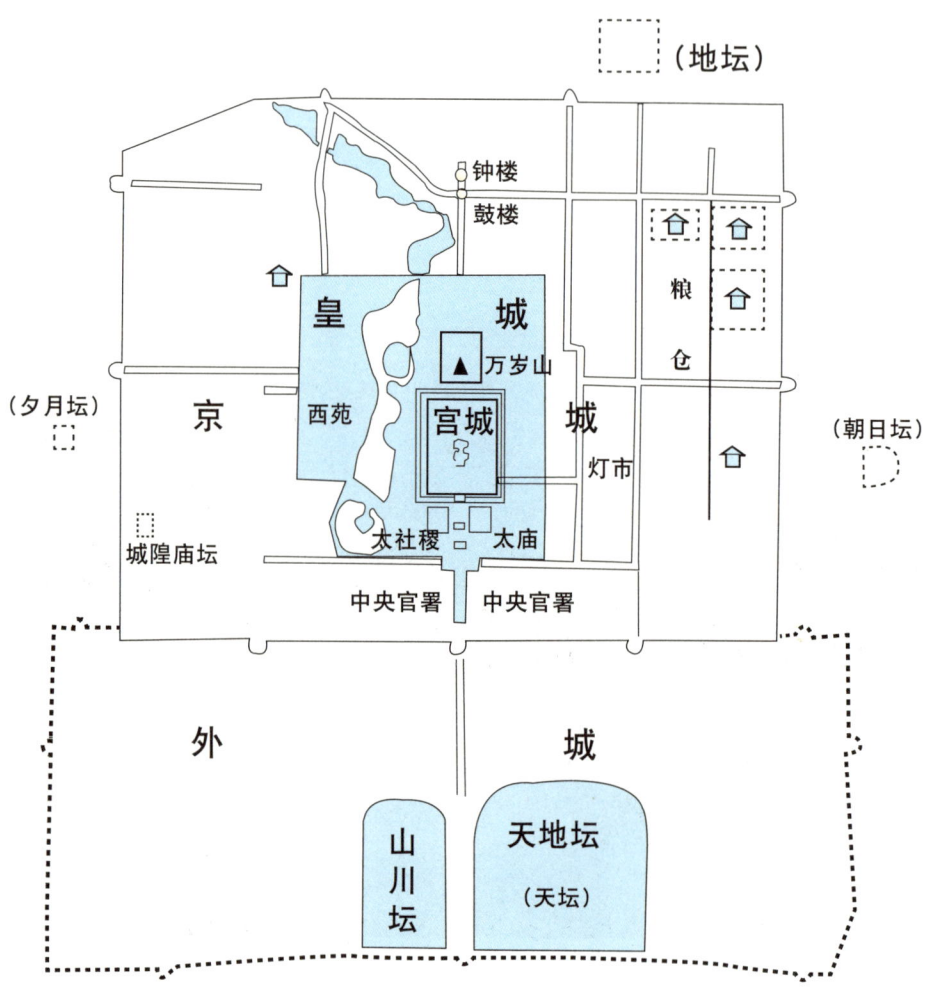

明朝北京城示意图

蒙古国乌兰巴托）击败瓦剌部落首领马哈木。次年，马哈木遣使向明朝谢罪，又恢复了对明朝的朝贡。

奇怪的是，迟至永乐二十年（1422），才有了朱棣当皇帝后的第三次北征，紧接着就是永乐二十一年（1423）、永乐二十二年（1424）的最后两次。永乐十五年到十九年（1417—1421）的五年间，北边的蒙古竟一下子变乖了，不再南下骚扰明朝了吗？但朱棣为什么就没有反击呢？这完全不像他以往的风格啊。

<u>这当然也和北京有关。</u>

❀ 讨论更像表态

永乐十四年（1416），朱棣从北京回到南京两个月后，"诏文武群臣集议营建北京"。朱棣不喜欢讨论，只要是能自己做决断的，就绝不会跟别人商量。当初丘福等人提出营建北京以备巡幸，也没开会讨论，就直接下令执行了。在这个时候召集开会，莫非有什么大事发生？皇帝觉得营建北京的工程太过庞大，不忍心服役的百姓奔波劳累，大家商量一下怎么办吧。

朱棣本人刚刚在三个月前下令营建北京西宫："八月丁丑，诏天下军民预北京营造者，分番赴工。"以往征调工匠、民夫做工都是在每年的二月至十月，"冬季辍工，以待来年"是惯例，朱棣这道命令偏偏要求冬天也要赶工……所以，百姓苦不苦，您心里还不清楚吗？

先有大运河，再有北京城

《营建北京诏》颁布后，官员们奔赴各地采集名贵的木材和石料，由于体型巨大，许多材料在运送至北京时费尽周折。北京故宫现存最大的一块丹陛石位于保和殿北面，原石毛坯重达三百多吨。为了将其运送到皇宫，数万名民工和士兵在道路两旁每隔一里左右事先挖好一口井，等到隆冬时节从井里汲水泼在路上，使地面结冰形成光滑的冰道。即使这样，也用了整整二十八天时间才运到保和殿附近。由此便可知从其他地区运送建筑材料的难度，这便凸显了大运河的重要性，朱棣集中人力进行疏通，终于使运河恢复畅通。从此，各地建筑材料大部分经由大运河船运而来，"先有大运河，再有北京城"的说法也逐渐流传开来。

汉白玉丹陛石

保和殿

丹陛石是皇家宫殿台阶中间镶嵌的石头，是皇家身份的象征。丹陛石选材精良，制作精细，石头上常刻有祥云、寿山等表示吉祥的图样。

就算是这么想，大臣们也不敢问啊。这次开会倒更像是一次表态，大家一上来就说："臣等窃惟北京河山巩固，水甘土厚，民俗淳朴，物产丰富，诚天府之国、帝国之都也。皇上营建北京，为子孙帝王万世之业。天下军民乐于趋事。"——北京的各方面条件得天独厚，皇上高瞻远瞩，早就为子孙万代考虑到了。所以您真的多虑了，百姓们不累，我们支持您的决定！

从一开始提升社稷坛的规格都不行，到最后群臣集议，"上从之"，朱棣就这样十分精妙地完成了迁都，而且他的仁慈与英明还得到了认可。

群臣集议之后，营造北京的活动不再需要藏着掖着了，各项工程就此全面展开。永乐十八年（1420），北京皇宫正式竣工。朱棣诏告天下，从明年元旦开始，北京改称京师，去掉"行在"二字。

《明太宗实录》的编纂者金幼孜、杨荣等人也松了口气，终于可以写下："自永乐十五年（1417）六月兴工，至是成。"

紫禁城里多玄机

朱棣一向标榜自己遵从祖制，北京皇宫的营造也是以南京故宫为蓝本的，无论宫殿的布局还是命名，二者都有很多相似之处。只是北京紫禁城的规模更加宏伟壮观，在方位、数量、尺寸、装饰各方面也有很多特别的讲究，隐喻阴阳相济、九五之尊等。直到今天，仍有不少难以解开的谜团……

❀ 三朝五门

《周礼·考工记》规定：国都平面呈正方形、边长九里，王宫的左边（东侧）是宗庙，右边（西侧）是社稷坛。东汉郑玄在《礼记》注语中又补充说：天子宫殿应该包括三朝，宗庙、社稷坛属于外朝，开朝会处理政务的地方叫治朝，休息生活的地方叫燕朝。另外，宫城应该开设皋、库、雉、应、路五门。这些加起来就是"左祖右社，三朝五门"的传统礼制。

这些是西周时代定下来的规则，直到隋代才开始恢复。明太祖朱元璋以"恢复中华"自任，在南京皇宫的布局上严格遵循礼制，朱棣在建造北京皇宫时也不例外。

承天门（后来改称天安门）是皇宫最外面的一重门，相当于皋门，每逢重大典礼，会在这里颁布诏书。

端门相当于古代的库门，东西两边各有一扇门，分别通往太庙和社稷坛，也就是"左祖右社"的布局。

午门相当于古代的雉门，每当军队凯旋时，在此举行献俘礼。

我去故宫看历史

承天门至午门之间的区域大致上相当于外朝。

太和门内是奉天、华盖和谨身三大殿（清朝时分别改称为太和殿、中和殿、保和殿），也就是治朝。最前端的奉天殿（太和殿）是天子登基、举行朝会、颁布政令的主要场所。

乾清门之后是皇帝和妃嫔们的寝宫，相当于燕朝。从康熙帝开始，乾清宫逐渐成了皇帝经常待的地方，皇帝在这里召见大臣、处理政务。

阴阳相济

阴阳五行是古代中国人极为信奉的宇宙观，认为"阴阳者，天地之道也"——阴阳相济才符合天道自然。北京皇宫在整体布局上也遵循了这样的理念，宫殿分为南北两大区域，帝王处理政务的地方被安排在前半区，妃嫔所在的寝宫则是放在后半区。

在规模上，三大殿居于中轴位置，文华殿、武英殿对称分布在东西两侧，建筑稀疏简洁但气势雄浑，充满阳刚之气；后宫建筑密集整齐，造型纤巧精美，体现阴柔之美。

数目上，前半区反复使用三、五、九等奇数。例如，三大殿居于宫殿正中央，承托它们的汉白玉平台也是三层。与之相对应的是，后宫多用偶数：中轴线上的主要建筑是乾清、坤宁两宫（交泰殿是嘉靖时期建在两宫之间的），两侧是东六宫和西六宫，象征众星拱月，各建筑的台阶也是偶数。

第一章 定都太纠结

◉ 紫禁城俯视图

在建筑命名方面，往往使用对偶的字词，借此强调阴阳相应、彼此调和，例如乾清宫与坤宁宫、日精门与月华门等。三大殿都带"和"字，寓意阴阳调和、万物有序、国泰民安。

❁ 五行相生相克

按照"五行、五方、五色、四象"理论，天子所居的大地中央五行属土，崇尚黄色。于是三大殿便被设计成"土"字形轮廓，屋顶大量使用黄色琉璃瓦。在五行相生相克的规则里，火生土，其颜色为赤红，所以宫殿的门、窗、柱、墙基本都用红色。而木克土，前半区建筑基本上是看不到花草树木的，就连绿色的装饰都很罕见。

东方属木，主生长，崇尚青色，明朝时皇宫东半区建有端敬殿、端本宫，是东宫太子居住、读书的地方。乾隆十一年（1746）在这里兴建了三所院落供皇子居住，因其位置在宁寿宫以南，故称"南三所"，也叫"阿哥所"。这里的两百多间房子屋顶大多使用绿色琉璃瓦，与五行相符。

有一道流水从宫墙的西北一侧进入皇宫，蜿蜒向南，这就是金水河。金水河的源头在北京西郊的玉泉山，而西方属金，这就是它名字的本意——打西边来了一条河。

金水河从北侧引入宫城也是有讲究的，因为北方属水，崇尚黑色，所以南北走向中轴线的终端是钦安殿，里面供奉着水神玄武。钦安殿正门叫天一门，有"天一生水"的意思，石栏上雕刻的图案也是波涛状的水纹。

❀ 九五之尊的奥秘

《广雅·释天》曰："天宫谓之紫宫。"因为古代星象学说认为紫微垣（即北极星）位于天的中央，是天帝的居所。他的宫殿叫作紫微宫，有一万间房屋，象征着数量上的极限与圆满。孔子说："为政以德，譬如北辰，居其所而众星拱之。"皇帝既然号称天帝之子，那么他的宫殿效仿紫微宫也是应该的。

紫禁城与整座北京城的中轴线重合，意在取"天子居于大地之中"之意。据说房屋数量被设计成了九千九百九十九间半，比天帝少半间，则表示人间的儿子不敢跟天上的父亲平起平坐。

根据现场测量，故宫现有大小院落九十多座，房屋共计八千七百零七间（四根房柱构成的空间算一间）。但故宫历经数次大火以及不断的改造修建，最初的房屋数量已经无法考证。

九千九百九十九间半房的设计大概是为了符合九五之尊的说法。有人说，"九五之尊"源于《易经》中的卦爻位名：九，阳爻；五，第五爻。阳气达到鼎盛，寓意飞龙在天，因此特指天子。另一种说法是，古代以奇数为阳、偶数为阴，九为阳数最高，五居正中，加起来寓意至尊祥和，因此成为帝王的独特象征。

不管房屋的数量到底能不能对上号，其他地方也存在"九五之尊"的隐喻。

首先，太和殿、中和殿、保和殿所处的"土"字形台基，南北跨度二百三十二米，东西相距一百三十米，比例约等于九比五。

我去故宫看历史

皇家藏书楼

文渊阁

文渊阁位于故宫东华门内文华殿后。乾隆四十一年（1776），文华殿后之皇宫藏书楼建成，乾隆帝赐名文渊阁，用于贮藏第一部精抄本《四库全书》。从文渊阁西侧上楼便可以发现一处房间，此房间虽有两柱，但之间距离并非一丈，而是五尺，如此小的距离，很难称之为房间，这便就有了故宫"半间房"的称呼。

其次，中轴线上的三大殿都是面阔九间，进深五间。明朝奉天殿本来是这样的，只是被李自成放火烧毁，到康熙八年（1669）重建时变成了面阔十一间。据说是因为当时实在找不到长度足够的优质金丝楠木，只好缩短桁条的跨度。

再次，宫殿屋顶一般有五条脊，中和殿、保和殿、乾清宫檐脊上安装的兽形装饰全都是九个。脊兽也叫镇瓦兽，只有宫殿庙宇才有资格拥有，普通民居不得安置。太和殿的檐脊上有十只脊兽，这是全天下绝无仅有的现象。人们把除"骑凤仙人"领队之外的脊兽固定排序编成了顺口溜："一龙二凤三狮子，天马海马六狎鱼，狻猊獬豸九斗牛，最后行什像个猴。"

最后，宫殿大门的门钉通常也是九列九行。当然也有例外——东华门的中门和左右侧门都少了一排门钉，只有八列九行七十二个。有人说，这是因为东华门靠近皇子居住区，规格上要比皇帝低一等，所以被设置成八排门钉。也有人说，皇帝、后妃过世后大多是从这扇门出宫，所以东华门又叫"鬼门"，阴气太重，少一排门钉是为了驱鬼辟邪。可这并不能解释为什么午门的左右掖门也少一排门钉。

但不管后世的解释如何玄乎神奇，我们已经无法从设计者那里得知正确答案了……时至今日，紫禁城依然散发着昔日至高权威遗留下来的神秘气息。

◎ 太和殿屋脊兽

屋脊兽是中国古代传统建筑中放置在房屋、宫殿等房脊上的雕塑作品,分布在房屋两端的垂脊上。故宫太和殿屋脊上有十只脊兽,既象征皇权的至高无上,也有十全十美的含义。不同的建筑物上所放置的脊兽数量不同,数量越多,级别越高。

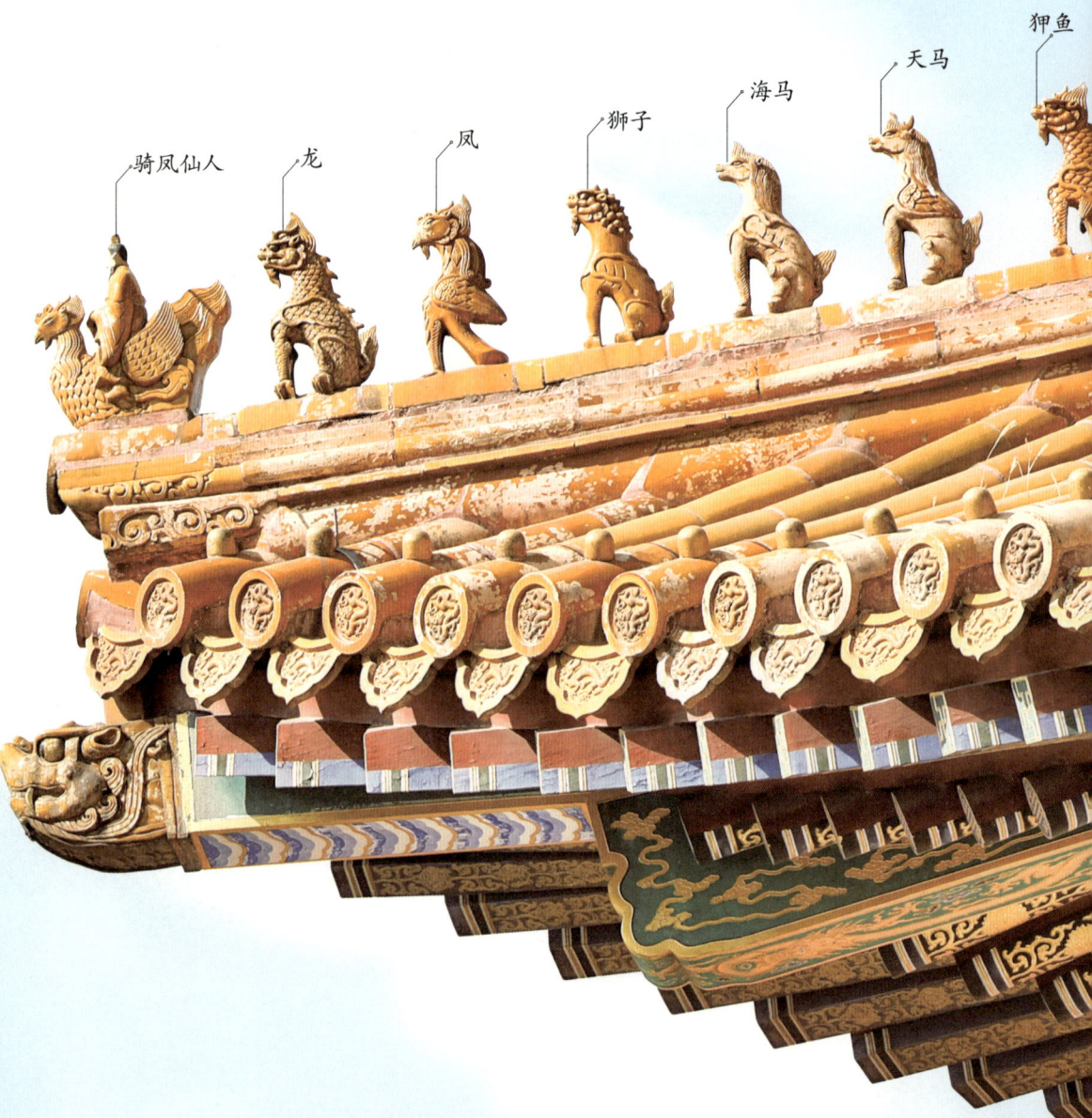

永乐十九年天火

永乐十九年（1421）正月初一，朱棣在奉天殿举行盛大朝会，热烈庆祝北京皇宫正式启用。据传，当时朱棣请钦天监负责测定时辰的胡瀅来看看新宫殿的风水，胡瀅掐指一算："今年四月初八午时（11点~13点），三大殿将毁于一场大火。"朱棣听了气不打一处来：竟敢在大喜之日说这种丧气话！把这小子关进大牢，让他

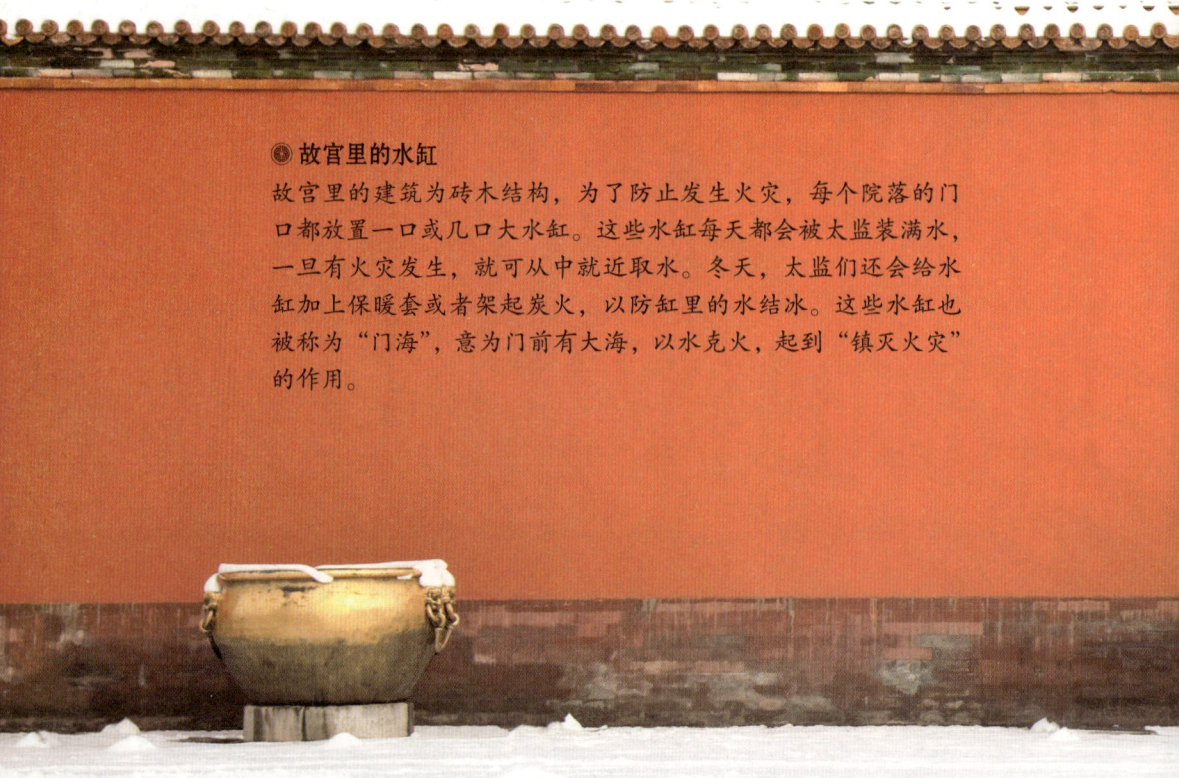

故宫里的水缸

故宫里的建筑为砖木结构，为了防止发生火灾，每个院落的门口都放置一口或几口大水缸。这些水缸每天都会被太监装满水，一旦有火灾发生，就可从中就近取水。冬天，太监们还会给水缸加上保暖套或者架起炭火，以防缸里的水结冰。这些水缸也被称为"门海"，意为门前有大海，以水克火，起到"镇灭火灾"的作用。

第一章 定都太纠结

亲眼看到预言失灵之后，再让他死个痛快！时间转眼来到了四月初八，午时刚过，监狱看守就幸灾乐祸地告诉胡濙：午时已经过了，你的死期到了。胡濙在绝望中自杀。可是没过一会儿，朱棣就接到奏报：奉天殿遭到雷击，三大殿全都烧起来了！

❈ 求批评，别当真

奉天殿加上台基在内高三十五米，在没有先进避雷技术的古代，如此高大的建筑物被雷电击中的概率很大。加上建筑物以木质结构为主，为了防止虫蛀和腐朽，在木材干燥之后还要用桐油浸泡一段时间，火一旦烧起来，就很难扑灭。更糟糕的是，奉天、华盖、谨身三殿通过廊桥连在一起，所以永乐十九年（1421）的这场天火很快蔓延开来，三大殿最终化为灰烬。

这次天火让朱棣想到的不是建立一支专业的消防队,而是本着"天人感应"的传统思维,惶恐地以为这是老天对自己的警告与惩罚。

失火当天,朱棣跑到太庙和社稷坛,祈求祖宗和上天原谅,随即颁布了《罪己诏》:朕秉承天命登基称帝,又严格按照礼制建造北京皇宫……希望你们可以大胆地提出我的错误,我保证努力改正!

于是,大臣们就当了真,七嘴八舌提起了意见。大学士杨荣建议禁止重狱;户部尚书夏原吉请求减免各地拖欠的税款,抚恤流民等;户部主事萧仪则指责营建北京城劳民伤财,要是安心待在南京,不就没今天这事了嘛。朱棣可不想背这锅:迁都计划是当初我跟几个大臣秘密商量好的,并非草率的决定;而且历朝历代都曾有过迁都的先例;迁都北京之后,还可以更好地防范蒙古的入侵。朕的一片苦心,你根本就不懂!

于是朱棣龙颜大怒,直接把萧仪给杀了。萧仪也成了永乐时期少数因上书言事而被处死的大臣。之后,整个永乐一朝,再也没有人敢提迁都回南京的事。可见,皇帝的求批评千万别当真,当真你就输了……

❀ 频繁出洋交流

永乐十九年(1421)的新年,北京城里有来自亚洲、非洲至少二十八个国家和地区的国王或者使臣们与大明君臣一起庆贺迁都。正月二十五日这一天,忽鲁谟斯、阿丹、祖法儿、苏门答剌等十六国代表还集体呈送了礼物。

这些人都是被一支频繁出海远洋的巨型舰队带到中国来的。这支舰队的人数超过两万,最大的宝船长四十四丈四尺,宽十八丈,载重量达八百吨,可以容纳上千人。这是大明派往海外从事官方交流活动的专业使团,团长是三宝太监郑和。

这已经是郑和第六次出使西洋,在不到二十年的时间里,郑和船队新建和改建的海船大约有两千艘,每艘大型宝船的造价是五六千两白银,而船上带给各国的礼物价值更是难以估量。有人说,如此不惜成本地笼络外国不过是为了满足统治者"四夷宾服,万国来朝"的虚荣感罢了。不管怎样，出海远航"支费浩繁，库藏为虚"是实实在在的结果。

四月初八三大殿被烧毁时，有大臣立刻想起了不久前又一次出海交流的郑和，就跟朱棣说：这种烧钱只求虚荣的活动能不能停掉？国库里的银子都要被它败光了，根本没有富余重建三大殿啊！

朱棣在风口浪尖上确实消停了一阵。到了永乐二十二年（1424）正月，朱棣听说朝廷任命的旧港（今印度尼西亚苏门答腊巨港）首任宣慰使施进卿去世，他觉得郑和有必要跑一趟了。当面让施进卿的儿子施济孙接替父亲职务，赏赐他大明的官印和官服，这才最能彰显大明权威。

❀ 北征必须继续

营建北京期间，朱棣两次以皇帝身份进行北征，分别是在永乐八年（1410）和永乐十二年（1414）。之后北京宫殿全面开工，朱棣就没再提北征的事了。

两次北征的花费，恐怕也不比修建紫禁城少。永乐八年（1410），朱棣带了五十万士兵、三万辆武刚车（有

◉《瑞应麒麟图》 明代 佚名

纵 90.4 厘米，横 45 厘米。绢本，设色。画作中有一兽，由一围人（饲养牛马之人）牵执。其线条勾勒匀称，设色自然。不过，这只"神兽"对现代人来说就毫无神秘感了，一望即知，不过是一头长颈鹿。现藏于台北故宫博物院。

围有盖的战车)、二十万石粮草，沿线还要另外储备一批粮食，以供大军回程时使用。明军击破蒙古五万铁骑，迫使鞑靼部落俯首称臣。永乐十二年（1414），朱棣亲征瓦剌，仍是出兵五十万。这一仗，明军打得异常辛苦，虽然击败瓦剌首领马哈木，明军也伤亡不小。

接下来的几年，明朝集中力量修建北京时，鞑靼一改对明朝俯首称臣的态度，甚至出兵劫掠一些边境城镇。

大臣们看着刚刚从北京腾出手来的皇帝又一次跃跃欲试，赶紧借着这次天火，劝他忍一时风平浪静。以往的天灾都不在眼皮子底下，也就没有强烈的视觉冲击感，但这一次上天的警示太直白太猛烈，亲眼看着三大殿毁于一片火海确实令人恐惧，朱棣总算稍稍忍了一段时间。

永乐十九年（1421）十月，鞑靼围攻北方重镇兴和所（治所在今河北张北县），杀死明军指挥官王祥，朱棣再也忍不住了，他决定第三次亲征。户部、礼部、兵部、刑部全都出面劝阻，奈何皇帝听不进去，反而把户部尚书夏原吉、刑部尚书吴中一起扔进了大牢，兵部尚书方宾一看这架势吓得直接上吊自杀了。

没有谁能够阻止朱棣北征的步伐，包括天意，甚至是他自己的身体。由于长年在外征战，朱棣患有严重的风湿病，医生盛寅给他开的药虽然效果显著，但病根难以去除。

◎ **随驾银作局五十两金锭 明永乐**

这枚金锭出土于明代梁庄王墓中，为永乐时期郑和下西洋带回的黄金做成的大金锭。

第一章 定都太纠结

青花海水江崖纹三足炉 明永乐

高 55.5 厘米，口径 37.3 厘米，足距 38 厘米。内施白釉，外壁通体绘有海水江崖纹，纹饰有"江山永固"之意。这件香炉烧造于紫禁城建成的年代，能够烧造出器形如此巨大、纹饰如此精美的瓷器，可以反映出当时景德镇窑工高超的技艺。现存于世的仅有三件，此件现藏于北京故宫博物院。

永乐二十年至二十四年（1422—1426），朱棣又三次北征鞑靼，都没有取得重大战果。因为狡猾的鞑靼部首领阿鲁台知道自己打不过，每次在明军到来前就已逃得不见踪影。而朱棣的身体却再也支撑不住，最终病逝于班师途中。

所以，永乐十九年（1421）这场来自上天的示警到底让朱棣有了哪些深刻的反省与悔改呢？其实朱棣早就在《罪己诏》里给出了答案："今天发生这样的事，我实在搞不懂自己做错了什么……"既然觉得自己没错，那就依然我行我素呗！

不按套路出牌的劝与让

永乐二十二年（1424）七月十八日，明成祖在北征途中病逝，宦官马云发现后急忙跑去跟内阁大臣杨荣、金幼孜商量该怎么办。杨荣、金幼孜决定秘不发丧，命工匠把随军携带的锡器熔炼后打成一口棺材，把遗体密封起来，每日三餐照样送进御车里。杨荣则快马加鞭赶回北京，通知太子朱高炽。由于他们的精心安排，总算没出什么乱子，政权得以平稳过渡。

❀ 武将看不上

据说朱高炽被立为燕王世子，不光因为他是燕王朱棣和王妃徐氏的嫡长子，还因为他很受爷爷朱元璋的喜爱。但亲爹朱棣一直都不喜欢这个大胖儿子。

朱高炽不是一般的胖，得两个随从在一旁搀扶才能跌跌撞撞地行走。他喜静不喜动，大部分时间都是静坐着看书，和文臣们混在一起讨论儒家学说。朱高炽虽生性仁厚，却并不懦弱。靖难之役中，他奉命驻守北平（今北京），挡住了朝廷方面的数十万大军。此外，他还十分擅长射箭，颇有些文武兼备的味道。

与朱高炽相比，二弟朱高煦显得有些悍勇无谋。自建文元年（1399）靖难起兵开始，朱高煦就因为作战勇猛而经常充当先锋官，立过不少战功，在武将中很有声望，还三番两次救过父亲的命。朱棣感激之余忍不住说道："你小子好好干，世子身体不好。"言下之意就是，要是朱高炽有个什么意外，将来朱

第一章 定都太纠结

◉ **甜白釉龙纹高足碗 明永乐**
器内壁印饰暗花五爪双龙云纹，器心饰一单圈，外围起伏规则花边，圈内锥拱暗花"永乐年制"两行直书篆款；此一圈状带花边纹饰颇似象征龙珠火纹，整体纹饰或为双龙戏珠。通体满施甜白釉，积釉处微泛青，釉质莹白润泽，并带"橘皮纹"棕眼孔。永乐白釉，不论薄胎、厚胎，其釉大多呈色莹白，滋润如脂，故有"甜白"之称。现藏于台北故宫博物院。

高煦就是他的接班人。

当朱棣杀进南京夺得皇位后，接班人的位置更加显赫，所以朱高煦总盼着哥哥能发生点意外。即使没有条件也要人为创造点条件，嘲讽、陷害哥哥朱高炽的事时有发生。

永乐二年（1404），明成祖打算立太子。如果他愿意遵守立嫡长子的传统，或者对朱高炽足够满意，就绝对不会在两个儿子中间犹豫不决。朱棣首先询问了武将们的意见，武将们显然更支持朱高煦。

问题是，朝廷里还有一半是文臣，而他们齐心协力支持的是朱高炽。

我去故宫看历史

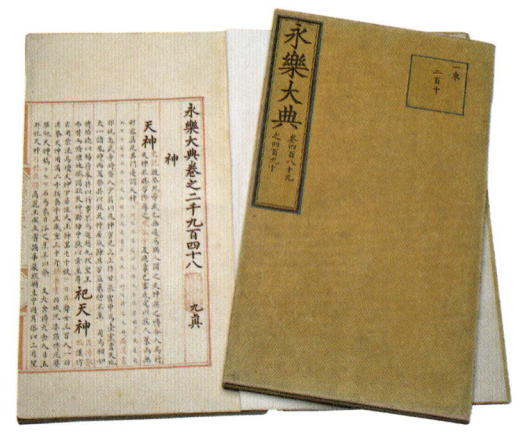

❀ 《永乐大典》书影

《永乐大典》全书 22877 卷，凡例、目录 60 卷。该书正本在明末就下落不明，副本于清康熙年间被发现，但已残缺。此后日益缺失，后经多方收集，现散藏于世界各地的有 800 余卷。

❀ 文臣一致拥戴

朱高炽常常跟文臣从早谈到晚地谈论经史，他也逐渐朝着文臣们期待的方向发展——老成稳重、儒雅仁慈、勤俭节约。在众多文臣心中，朱高炽比起生性傲慢凶残、厌学情绪严重的朱高煦，不知道好了多少倍。

文官集团几乎都站在朱高炽这一边，把他看作太子的不二人选，兵部尚书金忠还不时地在朱棣面前列举历代立嫡长子的故事。当明成祖因为太子人选而举棋不定的时候，他召内阁首辅解缙入宫商量。解缙号称"明初三大才子"之一，历史、礼制、文章、书法样样精通，当然也是朱高炽的坚定支持者。见素来固执的明成祖并不接受他列举的几条理由，又加了三个字："好圣孙！"两人相视而笑，不久确立的太子便是朱高炽。

原来，朱高炽的长子朱瞻基聪明机敏，深得明成祖喜爱，如果想把皇位传给这个孩子，就必须先让朱高炽接班。可以说，朱高炽得到太子之位还沾了儿子的一点光。

❀ 夺嫡之争

按照祖制，皇帝外出，太子监国。明成祖离开京城后，大部分情况下都由朱高炽监国。朱高炽也凡事小心谨慎,生怕出了什么纰漏。

永乐七年(1409),刑部尚书刘观犯了错,朱高炽在朝会上予以公开批评。但身在北京的明成祖却立刻通过书信远程批评太子:"大臣犯点小错很正常,凡事要宽容大度,不要动不动就批评责罚。"九天后又补充说明:以后大事还是得向皇帝申请处理意见。后来太子监国的权力便越来越小。

值得一提的是,刘观生活奢侈腐败,是一个大贪污犯。但明成祖在乎的或许不在于事情本身的是非曲直,他只是不想让太子跟朝臣走得太近,过早地树立权威。所以刘观之事不过是他用来打压太子的借口罢了。

朱高炽心里也清楚,不管儿子还是大臣,能够跟皇帝保持关系和谐的第一要素,就是安分、忠诚、服从。既然自己不能跟父亲对抗,就只能凡事小心翼翼,争取不落下把柄。

永乐九年(1411),朱棣回到南京,曾向内阁大臣杨士奇打听太子的监国情况。杨士奇立马回复道,太子凡事亲力亲为,即使生病了也坚持处理国事,而且十分孝敬恭谨。

◉ 剔红双龙牡丹纹盒 明代
高 7.4 厘米,口径 44.2 厘米,此盒的装饰风格以及龙纹都有着永乐时期的鲜明特征,现藏于北京故宫博物院。

永乐十二年（1414），明成祖北征归来，太子派人迎接圣驾时晚了一步。朱高煦立刻借题发挥，说了一大堆"太子有意怠慢，不把父皇放在眼里"之类的话，明成祖一怒之下把东宫的官员全部逮捕入狱。太子洗马杨溥、学士黄淮等人一关就是十年，直到朱高炽即位后才被释放。

永乐十五年（1417），有位姓陈的千户因犯罪而被贬交趾（今越南北部），但朱高炽念他有军功，便将贬谪改为输粟抵罪。宦官黄俨将此事在朱棣面前添油加醋讲了一番，朱棣大怒，下令立即杀掉陈千户，辅佐太子监国的梁潜、周冕等人也未能幸免。又是杨士奇挺身而出，在朱棣面前为太子美言一番，这才最终保住了太子的储君之位。

四劝三让

朱高炽本来就是太子，即位是名正言顺，按道理要走走程序，辞让一番……

永乐二十二年（1424）八月十一日，文武百官、军民代表上书劝进，到了第三次，满以为朱高炽该"勉强接受"了，没想到又遭到了拒绝。大家只好硬着头皮再来一次："您要是还不答应，可就要人心惶惶了啊。"话说到这个份上，朱高炽才接受皇位，第二天举行登基典礼。

三次拒绝显然不是惺惺作态，而是因为他的太子身份不被一些人认同，二十年来又受到了太多的打压，因此朱高炽希望通过一再的辞让迫使更多人加入劝进行列：当初不是有那么多人都不看好我吗？现在就通过这个行动来向我表明你们的忠心吧！

就这样，46岁的朱高炽，穿着特制的衮冕，步履蹒跚地登上皇帝的宝座，成了紫禁城的新主人。一个新的时代开始了。

爷孙隔代亲

由于行动不便,朱高炽在靖难之役中只能眼睁睁地看着弟弟跟着老爹南征北讨,而自己只能留守北平;朱棣登基后频繁北征,朱高炽又眼睁睁地看着自己的儿子跟着爷爷到处历练。而他这位太子,却时常受到批评和打压……长期在爷爷身边的朱瞻基看父亲朱高炽的眼神自然会有些异样——父亲在他心目中的形象实在不怎么高大伟岸,甚至还有些窝囊。

❀ 孙子眼里的爷爷与父亲

朱瞻基一出生,父亲朱高炽还没来得及说话,爷爷朱棣就抢先发表意见:瞧这孩子的眉眼,跟我有七八分相像啊,我太喜欢了!从此,朱棣就把朱瞻基列为重点培养对象,不仅安排姚广孝、杨士奇、杨荣做他的老师,还把朱瞻基带在身边巡狩北京、北征蒙古,让他增长见识;朱棣甚至专门从民间选拔出一批童子军教他如何指挥、训练军队,看上去比培养太子朱高炽上心多了。

由于在爷爷身边长大,朱瞻基的兴趣爱好也更像朱棣——骑射的功夫十分了得。而朱高炽却喜欢读书、和文臣讨论儒学,父子俩很少在一起生活,也没有多少共同语言。

即使在共处的时间里,朱瞻基看到的也几乎全是父亲出丑的模样。有一次,朱高炽带着儿子和弟弟朱高煦一起去孝陵扫墓,朱高煦一向看不上这个又胖又跛的哥哥,看他没走几步就气喘吁吁的样子,忍不住在背后冒出一句:"走在前面的人失足跌倒,刚好给后面的人提供预警。"话音刚落,走在朱高煦后面的朱瞻基就来了一句:"螳螂以为在蝉的后面占尽优势,殊不知自己身后还有一只黄雀呢。"这个例子固然可以说明朱瞻基的聪明机智以及帮父亲解围的一片孝心,但从另一个角度想,当爹的受欺负,还得靠儿子出手相助,实在有些窝囊。

❀ 既然为难,干脆拖延

明仁宗对父亲明成祖做的很多事都不认同,登基不久就改弦更张。最重大的一项变动是决定把都城重新迁回南京。

◉ 《明仁宗像》 清代 姚文瀚

明仁宗朱高炽(1378—1425),明朝第四位皇帝,明成祖朱棣长子。生性端重沉静,言行适度。在位时间仅九个月,但是他为政开明,发展生产,与民休息,为"仁宣之治"打下基础。

《武侯高卧图卷》（局部） 明代 朱瞻基
纵 27.7 厘米，横 40.5 厘米。此图绘诸葛亮袒胸仰卧在竹林中，举止疏狂。应是诸葛亮出山辅佐刘备之前，隐居于南阳的形象。人物情态生动，线条流畅。明宣宗朱瞻基将此图赠予平江伯陈瑄，反映出其求贤若渴的心情。现藏于北京故宫博物院。

　　江南地区是中国的经济中心，定都北京后，每年必须从南方输送大量资源，由此造成的耗费十分巨大。另外，恢复爷爷朱元璋当初选定的国都也符合祖制。

　　洪熙元年（1425）四月，明仁宗下令北京所有部门名称恢复永乐迁都前带有的"行在"二字。派太子朱瞻基前往南京拜谒孝陵，然后留在南京做一些迁都的准备工作。可惜一个多月后，朱高炽猝死在了紫禁城钦安殿，朱瞻基刚到南京又匆匆赶回北京即位，从此不再提迁都的事。

作为朱棣一手调教出来的"好圣孙"，朱瞻基和爷爷一样喜欢北京，也更认同"天子守国门"的政策。但父亲在遗诏里还念念不忘迁都，明确否定显然不合适，所以朱瞻基只好采取拖延战术。直到他的儿子明英宗朱祁镇即位，才最终确定以北京作为京师，取消"行在"的称谓。

朱家起名规划远

作为一个称职且优秀的开国皇帝，朱元璋为子孙后代的名字操碎了心，经过一番研究，朱元璋给每个儿子创作了一首二十字的诗，以后每一代人按顺序使用其中一字作为名字的第一个字。比如长子朱标这一支，用的诗是"允文遵祖训，钦武大君胜，顺道宜逢吉，师良善用晟"，所以，他的儿子叫朱允炆，孙子叫朱文奎、朱文圭。燕王朱棣这一支则是按照"高瞻祁见祐，厚载翊常由，慈和怡伯仲，简靖迪先猷"的顺序起名，于是，他的长子叫朱高炽，长孙叫朱瞻基。

然后老朱家每一代人名字中的第二个字都取"五行"作为偏旁部首，以火、土、金、水、木为序：三代建文帝朱允炆（火）、仁宗朱高炽（火），四代宣宗朱瞻基（土），五代英宗朱祁镇（金）、代宗朱祁钰（金），六代宪宗朱见深（水），七代孝宗朱祐樘（木），八代武宗朱厚照（火）、世宗朱厚熜（火），九代穆宗朱载垕（土），十代神宗朱翊钧（金），十一代光宗朱常洛（水），十二代熹宗朱由校（木）、思宗朱由检（木）。朱由检的太子朱慈烺（火）没来得及接班，明朝就灭亡了。

不过，这么操作遇到的问题是，皇家子孙以几何级数增长，以五行做偏旁的汉字必然供不应求，因此，只好来个造字运动，于是，朱氏家族成了各种生僻字的集合地，几乎凑齐了半个元素周期表：永和王朱慎镭、封丘王朱同铬、瑞金王朱在钠、益阳王朱恩铜……

仁宣之治非一人之功

宣德六年（1431）七月的一天夜里，内阁首辅杨士奇因生病精神不佳，已经进入梦乡。忽然听到嗒嗒的马蹄声在自己家门前停下，接着便是有人走动的窸窣声。出了什么事？他急忙穿上衣服跑出门，只见四名大内侍卫已在庭院的四角站定，可见皇帝已经进了院子。老眼昏花的杨士奇看不清皇上的位置，便急忙朝北面行礼："老臣不知陛下驾到……""士奇，朕在此。"杨士奇循着声音望去，只见明宣宗朱瞻基正悠闲地倚靠在栏杆上仰望天空。一句"士奇，朕在此"把君臣间的融洽关系体现得淋漓尽致，成为一段历史佳话。

❀ 群英荟萃

明仁宗即位后停止了宝船下西洋、采办珠宝等活动，让百姓得以休养生息。明宣宗延续父亲的治国理念，使明朝经济进一步发展，呈现出国泰民安的盛世景象，后世称为"仁宣之治"。

两任皇帝在位时期人才济济，既有于谦、周忱这样尽职尽责的地方官，也有夏原吉、蹇义等运筹帷幄的股肱大臣，其中又以先后担任内阁首辅的杨荣、杨士奇、杨溥最为著名，世人合称"三杨"。

皇帝与几位重要大臣之间的关系极为融洽，对于他们提出的建议总能虚心接纳，而大臣之间也能齐心协力、相互包容，事事以国家为重。杨荣机智灵敏，敢作敢为，曾经五次跟随明成祖北征，十分熟悉军务；杨士奇富有学识，精通各项典章制度，做事一丝不苟，即使把皇帝逼得面红耳赤，也坚持己见；杨溥性格内向，朴实低调，每次上朝都顺着墙根走，跟同事争论也始终平心静气，无论对谁都是一副彬彬有礼的样子。

❀ 机敏的杨荣

当取得靖难之役胜利的朱棣骑着高头大马进入南京城时，建文朝的旧官员们大都聚集在奉天门前，有的急切地盼着迎接新帝，有的忐忑不安地观望形势，只有杨荣拦在朱棣马前，恭恭敬敬地问了一句："殿下，您是先去拜谒孝陵，还是先进宫？"

朱棣立刻被一语点醒：就算再心急，也得先向天下宣示自己即位的合法性啊。既然当初口口声声说是遵照《皇明祖训》才起兵的，自然是要先找太祖交了差才可以进宫。于是他立刻掉头去拜谒孝陵，然后才举行登基仪式。

❀ 明孝陵神道
神道长约六百米，神道的东段两旁排列着狮子、獬豸、骆驼、大象、麒麟、马六种神兽，它们两两跪立，体现了皇家陵墓的礼仪要求。

◉ 歙石蓬岛仙壶砚 明宣德

此砚为圆形歙砚,青黑色。砚堂宽平,墨池周绕。砚周壁刻有九螭纹,另有篆书"大明宣德年造"六个字。墨池内刻有乾隆帝御题:"楼阁仙山涌海波,制从宣德仿宣和。同工书画殊为政,明帝过于宋帝多。乾隆甲辰御制。"现藏于台北故宫博物院。

许多人从这件事里看到的是杨荣的善于逢迎,但会察言观色只是表象,真正打动朱棣的是他能够在关键时刻做出正确决断的能力。

杨荣也因此进入文渊阁——这里一开始只是个收藏古今资料的国家最高图书馆,在朱棣的改造下很快演变为皇帝的机要秘书处,后来改名内阁。首批进入内阁的七个大臣里,杨荣是最年轻的一个。

❁ 国事需要善"断"之人

永乐二年(1404),杨荣升任太子右谕德,成为朱高炽的老师兼秘书,两人因此建立了深厚的情谊。明仁宗能顺利即位也多亏杨荣和金幼孜的当机立断。

明仁宗曾专门交代刑部、都察院、大理寺三法司,在审判重要案犯时必须请杨荣和金幼孜、杨士奇一起参加,于是这三位大学士常常在承天门外审理犯人,不但做到了公平公正,还提高了办案效率。

明宣宗即位不久,叔叔朱高煦就发动了叛乱。杨荣极力主张皇帝亲征,户部尚书夏原吉也认为兵贵神速,应该先声夺人。明宣宗这才下定决心亲率大军出动，平息了叛乱。

当时，明朝在征服交趾时常遭遇反抗，很难维持在当地的统治。明宣宗一直举棋不定，英国公张辅认为应该继续以武力镇压，而杨荣和杨士奇则建议从交趾撤军。最终，明宣宗接受了杨荣等人的建议，也免除了众多将士的远征之苦。

❋ 人无完人

杨荣在大事上善于决断，但在小事上经常不拘小节，比如经常接受官员的馈赠。明成祖在位期间共进行过五次北征，杨荣每一次都随侍左右，在熟悉军务的同时，也多少跟边关将领有些交情，这些将领每年都会派人送给杨荣一些土特产。和杨荣共事多年的杨士奇显然是知道的，但他从不说破。

明宣宗听说杨荣受贿之事后，就去问杨士奇："爱卿，你觉得这事该怎么处理啊？"

杨士奇诚恳地说："杨荣的这点小毛病我也知道，但是没有谁比他更精通边防事务，所以陛下睁一只眼闭一只眼就好了。"

明宣宗半开玩笑地问："杨荣可是在我面前揭过你的短啊，爱卿为什么还要替他说话呢？"

杨士奇还是一本正经地回答："人无完人，我和杨荣都不例外。所以希望陛下能像包容我一样包容他。"

这番话传到杨荣耳朵里，他觉得自己以前搞的那些小动作实在愧对杨士奇对自己的维护，从此便对杨士奇更加交心。

❋ 臣正直，君维护

洪熙元年（1425），有大臣上书说当今天下一片太平祥和之景，这全是托了陛下勤政爱民的洪福。对于这种歌功颂德的文章，一般人不会出来反对，况且明仁宗的工作确实干得不错。所以在场的人纷纷附和，唯独杨士奇较真地说：陛下确实已经做得很好，但还不够到位，还是有一些百姓生活艰辛甚至流离失所。但是我相信，只要您继续努力，咱们的国家再过几年会比今天更好。

明仁宗听了也不生气，反而对其他人说："国家能被治理好，全靠大家多提意见，然后及时调整，做出改进。

我即位几个月了，只有士奇指出了一些问题，其他人没有提出任何建议。难道我真的已经完美无缺，没有需要改正的地方了吗？"在场的人无不露出羞愧的神情。

杨士奇较真的个性，使他得罪了不少人，明仁宗知道这一点，就处处想办法维护他。

有一次，兵部尚书李庆建议将朝廷供给军队之后剩余的马匹，交由有关部门去养，每年回收小马驹，这样既能节省养马开支，又能增加马的数量。杨士奇却认为，用朝廷选拔出来的人才来养马是对人才的不尊重。但是朝堂上其他大臣都默不作声，明仁宗最后同意了李庆的建议。

散朝以后，明仁宗私下召见了杨士奇，说："我当然知道李庆的建议不妥，但我听说李庆等人不喜欢你，我担心今天同意你的建议会让你更得罪人，所以就把你的提议驳回了。不过，现在问题解决了——"说完，明仁宗拿出陕西按察使陈智反对官员养马的上疏，让杨士奇按陈智的意见草拟诏书，停止让官员养马。杨士奇随后叩首感谢明仁宗对自己的信赖，他说："陛下知臣，臣不孤矣。"

明宣宗

◉ 《朱瞻基行乐图卷》 明代 无款

纵36.7厘米，横690厘米。绢本，设色。在这幅长卷中，表现了明宣宗观赏宫人射箭、蹴鞠、打马球的场景。而在画卷的后半部分，明宣宗更亲自下场参与捶丸和投壶。画卷对宫廷景色、人物活动的描绘细腻而生动，关于各项运动的场地规格及玩法形式更有翔实的刻画，对于今人了解古代帝王生活及种种体育运动、游乐项目的细节有着重要的参考价值。现藏于北京故宫博物院。

明仁宗有一天饱含深情地对杨士奇、蹇义说："我当了二十年的太子，经常遭到小人陷害，幸亏咱们三人同心协力、患难与共。可是等我死了，谁还能明白君臣相知相持、共创大业的心迹呢？"说着说着，明仁宗的眼泪忍不住就流了下来，杨士奇、蹇义也在一旁默默落泪。由此可见，"仁宣之治"不仅是帝王一人的功劳，而是君臣协作，共同努力的成果。

我去故宫看历史

三大殿终于重建了

明太祖开创的御门听政的光荣传统在明仁宗、明宣宗两朝得到继承和发扬。对明仁宗来说，他本该在宏伟壮丽的奉天殿举行他入住紫禁城之后的第一场登基大典，但因为永乐十九年（1421）的那场大火，只能将典礼的地点选择在奉天门。当门前广场上文武百官跪拜行礼、高呼万岁的时候，奉天门门后奉天殿的汉白玉台基上还是一片断壁残垣……

御门听政

明朝时，百官每日拂晓分成文武两班，从午门左右两扇门进入紫禁城上朝，在奉天殿前的奉天门广场按照品级高低列队。皇帝在奉天门正中间的门洞里升座，大臣们跪拜行礼后，有事的官员随即按照事先安排好的顺序上前汇报。议事时只有皇帝和相关官员说话，其他人不得大声喧哗，否则以"失礼"罪论处。所有事务处理完毕后退朝，百官恭送皇帝起驾回宫，然后再回到各自的工作岗位。

这种不在大殿举行的大型室外朝会叫"御门听政"，是古代帝王处理政务的一种形式。但日常事务的决策根本用不着这么兴师动众，召集高层官员进行小范围讨论更加便捷高效，还能预防人多嘴杂、消息走漏。所以"御门听政"往往只是例行公事，主要用来体现皇帝的勤政亲民。

明太祖以勤政著称，他登基后将每日朝会的地点设在奉天门，参加人数也从百人增加到千人，场面蔚为壮观。明成祖搬到北京后一直在前朝三大殿举行

◎ **掐丝珐琅双陆棋盘 明代**
此盘为明代御用监制造,铜胎镀金。长方形,四壁直立,下承束腰六足带托底座。盘内底四边饰镀金长方框,框内以掐丝浅蓝釉为地,饰七狮戏球纹。方框长边上各有十二个小圆开光,内嵌螺钿,是为棋位。

朝会，可惜办公场所没过多久就被一场天火烧毁了。因为害怕"天怒人怨"，明成祖没有立刻重建。明仁宗还想着搬回南京住呢，所以对三大殿的重建工作压根就没上心。明宣宗不想再迁都，却也不好违抗父命，只能一拖再拖。重建三大殿的工程直到明英宗即位以后才被提上日程。

❀ 条件成熟

宣德十年（1435），9岁的明英宗朱祁镇上台。掌握朝政的太皇太后张氏以及辅政的内阁大臣杨荣、杨士奇、杨溥，做出了重建三大殿的决定。

首先，从皇帝登基、大婚、册立太子到日常朝会，总是用别的地方代替绝非长久之计，而紫禁城里长期留着一片废墟也有损皇家气派。其次，经过几代人的励精图治，明朝的经济快速发展，国家已经具备再次大兴土木的实力。最后，当初营造北京宫殿时留下了大量备用的建筑材料，刚好能派上用场，这大大减少了去民间重新采集建筑材料的任务量。

正统元年（1436）首先启动的工程是城池门楼部分的修建，然后才是难啃的大骨头——奉天、华盖、谨身三大殿的重建，同时还要维修乾清、坤宁两宫。这次重建的总工程量跟当年营造紫禁城几乎不相上下。

三大殿重建需要原来的数据以及高超的设计规划。幸亏当时有善于组织、调配工匠和材料的工部尚书吴中，可靠的"活图纸"阮安和拥有高超建筑手艺的"当世鲁班"蒯祥这样的杰出代表。

第一章 定都太纠结

北京宫城图 明代

❀ 杰出的设计师

吴中历任永乐、洪熙、宣德、正统四朝工部尚书。他主持修建了明成祖在天寿山的长陵,后来又负责修建了明仁宗的献陵和明宣宗的景陵。此外,他还参与了永乐年间北京宫殿的营建。

其实吴中早在宣德元年(1426)就申请修复宫殿,只是当时明宣宗刚即位不久,工匠们还在遵照先皇的命令修理南京宫殿,这时要是在北京大张旗鼓地重建三大殿,拒绝迁都的意图未免太过明显,所以被明宣宗否决。但是采集木料、烧制砖瓦的工作已经在紧锣密鼓地进行中。明宣宗还曾因吴中过于严格地控制工匠而批评过他,但吴中仍然我行我素,闷声不响地为重建工程做了不少前期准备。

阮安是交趾人,永乐年间入宫当了宦官,曾参与北京宫殿的营建。在正统年间重建三大殿的活动中,他起到了至关重要的作用。

阮安的看家本领叫"目量意营"——大型建筑只要看过一眼,他就能心算出结构和尺寸。此时距离阮安参与营建北京宫殿已经过去将近二十年,一切要靠他记忆里的模样来复原,任务十分艰巨。

正统六年(1441)九月,当三大殿重新出现在世人眼前时,那些曾经亲眼见过永乐年间紫禁城恢宏气度的老臣们无不赞叹连连。

❀ 宦官专权的苗头

正统六年(1441)九月,北京宫殿重建、修复工作全面完成,明英宗宣布正式定北京为京师。在随后举行的庆祝宴上,推杯换盏的大臣们其乐融融,明英宗心里却空落落的。原来,他想王振了。

宦官一般都是穷苦人家的孩子,没读过什么书,指望在宫里干点儿体力活或者打杂混口饭吃而已。明宣宗为了能和日益膨胀的文官集团抗衡,还专门设立内书堂供宦官读书,提高宦官队伍的文化水平。

王振本是个中过举的读书人,但他认为考学太难,就干脆进宫当了宦官,凭着文化水平高而且善于察言观色的本事一举博得明宣宗的青睐，被派到东宫服侍太子朱祁镇，成了陪伴太子长大的亲密伙伴兼人生导师。

朱祁镇一即位，王振便拿下了宦官中权力最大的职位——司礼监掌印太监，不但总管宫里所有宦官以及著名特务机关东厂，甚至可以压制内阁。因为内阁呈上来的文件必须先由司礼监秉笔太监代替皇帝把命令用红笔批写在奏章上，称为"批红"，再经掌印太监加盖玉玺，最后交回给内阁颁发执行。可以说，王振成了皇帝的代言人。只是太皇太后、"三杨"在的时候，他还不敢胡作非为，但已权势赫赫。

❀ 门不可乱进

和明英宗朝夕相处的王振之所以没能在宴会上，<u>是因为明太祖当年立下的一条规矩：宦官不得干预朝政，也不能和外臣一起参加官方宴会。</u>但身边没有王振的身影，明英宗总觉得少点什么，终于他决定打破陈规，派人去请王振，不仅如此，还特意让王振走东华门中间的大门。

这样一来，问题就严重了。因为对于等级森严的紫禁城来说，门绝对不能随便进。

午门有五个门洞，但各有各的用途：中门专供皇帝出入，属于御道；上朝的时候，文武百官走左门，王公贵族走右门；左、右掖门平时不开，只有在举办大型活动的时候，才供三品以下官员按照文东武西分成两班出入。

东华门内是太子东宫，这扇门一般供太子使用。后来明世宗朱厚熜以藩王身份进宫即位时，礼部安排他从东华门进，以明武宗朱厚照太子的身份住文华殿，然后再举行登基大典。朱厚熜虽然只有14岁，却很清楚从不同门进宫的区别，他断然拒绝说："明武宗是按照祖训里兄终弟及的规则传位给我，并不是要我先认堂哥做爹才能即位。"最终朱厚熜从午门、奉天门进入奉天殿，即皇帝位。

朱厚熜坚持不从东华门进，是不想自降身份，而明英宗让一个宦官从东华门进，则是在无限抬高其地位。有皇帝如此撑腰，王振做事便愈发有恃无恐，<u>明朝正在朝着第一个宦官专权的时代"稳步"迈进……</u>

第二章 天灾和人祸

崇质宫深锁英宗

正统十三年（1448），瓦剌首领也先派使团来北京交纳贡品。根据惯例，明朝不但会高价收购这些马匹，还会按使团的人头派发精美的布匹作为赏赐，以展现大国的富足与慷慨。

但问题是，交上来的马品质低劣也就算了，数量还没来送马的人多呢！负责接待的王振很生气，不但只按实际人数发放赏赐，还大大压低了马匹的收购价格。这件事儿招来了也先的疯狂报复。

年轻气盛要亲征

正统十四年（1449）七月十一日，也先大举南下，接连攻克明军沿线据点，兵锋直指明朝的军事重镇大同（今山西大同）。明朝右参将吴浩率军迎战，在猫儿庄兵败身亡。明英宗命重兵把守阳和口。

22岁的明英宗正是年轻气盛的时候，哪受得了这种欺辱，当年明成祖北征威震蒙古，明宣宗迅速平定朱高煦叛乱，祖辈们在军事上的辉煌无不带给他极大的振奋，何况此时大明国力鼎盛，对面区区一个瓦剌，难道还怕它不成？

明英宗最信赖的王振也觉得必须给瓦剌一点颜色看看，极力鼓动明英宗亲征。

铁錾金龙穿花头盔　明代

可前提是你得能够胜利回师。而不幸就在于一个皇帝、一个太监，两人都是军事上的外行，他们想当然地以为，打仗跟打架差不多，人多就准赢。虽然明成祖出门带的确实是五十万之众，但他指挥得了，而且了解蒙古人，至少懂得"兵马未动粮草先行"的常识。

❀ 不料亲征玩砸了

一大帮非军事专业的文臣出于对战争天生的恐惧以及天子不轻易出动的朴素真理，对冲动的皇帝发起劝谏，兵部尚书邝野、侍郎于谦也从专业角度分析此行的凶险。无奈他们都比不上王振在明英宗心中的分量，<u>明英宗执意要亲征</u>。

从宣布亲征到组织起五十万大军上路，前后只用了两天时间，大军走到大同附近便发现粮草即将消耗殆尽。很快，前线又传来了明军惨败的消息，王振慌乱下令撤退。

王振原计划从紫荆关（长城的关口之一，位于河北易县城西四十千米的紫荆岭上）回北京，到了家乡蔚州（今河北蔚县）后，请明英宗去自己的老家坐坐，但是又怕大军踏坏地里的庄稼，所以改道向东行，走宣府（明初设立的九所边镇之一，治所位于今河北张家口宣化区）、进居庸关回北京。

八月十四日清晨，瓦剌军已逼近明军，占领怀来（今河北怀来），控制当地水源。被迫在土木堡（今河北怀来东）驻扎的明军挖了六米多深的坑也没见到地下水，士兵们彻底崩溃了，最终被瓦剌一举击败，明英宗被活捉。明军士兵死伤过半，英国公张辅、兵部尚书邝埜等随行文武大臣多数牺牲，被认为误君害国的王振被愤怒的将领樊忠直接用锤锤死了。

土木堡的惨败，明朝皇帝被俘，五十万精锐部队尽失，使明军元气大伤，也更加助长了也先的野心。

❀ 被迫"北狩"难回家

为了彻底摆脱瓦剌的要挟，也为了应对目前的危急局势，兵部侍郎于谦等人奏请皇太后孙氏立明英宗异母弟弟、郕王朱祁钰为帝（即景泰帝），遥尊明英宗为太上皇。因为不方便说明英宗被俘，于是委婉地称"北狩"——说他到北边巡狩去了。

土木之变图 现代 杨苇

八月十八日，皇太后召集群臣商议与瓦剌的战事。侍讲徐珵认为京中只剩老弱病残，不如弃城逃跑，迁都南京。但兵部侍郎于谦则表示反对，他力挽狂澜，组织军民保卫北京。十月，也先挟明英宗率瓦剌大军再度南下，兵临北京城下。于谦面对强敌，冷静指挥。双方激战五昼夜，瓦剌败走，也先被迫退回塞外。明朝暂时度过了这次危机。

随着北京保卫战的胜利，也先退回草原，明英宗逐渐失去了利用价值。瓦剌的物资本来就不富余，还得好吃好喝招待一个没用的外人，实在有些浪费粮食。见北京方面始终没有赎人的意向，也先急了，他主动派人联络：赶快来接你们的皇帝啊！难道不想要他了吗？

坐上皇位的朱祁钰还真不想让哥哥回来，但是一直拒绝把哥哥兼太上皇接回来，也不是个事儿啊。见新皇对瓦剌的喊话一直爱答不理，大臣们不知道是真看不懂他的心思还是一心认死理，反正老是劝朱祁钰派人过去试试。最后还是于谦看到了问题的关键，他拍着胸脯对朱祁钰保证："您被推戴为皇帝是当时形势使然，也是天命所归，既已成定局，就没有再把皇位还回去的道理！您不能因为这一点就拒绝跟瓦剌接触，总得派人去看看，万一真是对方使诈，也给了咱们拒绝的说辞。"景泰帝不好再说什么，只好派人出使瓦剌。而这位使者，只凭一张嘴，就改变了历史的走向。

缂丝仙鹤方补 明代
此方补以金线织地，一只仙鹤独立于海中礁石上，回首遥望红日。方补是用金线和彩丝织成，缝缀在官服的前胸和后背，以此作为官员品级的标识。现藏于美国纽约大都会艺术博物馆。

✤ 大救星杨善来也

出使瓦剌的大臣是礼部左侍郎杨善。杨善是北京大兴人，当年看好朱棣能造反成功，就参加了靖难之役，因守卫北京有功，成了典仪所引礼舍人，负责招待宾客、迎来送往。虽然在品级上属于"不入流"，但好歹也从此步入了仕途。经过三朝的打拼，杨善终于晋升为正三品的礼部左侍郎，兼管鸿胪寺。

土木堡之变中，跟着明英宗出征的官员大多死于非命，66岁的杨善却能抓住稍纵即逝的机会，毫发无损地逃回了北京，这本事实在令人赞叹。或许是出于在土木堡没保护好皇上的愧疚，这一次杨善主动请求出使瓦剌，接太上皇回家。

景泰帝只是觉得杨善在礼仪上够专业，出去不会给大明丢人，本来也不指望他能干成啥事——交给杨善的国书上只是语气强硬地要求瓦剌立即停止与朝廷的对抗行为，至于被扣押的太上皇，压根就没提半个字。杨善临走前还专门提出：北方寒冷艰苦，要不给太上皇捎点衣服？也被景泰帝冷冷回绝。

也先见到杨善后先是劈头盖脸地一顿数落："对我们进贡的马匹压价，赏赐的布匹也从中间剪断，还扣留我派去的使者，这些账要怎么算？"

杨善于是耐心地向也先解释：首先，您最近几年进贡的马越来越多，已经超出了我们的预算，为了彼此的友谊我们只好默默承受，虽然降低了收购价格，但单价乘以数量算一算，您还是赚的啊！

咱再说布的事，根据您反映的情况，我们进行了彻查，相关的人员已被严肃处理了。这绝对不是我们皇帝的本意，就像您送来的马也偶尔会有劣质品，这也绝对不是您的本意，对吗？

也先连忙回答：当然，当然，这都是下面的人办事不力。

杨善更来劲了：再说说扣押使者——这完全是误会啊！您派来的使者三千人，难免良莠不齐，一些人潜伏在使团里作奸犯科，因为害怕东窗事发后受责罚就逃跑了，这才导致人数有所减少。只要是参加了招待宴会的，我们都如实按人头发放了赏赐。

把自己的责任撇得一干二净，又给对方留足了面子，这就是说话的艺术啊。

第二章 天灾和人祸

❋《明英宗像》 明代
明英宗朱祁镇(1427—1464)，明宣宗朱瞻基长子，宣德十年(1435)即位，因年幼由太皇太后张氏垂帘听政。张氏驾崩后，明英宗宠信太监王振，导致宦官专权。

❋ 太上皇回来了

杨善见也先态度有所缓和，就趁机提出接太上皇回京的事："太师，您出兵进攻大明，双方都有损失，不如把太上皇送回北京，大明每年给您赏赐，这对两国是最好的解决方案啊。"

也先终于没有继续点头说"好"，而是反问一句：可是，你们国书里没写要接回太上皇啊。

杨善又说：这正是朝廷的一片良苦用心啊！倘若明说了，您就成了奉命行事，既压低了您的身价，事情做了也没有功劳。故意不说，就是让您主动去做啊！

> **景泰蓝**
>
> 景泰蓝又叫掐丝珐琅，是一种瓷铜结合的独特工艺。制作景泰蓝先要用紫铜制胎，再用扁细的铜丝在铜胎上粘出图案花纹，然后用色彩不同的珐琅釉料镶嵌填充在图案中。这道工序完成后还要反复烧结，磨光镀金。因为这种珐琅釉料的颜色主要以蓝色为主，称佛头蓝、宝蓝，加上这种工艺主要流行于景泰年间，所以称为景泰蓝。景泰蓝的制作既运用了青铜工艺，又运用了瓷器工艺，同时还引入了传统绘画和雕刻技艺，堪称中国传统工艺的集大成者。

瓦剌有个叫昂克的人在一旁插嘴说：不管主动还是被动，说到底都是要追求最大化的利益啊！你们来接太上皇回去，带了些什么礼物呢？

杨善笑道：赤裸裸地谈交易就俗了。世人只会嘲笑您贪财，我们空手来接人，才更彰显您的仁义之心。自古以来还没见过您这样顶天立地的男子汉，我回去以后一定要求史官对此事详细记录，以便后世称颂您的高尚品德！

一番话说得也先飘飘欲仙，当场表示：大丈夫一言九鼎，回头我就给你安排上。景泰元年（1450）八月十五日，明英宗终于结束了"北狩"，在骑兵的护送下悄然进入北京安定门。

灌了铅的南宫门

前皇帝朱祁镇、现皇帝朱祁钰有过一次历史性的会面。《明史纪事本末》中大力渲染场面的和谐感人，两个人的手紧紧握在了一起，一阵寒暄过后，朱祁钰说："哥，你的皇位……"朱祁镇说："不，是你的皇位。"《明实录》则是一句话简单带过：朱祁钰在东安门迎接朱祁镇，接着送他去了南宫。文武百官在那里行礼朝觐，之后朱祁镇就成了一名最高级别的政治囚犯，被锦衣卫严密看管起来，七年里再也没有大臣可以接近。

南宫的大门不但上了锁，还灌了铅——景泰帝压根不想再打开这扇门了。后来有人提醒景泰帝，大殿周围的大树容易藏人，万一有人通过这种方式跟太上皇取得联系，就危险了。于是，树也被砍了个精光。

鎏金铜真武大帝像 明正统

真武大帝又称玄天上帝，道教尊奉他为北方玄武神，在道教经书中描绘的形象是披发黑衣，金甲玉带，仗剑怒目，足踏龟蛇，顶罩圆光，十分威猛。起初，真武大帝在道教中的地位并不高，因后世王朝的政治需要而被尊崇为真武大帝。此件真武大帝像长发披肩，面目威严，身着垂足长衫，双手垂膝，跣足外露，造型简洁古朴，帔帛、配饰、衣袖极具动感，更加烘托出勇武、威猛之势。现藏于芝加哥艺术学院。

南宫，即位于紫禁城东南方向的东苑。当年明成祖在营造北京宫殿的同时建了东、西、南、北四苑作为皇家附属领地，以便皇帝在闲暇之余散心游玩，其中距离皇宫最近的就是东苑和西苑。西苑相当于今天的北海到中南海一带，迷信道教的嘉靖帝为了专心修炼长生不老术，就曾在嘉靖二十一年（1542）搬到西苑居住。东苑最初是明成祖给最喜爱的皇太孙朱瞻基居住的，那里绿树成荫、小桥流水，景观相当雅致，主要建筑为崇质殿，大致位于今北京南池子大街中心位置的缎库胡同，周围的重华宫、洪庆宫是后来才建起来的。

在瓦剌被软禁的朱祁镇回到北京后也没过上一天好日子，反而在崇质殿里一关就是七年，直到一帮神秘分子破墙而入，让他不但重见天日，还重新回到了奉天殿的皇位之上。

被推上来，又被挤下去

土木之变的消息传到北京，一时间人心惶惶：除了皇帝被俘，朝廷一半的官员也因为跟随出征而牺牲，六部留下来的多数是二把手的侍郎，这时候到底由谁来做主？皇帝要是死了，再换一个就是，可偏偏是被活捉。眼下形势危急，也等不到把皇帝赎回来了，不如先立一个皇帝，解眼下的燃眉之急。

❀ 上位勉为其难

明英宗被抓走后，孙太后也认为，瓦剌不过是想趁机勒索财物，只要满足他们的条件，明英宗迟早会回来。于是，在大臣们的建议下，孙太后立明英宗的儿子朱见深为太子，弟弟郕王朱祁钰监国。

很快又有消息传来，也先带着明英宗一路诱使守将开城投降，直奔京城而来！一些官员听说后甚至开始鼓噪迁都。年幼的太子指望不上，监国的郕王权力又不够集中，大臣们奏请孙太后要求立郕王为帝——别管以后的事了，先把眼前这关过了再说，要是京城沦陷了，还哪来的以后！

朱祁钰只是庶子，既没有继承大统的心理准备，也没有绝对的自信，于是再三推辞。兵部侍郎于谦大声疾呼："皇帝谁来当本不该由臣子插嘴，但大家这么做完全是为了拯救国家，而不是为个人考虑。"朱祁钰受到这种大公无私精神的感染，才决定接受大家的推举，于九月初六正式即位，是为景泰帝。

景泰帝和于谦共同领导了北京保卫战，他们的功劳和声望也一起达到了高点，景泰帝坐稳了皇位，于谦则成了百官领袖。可在此之后，两个人之间却出

鞑靼牵马图 明代 无款

现越来越大的分歧，关系也变得疏远了。

第一个分歧便是该不该接"北狩"的太上皇回来。

❀ 在位当仁不让

当朱祁钰只是藩王时，同哥哥明英宗感情也还不错，可当他处于权力的最顶端以后，就会不由自主地生出冷酷与凶狠，以对付所有潜在的威胁——何况哥哥才22岁，还是前任皇帝，对自己的威胁是明摆着的，要是他回来了，一定是个大麻烦。

可惜哥哥实在太过顽强，不仅没有死在土木堡，还在瓦剌活了下来；也先又总派人来催——你们怎么还不来赎人？我白养个闲人也不是个事儿啊！

既然对方有意送回人质，就没有拒绝谈判的道理，大臣们觉得把太上皇接回来天经地义，景泰帝却推三阻四，还满怀怨气地说："我本来也不稀罕这皇位，是你们非要把我推上来的，现在又要把哥哥接回来，那我怎么办？"后来迫于舆论压力，他只好派出使者跟瓦剌象征性地接触，谁知杨善自作主张，竟然空手套白狼，真把太上皇给接回来了。

朝野上下都认为杨善在没有签订不平等条约的情况下解救出太上皇，是一件旷世奇功。但景泰帝只是把杨善从正三品的礼部左侍郎升为正二品的左都御史。杨善本人当然极为不满，这也成了他参与"夺门之变"的诱因。杨善的一些同事们也从这件事里看出了景泰帝的狭隘与刻薄。

等他们发现景泰帝连太子都准备换成自己的儿子时，这种不满就进一步升级了。

❀ 传位一己之私

景泰帝和太子朱见深是当年孙太后一起确立的，用意很明显：大明江山是朱祁镇的，朱祁钰只是临时救急。

大臣们之所以相信接回太上皇后两兄弟会相安无事，也是认定这一点：朱祁钰在危急关头担起责任是为国为民，所以不让出皇位没有问题。只要你日后把皇位传给朱见深，皇位最后还是由朱祁镇的子孙继承。

可你要是想把皇位留给亲儿子，那就是为了私欲，不遭到激烈反对才怪呢。但奇怪的是，太子之位如此重大的调整，竟然十分顺利地通过了。原来，景泰帝提前做了点工作。

景泰三年（1452）四月，几位内阁大学士意外收到了黄金五十两、白银一百两不等的赏赐。大家忍不住琢磨：这不过年不过节的，平白无故发福利，必有蹊跷。虽然暂时没看出什么端倪，但皇帝送的钱，总不能不收啊。

没过两天，广西有个官员犯法，要被处刑，但他为了保命，竟密奏景泰帝，请求更换太子。这场及时雨可把景泰帝高兴坏了，不但立即给他免罪升官，还连连夸赞说："没想到万里之外的边疆能有这么忠心的臣子，难得难得！"同时礼部接到了一项任务：商议换太子之事。

第二章 天灾和人祸

既然支持换太子才叫忠臣,而且刚刚收了皇上的钱,实在不好反对。内阁大臣陈循等人当即表示赞同,但一向公正刚直的兵部尚书于谦、吏部尚书王直还是黑着脸不说话。这时候司礼监太监兴安催促:"你们就给个痛快,要是觉得这事不能办,不署名就好了!"最终在场的人都被迫签名附议。

景泰帝的私事就这么办成了,儿子朱见济成了新太子,原太子朱见深被废为沂王。但朱见济不是景泰帝皇后汪氏的儿子,因此她也极力反对换太子。随后,汪皇后被废为平民。

可惜,人算不如天算,朱见济第二年就病死了,年仅5岁。气得景泰帝本人也生了一场大病。儿子夭折,皇帝卧病在床,大臣们不仅没有及时慰问,反而只管雪上加霜——皇上,您儿子死了,您身体也不好,又没别的亲儿子接班,不如再考虑一下原太子朱见深?

❁ 逆我者,往死里打

在换太子这件事上,大臣们普遍认为景泰帝私心过重、有失公道。只是当时拿人手短,只好隐忍不发。朱见济死后,这种不满情绪立刻就回来了。

❁ 犀角山水人物杯 尤侃款
高9.2厘米,口径最宽处17.8厘米,最窄处10.3厘米。内壁岩石右侧刻有阳文"直生""尤侃"一圆一方两小印。

我去故宫看历史

第二章 天灾和人祸

🐉 午门

人们都很熟悉"推出午门斩首"这句话,实际上明、清时午门从未被当作砍头的刑场。明朝大臣在午门承受廷杖,则确有其事。

礼部官员章纶一口气给景泰帝提了三条建议：恢复朱见深的太子之位，给太上皇应有的尊重和待遇，复位汪皇后。结果被锦衣卫打得体无完肤。

贵州道监察御史钟同也主张朱见深复位，他的话说得更狠："你儿子死了，这是老天开眼，可见江山注定是朱见深的。"于是他也死在了廷杖之下。

大理寺少卿廖庄也凑了个热闹，可能因为当时反对的声音太多，景泰帝一时疏忽把他给漏了，后来等廖庄觐见时突然想起来了，二话不说让人把他拖到午门去补了顿板子。

回想监国之初，景泰帝看到午门外群情激奋的百官把马顺、毛贵、王长等王振的死党群殴致死（史称"午门血案"）时，都吓得要逃走，如今却能做到把大臣们拖到午门外打板子，不得不令人怀疑：权力之下，人性竟是可以改变的。

这种逆我者往死里打的方式虽然简单粗暴，却也非常有效，大臣们一看皇帝如此丧心病狂，纷纷噤若寒蝉，暂时不敢提朱见深复位的事了。

景泰帝原本的打算是：唯一的儿子虽然死了，但假以时日，我还可以生更多儿子，怎么着也轮不到朱见深当太子。无奈即使贵为皇帝，在生儿子这件事上也做不到随心所欲，直到景泰八年（1457）景泰帝一病不起时，亲儿子也还是没有影子。

为国家忧虑的大臣们等不及了，为自己前程忧虑的乱臣贼子们也等不及了，心怀鬼胎的投机分子开始粉墨登场，一场暴风雨即将降临紫禁城。

● **"锦衣卫指挥使马顺"象牙牌 明代**
马顺，明英宗年间担任锦衣卫指挥使，死于正统十四年（1449）的一次朝堂斗殴，是历史上第一个在朝堂上被文官大臣群殴致死的锦衣卫指挥使。

东华门下喊，奉天殿上坐

一行人趁着夜黑风高来到南宫，想要抬起巨木撞开宫门，谁知灌了铅的大门异常坚固，撞了几十下都纹丝不动，反倒是右边的墙壁被震坍了一个大洞。看到从破洞里一拥而入的众人，朱祁镇还以为是弟弟派来结果自己性命的——七年来，他日日夜夜担惊受怕。不料大家齐刷刷跪倒在地，高呼万岁。经历过太多起伏的朱祁镇这一刻也有些怀疑人生，不由得问道："莫非你们请我复位？"

❋ 一帮投机的政客

北京保卫战胜利后，局势逐渐稳定下来，国家在景泰帝的治理下蒸蒸日上，但总有这么一些人心怀不满。

比如杨善，他在出使瓦剌时超额完成任务，却因为景泰帝不想让太上皇回来而未能获得丰厚赏赐。

再比如翰林院修编徐珵，这个人堪称全才，诗词、武艺、天文、数学样样精通，却偏偏因为一句话断送了大好前程。

听说明英宗在土木堡被俘，京城乱作一团，于谦等人正在竭尽全力安抚百官情绪，徐珵却发挥爱观天象的业余爱好，说："最近星象异常，我掐指一算，发现大明气数已尽，只有南迁才能逃过此劫。"与他形成鲜明对比的是于谦，于谦面对此事临危不乱，说："敢言南迁者，斩！"徐珵还曾经托关系找于谦，帮他在皇帝面前说点好话，结果也因为这事黄了，他从此就把于谦记恨上了。

徐珵认为自己陷入了政治低谷，是因为名字被钉在了历史的耻辱柱上，难以翻身，于是他决定改名徐有贞。改名似乎起到了成效，很快徐有贞便凭借治理黄河的功绩而升为左副都御史。但他并没有就此满足，当他得知有个千载难逢的机会，既可以报复仇敌又可以建功时，哪里还在乎什么风险！景泰八年（1457）正月十六深夜，徐有贞换上朝服出门，临走前对家人说："我要去办一件大事，成了，是国家之福；不成，就是灭顶之灾。"能够让他不惜赌上全家性命的，是他和武清侯石亨、宦官曹吉祥等人策划的一场惊天政变。

❋ 夺门之变

景泰八年（1457）正月十二日，前往紫禁城外举行祭祀天地典礼的景泰帝突发疾病，他把武清侯石亨叫到病榻前，嘱咐他一些事情。石亨见景泰帝病重，却打起了歪主意：皇帝眼看就不行了，文臣们因为太子的人选也闹了好一阵子，但不管最后谁即位，都和我一个武将没什么关系。哎，南宫里不是还有位太上皇嘛，拥戴他复位，可是大功一件啊！

但石亨是个武夫，对动脑子的事不在行，于是他辗转找到了徐有贞。徐有贞夜观星象，决定在正月十六晚上动手；石亨掌管着京城几个大门的钥匙，一行人可以顺利通过长安门；宦官曹吉祥人脉广，由他充当内应可以到达南宫；都督张𫐐调动一千人马以防万一。

虽然闯进崇质殿费了一番周折，朱祁镇总算救出来了。朱祁镇在去紫禁城的路上挨个询问带头几个人的姓名，表示复位后不会忘记他们的功劳。

石亨一行人来到东华门下时受到了守门士兵的阻拦。这时，朱祁镇已经恢复了唯我独尊的架势，大喊道："我

🏮 东华门

东华门始建于永乐十八年（1420），是紫禁城的东门，与西华门相对。东华门靠近太子寝宫，专供太子出入紫禁城。清代大行皇帝、皇后、皇太后的梓宫都从东华门出城，运往陵寝，所以民间又把东华门称为"鬼门"。在紫禁城的四个城门中，东华门的门钉排列也与众不同——为纵九横八。

是太上皇，谁敢拦我！"皇帝是紫禁城的主人，宫门自然可以随意进出，但自打紫禁城建成以来，还没哪位皇帝从东华门进过，突然冒出个太上皇要从这里过，信息量太大，守卫一下子有点蒙，本能地打开了门。众人兵不血刃地直奔奉天殿。等朱祁镇坐上宝座，石亨便下令敲钟、擂鼓，召集群臣进宫拜见皇帝。

✿ 只差一点点

于谦这几天正领着几个大臣商议确立太子之事，他们想让明英宗儿子朱见深复位，又怕景泰帝生气，不敢明说。景泰帝被催了好多次，只好宣布在正月十七日举行的朝会上做出最终决定。

❀《于谦像》

于谦（1398—1457），明英宗时含冤遇害，明宪宗时复官祭赐。弘治二年（1489）追谥"肃愍"，明神宗时改谥"忠肃"。《明史》称赞他"忠心义烈，与日月争光"。

因为害怕到时会生出变故，文武百官在正月十六已经写好奏请朱见深复位的请愿书，只是等大家全部签完名后宫门已经关闭，没来得及送到景泰帝跟前，所以大家决定在第二天朝会上现场递交。

如果奏疏能在正月十六送进宫里，便可说大局已定，徐有贞等人也就不再有另辟蹊径"立功"的机会；如果江山交到朱见深手里，朱祁镇还会跟儿子抢皇位吗？可惜历史没有假设，短短几个时辰里形势就彻底变了，许多人的命运也随之改变。

正月十七日清早，百官进入奉天殿才发现宝座上的皇帝竟然换了人。众人面面相觑，朱祁镇以不容置疑的口气说："景泰帝病重，群臣迎朕复位，你们各自担任原职，不要担心！"群臣见状只好纷纷跪拜行礼。

景泰帝此刻正在乾清宫的西暖阁梳洗，听到钟鼓声响起特别惊讶——朕还没到，谁敢下令上朝？景泰帝急忙问身边的太监：是于谦造反了吗？他怎么也没想到会是被他囚禁了七年的哥哥。

等搞清楚情况后，景泰帝连说三声"好"，又重新面朝墙壁躺下了。事已至此，挣扎已无意义，一切听从命运的安排吧。

❀ 好没意义啊

徐有贞诬陷于谦唆使百官支持立

襄王的儿子为太子，明英宗在复位当天即下令逮捕于谦。明英宗知道于谦在北京保卫战中的贡献，本来不想杀他，但徐有贞怂恿说："不杀于谦，咱们的夺门之变就师出无名啊！"明英宗这才下定决心，于正月二十二日将于谦、大学士王文处斩。尽管没有查出于谦谋反的证据，但徐有贞说"虽无显迹，意有之"——即使没有犯罪事实，但是你有犯罪的动机。这个被后人提炼为"意欲"的奇葩罪名，足以跟南宋秦桧杀害岳飞时用的"莫须有"相提并论。正是因为这句话，一代忠臣死于非命，但"粉骨碎身浑不怕，要留清白在人间"的诗句千古流传。

铲除异己之后，徐有贞、石亨、曹吉祥开始了内斗。先是徐有贞被石亨、曹吉祥联手陷害，流放金齿（今云南保山）；天顺四年（1460），石亨因谋反罪被判死刑；曹吉祥也于天顺五年（1461）因造反被灭族。

明英宗后来通过内阁首辅李贤了解到，于谦等人支持的其实是他的儿子朱见深，这才后悔杀错了贤臣，也错信了小人。他要求今后奏章中不准再用"夺门"一词，因夺门之"功"而封官的四千多人也多数遭到免职。

景泰帝病重且无子嗣，皇位交给朱见深已是他唯一的选择，而且朱见深还有文武百官的支持。明明可以和平解决的事，却因为小人的投机演变成一场杀戮。对大批贤臣的滥杀造成了无可挽回的损失，而那些所谓的"功臣"，也最终落得免职、流放、被杀的下场。如此看来，夺门之变除了给明英宗多争取到八年的皇帝时光外，似乎再无任何意义。

◉ 明十三陵

明朝的十六位皇帝中，明太祖葬在南京明孝陵；建文帝下落不明，没有陵墓；景泰帝的坟墓被明英宗迁出，以"王"的身份改葬在北京西郊玉泉山；除此之外，剩下的十三位皇帝均葬在天寿山，所以称为明"十三陵"。景泰帝也成了明朝迁都北京后唯一一个没有葬入十三陵的皇帝。

明英宗的糊涂人生

明英宗这辈子，简直就像坐过山车一样刺激：前后两次当皇帝，宠信奸佞小人，也任用过一代贤臣。想像先辈那样建功沙场，结果第一次上战场就成了俘虏。好不容易回到北京，非但没能享受太上皇的待遇，反而被关进上锁的崇质殿，一关就是七年。炎炎夏日里，连背靠大树乘凉都成了奢望。当他慢慢习惯了囚徒生活时，一帮跟他关系并不咋样，甚至他都认不得的"忠臣"突然闯进来，又把他送回了皇帝的宝座。

❀ 偏信是错

明英宗宠信太监王振，提拔他为司礼监掌印太监。幸亏当时太皇太后张氏管得严，三天两头把王振叫去臭骂一顿加以震慑，王振才不敢太过嚣张跋扈。等太皇太后、"三杨"相继去世后，王振便开始兴风作浪。

不讨好他的大臣全部成为打击对象，不送礼的人不但休想办成事，还会被乱扣帽子借机报复。于谦甚至因为进京见皇帝时，没有给王振带礼物，而被王振以对皇帝不满的罪名判了死刑，要不是山西、河南两省官民集体请愿，也就没有后来的北京保卫战了。

按照史书上的说法，当王振残害忠良、把朝廷搞得乌烟瘴气时，明英宗处于不知情的状态，但是，对一个皇帝而言，处理朝政、了解下情属于本职工作，被人蒙在鼓里、玩弄于股掌之间，这样的表现只能说不及格。

土木堡几十万将士的枉死、一年"北狩"的困顿、之后七年南宫的监禁，

第二章 天灾和人祸

● **智化寺**

智化寺始建于正统九年（1444），原为太监王振的家庙，后来明英宗赐名为"报恩智化禅寺"。1961年，被定为全国重点文物保护单位。

都没能使明英宗深刻反省自身。重新夺回皇位后，明英宗还是会时常想起王振，不但做法事为其招魂、树碑立传，甚至还在北京禄米仓胡同的智化寺里为他建立旌忠祠。

王振死了，徐有贞、石亨、曹吉祥成了一个接一个的王振。徐有贞不惜捏造罪名害死于谦，石亨结党营私、权倾朝野，曹吉祥骄横跋扈直至举兵叛乱。也有人说，明英宗不是也任用过李贤、王翱这样的贤臣吗？但"兼听则明，偏信则暗""亲贤臣、远小人"，这些前人无数经验教训总结出来的帝王必备准则，明英宗却一再犯错。

❀ **更多是自私**

明英宗在土木堡被俘，想保命、想回家，这都可以理解，但如果是带着瓦剌数万铁骑一起，打算骗开宣府、大同的城门呢？

大同守将郭登是明朝开国名将郭英的孙子，郭英的妹妹是明太祖的宁妃。为了让对方开门，明英宗就和他攀起了关系："咱们也算是姻亲，你怎么能把朕拒之门外？"难道他会不知道瓦剌进城会造成怎样的灾难性后果？只不过，一城一地的得失、万千军民的性命，乃至整个战局的扭转，都比不上向瓦剌证明自己的可利用价值、保住自己的性命更要紧。对于郭登没有开城门一事，明英宗一直怀恨在心，复辟之后以此为罪，将郭登削爵流放。

有人替他辩解说：历经沧桑之后，明英宗对生命有了更深刻的感悟，临死前还终止了嫔妃殉葬的野蛮惯例。这是明朝之前几代杰出帝王都没做到的事，表明明英宗尽管算不上一个好皇帝，但起码是个好人。

但是，明英宗放弃让自己的妃嫔殉葬，是因为这些女子和他共同度过了南宫的七年患难。因为有感情，故而不忍心，但对景泰帝的妃嫔就不一样了。景泰帝死后，明英宗逼迫景泰帝的妃子唐氏等人殉葬，即使被废的汪皇后曾经反对更换太子，被打入冷宫后还一直帮助明英宗的钱皇后，也差点被明英宗杀了殉葬。后来因为李贤劝谏，明英宗才放过她。

明英宗可以释放被关押五十多年的建文帝幼子朱文圭（从2岁开始就被明成祖囚禁于凤阳广安宫，人称"建庶人"），也可以对效忠

◉ **青花勅命牌 明景泰**

第二章 天灾和人祸

● **象牙法轮印 明正统**
牙质呈米黄色,坚腻圆润,光洁鲜亮,印纽雕一端正丰满的法轮,稳置于仰覆莲瓣纽座之上。现藏于明尼阿波利斯艺术学院。

景泰帝的贤臣、功臣痛下杀手(虽然因为于谦的功劳而有过短暂的犹豫);可以让那些有夺门拥戴之功的人风光一时、权倾朝野,也可以说流放就流放、说凌迟就凌迟,可曾记得当年东华门外逐个询问他们姓名以示不忘恩德的事?不忍或冷血,全凭他一己好恶,只在他一念之间,如此而已。

❀ 称职的景泰帝

瓦剌大举入侵、形势危急之时,景泰帝再三拒绝上位,并不是程序化的客套或者谦虚,而是真犹豫、真畏缩;看到怒不可遏的百官群殴王振同党时,景泰帝手足无措,要不是于谦死命拉住,他甚至打算当场离开,如此进退失度完全不具备帝王该有的威严、果决与手腕。

得到最高权力后，景泰帝又因为贪恋皇位而犹豫不决。对于大臣接回太上皇的请求，他没有断然拒绝；对大臣做出的"皇位还是你的"保证，他也并不坚信。派往瓦剌的使节去了一批又一批，就是不提赎人的事，没想到杨善倒是干脆，三下五除二就把太上皇给接回来了。

夺门之变时，得知哥哥夺回了皇位，他想到的不是绝地反击，而是重新爬回床上，静静等待明英宗的处置。一个月后景泰帝离奇死亡，有人说是重病不治，也有人怀疑他是被谋杀的。

但景泰帝在任期间的表现堪称优秀。他知人善任，在宫里信任太监兴安、成敬，他们谦逊本分；在朝廷依靠于谦、陈循，他们廉洁能干，保证了政局稳定和行政效率，使大明短短几年就挽回颓势，各方面欣欣向荣。

所以《明史》说："明代皇位之争，而甚无意义者，夺门是也！"这已经够含蓄隐晦、够给朱祁镇面子了。

《春游晚归图》 明代 戴进

纵167.9厘米，横83.1厘米。绢本，设色。作品的前景是一座掩映于树林之中的庄院，伸出墙外的树枝与路边的桃花透出春天的气息。有一人来到院门口，下了驴，正在敲门，院里有仆人提着灯笼来为主人开门，这说明夜幕已经降临，点出"晚"的主题，显示出春游主人因醉心于美好的春景而造成了"晚归"的诗意来。现藏于台北故宫博物院。

蔓藤骨架

● **青花缠枝牡丹纹铺首罐　明正统**
缠枝纹用于瓷器盛行于元代以后，明代也称为"转枝"，它以植物的枝干或蔓藤做骨架，上下、左右延伸，主要有缠枝莲、缠枝牡丹、缠枝草蔓灯形式。此件青花缠枝牡丹纹铺首罐造型硕大端庄，釉面亮润，青花发色沉稳艳雅，纹饰布局满密、层次繁多，画工遒健精细。现藏于芝加哥艺术学院。

遥不可及的父爱

父亲，对普通家庭的孩子来说，即使如山一般伟岸而无言，至少还能有足够的时间和机会慢慢感悟。对于皇子而言，情况就截然不同了：你和很多人有不同的母亲却共享着一个父亲，他政务缠身日理万机，到了后宫，也是奔波于众多妃嫔之间，和你一个月难得见上一面，即使见了面他可能也分不清你是哪个儿子，有时父亲的失职与荒唐还往往给皇子们带来无妄之灾。

❁ 前半生坎坷

回望朱见深称帝之前的岁月，大概只有一句话最能代表他的感触：奈何生在帝王家！

朱见深2岁时，父亲明英宗年轻气盛，脑子里只有亲征瓦剌大胜而归的美好场景，压根就没想过会有什么意外。结果意外出现了，明英宗被迫留在瓦剌"北狩"，朱见深以庶长子的身份被孙太后立为太子。没过几天，原本只是监国的叔叔朱祁钰就做了皇帝，父亲突然变成了太上皇，叔叔也得改口叫父皇。

等懵懵懂懂长到5岁，堂兄朱见济突然搬进了他本来居住的东宫，朱见深则莫名其妙成了沂王，受到锦衣卫的严密"看护"，身边的太监宫女的态度也来了个一百八十度大转变。一年后，母亲周氏跟着后宫妃嫔搬去了南宫。陪伴朱见深度过这一段黑暗时光的，是孙太后派来的一个宫女万氏，唯有她对朱见深不离不弃。万氏出身不高，但她聪明机警，深得朱见深的喜爱。朱见深刚即位，便封万氏为才人。

第二章 天灾和人祸

◉ **锦衣卫木印　明代**

木质印信,印面边宽11.5厘米,厚1厘米,通高4厘米。此印缩肩平纽,有部分裂纹。印面篆刻"锦衣卫印"。锦衣卫是明朝特有的情报机关,主要从事侦查、逮捕、审问等工作。它的首领为锦衣卫指挥使,一般由皇帝亲信的武将担任,直接对皇帝负责,可以逮捕任何人,进行不公开的讯问。

❀ 万贵妃手下的意外

历史总是惊人的相似:明孝宗朱祐樘6岁之前,父亲明宪宗朱见深甚至完全不知道自己还有儿子。当然不光是朱祐樘,还有许多尚未出世便胎死腹中的孩子朱见深也通通不知。

万氏与朱见深相差17岁,两人是不折不扣的"姐弟恋"。当时,万氏在后宫一手遮天,她没有孩子之前,谁也不许有!一旦发现宫里有人怀孕,就立刻派亲信逼迫对方喝药堕胎。后来,万氏终于在成化二年(1466)生下皇长子,母凭子贵,被封为贵妃。结果孩子没几个月就不幸夭折了。

明宪宗一时间没了子嗣，一度沮丧地以为是自己有问题。六年以后，等他意外发现自己有儿子后，才恢复了自信，接连生了十个儿子。

万贵妃之所以停止了对后宫嫔妃疯狂的迫害行为，并不是出于良心发现，而是因为一个孩子意外出生，等她发现时已经6岁，再阻拦已经没有意义了。

❀ 吃百家饭长大的孩子

纪氏原来是广西一位纪姓土司的女儿，纪姓叛乱被平息后，她因为长得俊俏，被送进宫里服役，担任皇家库房管理员。有一天明宪宗来视察自己的私人财产时，看上了年轻貌美的纪氏。

纪氏因此有了身孕，这个消息很快传到万贵妃的耳朵里，万贵妃

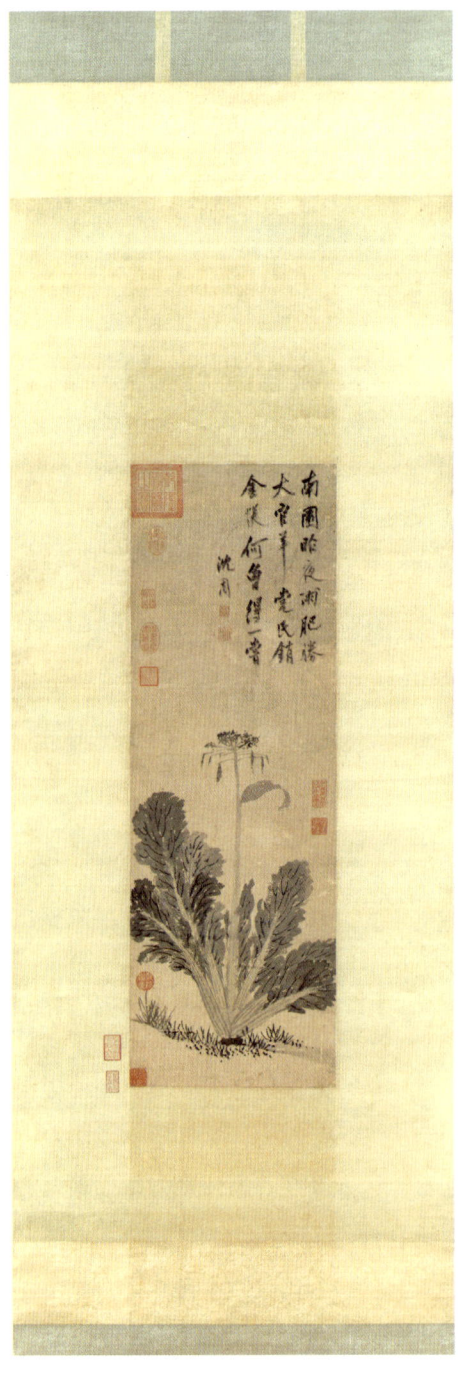

◉ 《蔬菜图》 **明代 沈周**
纵59厘米，横6.3厘米。此幅绘图中生命力极强的芥菜，有历经风吹雨打后的披散现象。作者用笔雄厚，物体精严，寥寥数笔，却将物之坚韧、顽强表现得淋漓尽致。现藏于台北故宫博物院。

第二章 天灾和人祸

● **黄地青花花果纹盘 明成化**
口径 26.1 厘米，高 4.6 厘米。青花纹饰，留白处加涂黄釉。圈足内底全部露胎无釉，布满铁褐斑。盘内壁绘折枝柿子、桃实、樱桃、荔枝四种瑞果。盘内底画一款折枝石榴花，外壁绘番莲花四朵。外壁口沿下横书青花"大明成化年制"六字楷款。现藏于台北故宫博物院。

便处心积虑地想要除掉纪氏，但她派去的宫女看到纪氏痛苦与绝望的眼神，动了恻隐之心，回去向万贵妃报告："她只是肚子里长了个巨大的瘤子，并不是怀孕。"

"你确定吗？"

"我确定！"

于是，在宫女和太监们的同情和维护下，纪氏顺利地生下了孩子。而孩子呱呱坠地的动静不可能再瞒过万贵妃。这次去的是一个名叫张敏的宦官——之前那位宫女，已经永远地消失在人们的视线中了。

不知是出于善良还是正义，张敏同样选择了隐瞒，这个孩子得以在偌大的后宫里顺利度过了六年时光。陪伴他的，除了母亲，还有生活在紫禁城最底层的宦官、宫女们，大家共同守护着一个生命的秘密，唯独残忍的万贵妃和失职的父亲被蒙在鼓里。

直到成化十一年（1475）的一天清晨，明宪宗在梳头时忽然对着镜子叹息一声："哎，朕都老了，却膝下无子，谁懂我的这份可怜啊。"

❀ 父亲的惊喜，他人的悲剧

正在伺候明宪宗梳头的张敏不忍皇帝哀伤，缓缓跪在地上，把头深深

百子图圆墨 明代 程君房

此墨呈圆形,图案为民间流行的"百子图"。墨上孩童神态各异,天真活泼,热闹欢愉。儿童与庭院精致满饰墨面,构图饱满,层次分明,排列疏密有致,画面动静结合,刻工细腻,充分展现了高超的制墨刻模技艺。程君房是明代制墨家,其墨光洁细腻,款式花纹变化多端,深得文人士大夫喜爱,著有《程氏墨苑》,列墨品六部,约五百式。现藏于台北故宫博物院。

埋下,用低微但又十分肯定的语气说:"其实,您有一个儿子。"

高高在上的皇帝并不明白,吐露这个真相需要多大的勇气,他只顾着喜出望外地去寻找那个孩子。第一次见面,明宪宗不禁泪流满面:可怜的孩子连胎发都尚未剪去,长长的头发一直拖到地面。因为长期东躲西藏、缺衣少食,孩子十分瘦弱。明宪宗当天便给大臣们报喜,并给这个儿子取名朱祐樘。第二天又诏告天下,立朱祐樘为太子,同时封其生母纪氏为纪淑妃,移居永寿宫。

父子相认的一幕尽管感人,但明宪宗依然没有想到尽一份保护的责任,纪淑妃没过多久便在宫中突然死去,宦官张敏也因为惧怕而吞金自杀。

父爱甚至不如一场地震

万贵妃很想对这个"意外"下手,可惜奶奶周太后多了个心眼,把朱祐樘接到了自己的仁寿宫。万贵妃派人去请太子吃饭,周太后没理由拒绝,只好悄悄叮嘱孙子,去了千万别吃东西。朱祐樘很听话,万贵妃给他食物,他就说:"吃饱了"。万贵妃退一步说:"那就喝碗汤吧"。这个情况奶奶可没事先交代过,朱祐樘脱口而出:"我怕汤里有毒!"

万贵妃气得歇斯底里:"这孩子才

几岁啊，就敢这样说话，长大了还不得要了我的命！"她决定放开限制让丈夫多生儿子，等有了备选项，就有机会把太子换掉了。

事实证明，朱祐樘被立为太子，并非因为父亲宠爱或其本身素质能力过硬，仅仅是因为明宪宗当时只有这么一个儿子而已。经不起枕边风的狂轰滥炸，明宪宗只好找大臣商量换太子的事，结果毫无意外地遭到了坚决反对。明宪宗本来一向缺乏主见，但这一次为了万贵妃，居然打算一意孤行。

在此关键时刻，==成化二十一年（1485）山东泰山突然发生了持续的地震，保住了朱祐樘的太子之位，也救了大明江山一命。==

本着天人感应的观念，天灾代表着上天的警示，比人祸更令帝王上心。何况泰山被誉为天下第一山，秦皇汉武先后跑到那里举行过祭祀天地的封禅大典，其政治地位十分尊崇。对于这次地震，明宪宗不得不引起重视，表示要反省自身。百官立刻借题发挥，说这是因为硬要改立太子而引起动乱的不祥征兆。这一招果然管用，吓得明宪宗赶紧放弃了荒唐的想法。

明宪宗死后，朱祐樘顺利即位，他在位虽然只有十八年，却在关键时刻给大明王朝重新注入了活力，史称"弘治中兴"。而在父亲这个角色上，朱祁镇、朱见深、朱祐樘三代人里只有朱祐樘真正领悟了父爱对于儿子的特殊意义：正是因为自己曾经失去，才要竭尽全力地给予。这本来也是很感人的一件事，结果没想到朱祐樘又太过溺爱，把儿子朱厚照给宠坏了……

明宪宗的业余爱好

据《明通鉴》中记载,成化十一年(1475)时,明宪宗已经懒于处理国家政务,大臣们想见他都很困难。当皇帝却不处理朝政,那明宪宗平时都干些什么呢?当然是游幸玩乐去了,在每年年底,明宪宗就开始筹备次年的元宵节,不仅要在宫中张灯结彩,还要"命词臣撰诗词进奉"。而《宪宗元宵行乐图》,正是明宪宗宫闱生活与娱乐的真实写照,对研究明代帝王生活具有弥足珍贵的历史价值。

《宪宗元宵行乐图》为长卷，构图精致严谨、笔法均匀细腻、设色明暗有度，将整个宫廷建筑以及诸般人物形象、节庆活动描绘得真实活泼、栩栩如生。整幅画卷以红墙、庭院为界，自然分为三段，明宪宗出现在每一部分中，并形成以他为视角中心的画面。

《宪宗元宵行乐图》 明代 无款

画卷刚开始，明宪宗戴黑色便帽，着浅青绣金龙袍安坐于殿外左侧黄帐之下，欣赏殿前的内侍和童子们放烟花爆竹。诸内侍及童子或持烟花于手中，或置爆竹于地上，或小心引燃，或掩耳侧立，或向空发射，或袖手旁观，形象各异而神态皆同，呈现出欢快的气氛。

明宪宗

过红墙角门，明宪宗移步到殿外右侧，换一身赭黄龙袍端立栏杆前，看阶下庭院中诸内侍及童子扮市井游灯——有内侍扮作街头小贩，或担担或设摊或推车，担上摊上车上琳琅满目，摆满玩物吃食，悬挂种种祥瑞彩灯。孩童耍灯购物，游戏其间，一派天真童趣。远处，一支扮作各色人物的队伍正走向庭院，其中有朝官武士，有道士弥勒，更有"三英战吕布"等故事人物。更远处则是诸番国使节，各自牵瑞兽、扛珊瑚、捧金玉、携番奴，在笙管弦乐之中徐徐走来。

最后，明宪宗着淡黄龙袍坐殿前帐中，殿下阶前正上演着诸般杂耍魔术，一众艺人争相献技——有术士凭空取物，有伎人腾跃钻圈，有小儿踏轮弄笛、攀杆舞旗……更有锣鼓帮衬、管乐伴奏，满眼皆是热闹景象。而庭院当中更搭起鳌山灯棚，高悬彩灯，有神仙人物穿梭其中，装点着节日氛围。

好人治下的乱局

太监汪直外出巡查、办事的时候，当地官员全都穿着正装、提前二三百里迎接，生怕有什么招待不周的地方。当时民间还流传着一句歌谣："都宪叩头如捣蒜，侍郎扯腿似烧葱。"如果不巴结上司就可能会被穿小鞋，明宪宗时期的官场作风便是如此。

❀ 看起来像个明君

明宪宗上位伊始，就下令裁撤闲散官员，释放超龄服役的宫女出宫，拆毁锦衣卫新建的监狱，先后任用李贤、彭时、商辂等能臣，听取他们的意见。商辂天资聪慧、才思过人，乡试、会试、殿试均为第一，是明朝第二个"三元及第"，却因夺门之变时受到牵连被免职。李贤去世后，明宪宗将商辂调入内阁。彭时去世后，商辂接任内阁首辅。因为刚正不阿、办事果决，商辂被时人誉为"我朝贤佐，商公第一"。

成化二年（1466），明宪宗宣布为于谦平反，恢复于谦儿子的官职，大臣们又是一片唏嘘：皇上圣明啊！功臣得到了应有的尊重和褒扬，可见正义有时会迟到，但绝不会缺席。

等到他下令恢复叔叔朱祁钰的皇帝称号、提升其陵寝规格时，朝野上下更是一片称颂：以德报怨，果然是仁慈啊！

帝王宽厚，大臣贤能，国家蒸蒸日上似乎是必然的结果，可惜明宪宗在位时期的政治远谈不上清明，反而是奸佞当道、乌烟瘴气。

第二章 天灾和人祸

◉《明宪宗及皇后像》
明宪宗在位二十三年,年号成化,庙号宪宗。孝贞纯皇后王氏,是明宪宗继后,谥曰孝贞庄懿恭靖仁慈钦天辅圣纯皇后,与明宪宗合葬茂陵。

妖孽出,西厂建

成化十二年(1476),紫禁城里疯传着"妖狐夜出"的故事,说是有个长着金色眼睛、长尾巴、像是狐狸的怪物在宫城内出没。它自带一团黑气,任何见过它的人都会当场昏迷。有一次天蒙蒙亮,明宪宗刚要上朝,忽然听到奉天门的侍卫大喊:"怪物来了!"声音中透着极大的惊恐,吓得皇帝转身就要逃。结果什么也没出现,算是虚惊一场。

随后,道士李子龙勾结太监韦舍,私自闯入大内。李子龙在万岁山被锦衣卫抓获,因窥探皇宫被杀。

这件事也让明宪宗产生了危机意识,他认为东厂和锦衣卫在情报工作上存在严重失职,有必要新建一个更得力的机构来保障京城安全。刚好宦官汪直在这段时间微服出宫,打听到了不少官场隐情,是个挖情报的好手,就让他负责吧!

汪直幼年便被送进宫里服役,机缘巧合下被分到昭德官服侍万贵妃。因为头脑灵光、手脚麻利，他尚未成年便已升任御马监掌印太监。御马监掌印太监尽管名义上只是个养马、驯马的七品内官，事实上却和兵部联合掌握兵权，掌管着两万以上兵力的禁军，地位仅次于司礼监掌印太监。汪直奉命组建西厂时，也才十五六岁。

成化十三到十八年（1477—1482），汪直主管的西厂制造了几起大案，任意拘捕、审问朝中官员，并施以酷刑，甚至不向皇帝奏报，就连民间打架斗殴的琐事都处以重罚，充分树立了"威严"。

西厂甚嚣尘上，朝廷中人人自危，内阁首辅商辂忍无可忍，连同一批大臣弹劾汪直，列举了汪直的十一条罪状，要求取缔西厂。没想到一向和颜悦色的明宪宗居然生气了："朕只是用一个太监办事而已，难道就会导致天下大乱吗！"商辂据理力争："如果不罢黜汪直，国家怎会不危？"司礼监掌印太监怀恩将商辂的话如实上奏，明宪宗才极不情愿地下令裁撤西厂。

不到一个月后，西厂又恢复了运转，负责人还是汪直。商辂在失望之余请求退休，明宪宗爽快地同意了。从此，朝廷里再也没有人敢和汪直作对。

明宪宗喜欢看小品，演员阿丑曾扮演一个醉汉，在闹市撒泼耍赖，旁边有人提醒说："县令老爷来了！"他置之不理。别人又喊："皇上驾到！"他还是无动于衷。直到听说"汪太监来了"，阿丑立刻骨碌爬起来忙不迭地行礼。有人问："你连皇帝都不怕，怎么还怕汪太监？"阿丑回答："我不知有天子，只知有汪直！"但明宪宗也只把这当成玩笑，并不觉得这里面有什么不对劲……

纸糊的阁老

眉山人万安本来只是全国科举大军中的一名普通考生，正统十三年（1448）考中进士，成绩名列二甲第一，相当于全国第四，可见书还是读得不错的。但万安认为攀关系比实干更有升迁的效率，于是把心思全花在了投机钻营上。

万安对榜上同学们的家庭背景、社会关系进行了一番详细考察，终于认定李泰最有结交的价值，不是因为

第二章 天灾和人祸

🏵 斗彩鸡缸杯 明成化
杯外壁彩绘湖石花卉间散布两组鸡,各为雌雄二鸡分带三雏鸡,花卉湖石均以釉下青花图绘勾勒,再填红、黄、绿、褐诸色。成鸡以实笔或虚线勾勒,并多重上彩染绘。雏鸡线条则轻描淡绘,仅填嫩黄一色。口沿及底边分画青线三道。内面素白无纹。底书青花"大明成化年制"双方框六字楷款。现藏于台北故宫博物院。

他多能干,而是因为他有干爹——李泰是宦官永昌的养子,宫里有人,前途无量啊。

几顿饭下来,两个人已经称兄道弟了,万安比李泰大12岁,却毫无心理障碍地喊他"泰哥"。而李泰见这位老弟说话好听,又讲义气,就安排万安进了内阁,自信满满地说:"兄弟你先进去,我有那么硬的靠山,入阁是迟早的事儿,不急不急。"万万没想到,李泰暴病身亡,便宜全让万安给占了……

我去故宫看历史

●《名贤雅集图》 明代 沈周

纵 252.9 厘米，横 44.5 厘米。沈周是明中期文人画"吴派"的开创者，与文徵明、唐寅、仇英并称"明四家"。此画设色雅淡，人物刻画朴实而生动，用笔写意中并带精谨。幅面狭长，所绘山势呈"之"字形走向，予人以高远平阔之感。现藏于台北故宫博物院。

失去靠山的万安立刻转移目标，去抱全国第一粗的大腿——万贵妃，巴结她甚至比巴结皇帝本人都有用。问题是，虽然两个人都姓万，但一个来自山东诸城，一个远在四川眉山，八竿子也打不着啊！

没有关系，创造关系也要攀上点亲戚。经过对万贵妃和自己两家的人口大普查，万安终于有了大发现——自己的一个小妾竟是万贵妃的远房亲戚！皇天不负有心人，咱俩果然有关系啊！万安止不住激动，立刻一把鼻涕一把泪地拜倒在了万贵妃的脚下。

万贵妃果然比李泰有效率多了，万安在内阁首辅的位子上一干就是十几年。他任职期间一门心思经营关系，不喜欢的人通通借故赶到外地，自家亲戚则全部安排考试中举。万安害怕在皇帝面前出错主意得罪人，干脆高呼万岁了事，实事没干几件，人送绰号"纸糊阁老""万岁阁老"。

❀ 皇帝气得涨红了脸

太监梁芳贪财，可他也知道，只要抱紧了万贵妃的大腿，就一切安全。于是梁芳一边想尽办法捞钱，一边给万贵妃送钱巩固关系。这些钱很多是从皇帝私人小金库里用炼丹、建造等名目"挪"出来的。

有一天，明宪宗来视察小金库，想知道自己还有多少私房钱，发现原本满满的金银财宝全没了，当场气得涨红了脸："几代人的积蓄，全让你们几个给败光了！行，行，我不追究，但是你们记着，后人饶不了你们！"说完之后，明宪宗也没有责罚梁芳。

留在原地的梁芳并不害怕皇帝把他们怎么样，但是他想：你的后人，不就是太子吗？为了避免将来太子找他算账，干脆撺掇万贵妃把太子给换了吧。幸亏这个计划没有实现，等明孝宗朱祐樘即位，梁芳等人才得到了应有的惩罚。

明宪宗用事实证明，单凭一个好人，未必就能把国家治理好。宽厚仁慈没错，但包容奸佞小人就成了没有原则的放纵。正是在这种泛滥的优柔中，大明江山几乎风雨飘摇：最靠近权力中心的人利欲熏心、胡作非为，朝野上下暗流涌动、不思进取，各地危机四伏、叛乱不断……

幸亏接班人朱祐樘励精图治，给大明王朝及时续了命，帝国终于又迎来了安生的日子。

宫廷年节娱乐

明朝宫廷的年节娱乐活动非常丰富。在元旦（农历正月初一）时，宫内有烧香、放纸炮与"跌千金"等活动。立春的前一天，顺天府还要在东直门外举行"迎春"仪式，比赛跑马。元宵节时，帝后登楼赏花灯，宫中还有杂技表演。正月十九日是"燕九节"，届时皇帝和内臣要到白云观游访，以求得"长生之道"。清明节时，皇帝要到回龙观等地踏青，宫中还有荡秋千等娱乐活动。端午节时，帝后到西苑观看龙舟比赛，并到万寿山插柳。七夕节，宫中穿鹊桥补子，玩乞巧。中元节，西苑做法事，放河灯。中秋节时，宫中有祭月等活动。重阳节，皇帝要到万寿山等地登高郊游。从十二月二十日起到次年正月十七日，宫中每天白天都燃放花炮，安置花灯，扎烟火。这些年节娱乐活动，大多数是来自民间，并且在民间也广泛流传，有的还一直流行至今。

第二章 天灾和人祸

文官最爱的圣君形象

帝王在未成年时代能否及时接受正确的教育，几乎决定了他们的个性及施政风格。对文官来说，对太子的教育几乎是他们影响未来皇帝品行的唯一机会，也关乎所有人的前途与命运。无论臣子如何苦口婆心地劝谏甚至以死相争，古往今来一意孤行的帝王大有人在。如果帝王懂得自我克制，百官自然会松一口气；如果一个皇帝跟文官拥有相同的价值观，也追求立德、立言、立功"三不朽"，也爱惜自己的名声想要流芳千古，那合作起来就更愉快了！

❋ 老师们的期待

成化二年（1466）殿试的榜眼程敏政，从小就被人称作神童，13岁便被推荐到翰林院读书，朝廷免费提供食宿，内阁大学士李贤、彭时给他讲课。求学期间，程敏政还顺手解决了婚姻问题——老师李贤太欣赏这个学生，索性把女儿嫁给了他。

亲事刚定下来的时候，李贤叫准女婿来家里吃饭，席间指着桌上摆的果品出了一则上联："因荷（何）而得藕（偶）。"程敏政看了一眼桌上的黄杏和青梅，立刻对出下联："有杏（幸）不须梅（媒）。"——有您在，我还需要走什么媒妁之言的程序啊！可见其才思敏捷。

当时翰林院流传着这样一句话："学问最广程敏政，文章最好李东阳。"巧的是，学问最广和文章最好的人都是朱祐樘的讲读官。作为太子的老师，程敏政等人实际担负着培养太子品德修养、教授知识经验与治国能力的重任，他们

我去故宫看历史

都希望把国家未来的君王培养成一个符合儒家标准、宽厚仁慈、勤俭爱民的优秀统治者。

❀ 自觉与自律

朱祐樘6岁被立为太子，9岁正式接受教育。他认真听讲、勤奋读书，遇到刮风下雨也从不偷懒逃课；他懂规矩、守纪律，从不搞特殊，每次练完字都主动把文具收拾整齐；他谦逊有礼，发现老师领读时出现口误，也不当场指出，只是在轮到自己读的时候默默纠正。

更加难能可贵的是，朱祐樘很有自律精神。当得知上课的内容是父皇给自己量身定制的《文华大训》时，他立刻吩咐身边的宦官撤掉桌椅，坚持站着听完才肯坐下。

《卧游图》之《枇杷图》 明代 沈周
《卧游图》是沈周创作的设色画册页，此幅是其中的第七开。图中绘枇杷一枝，树叶以石青描绘，淡墨描绘叶纹。七个枇杷果紧紧挨在一起，以淡墨勾勒，果实金黄。整幅用墨清润淡雅，薄而透明，运笔流畅，结构严谨。右上画家自题："弹质圆充钉，蜜津凉沁唇。黄金作服食，天亦寿吴人。沈周"现藏于北京故宫博物院。

第二章 天灾和人祸

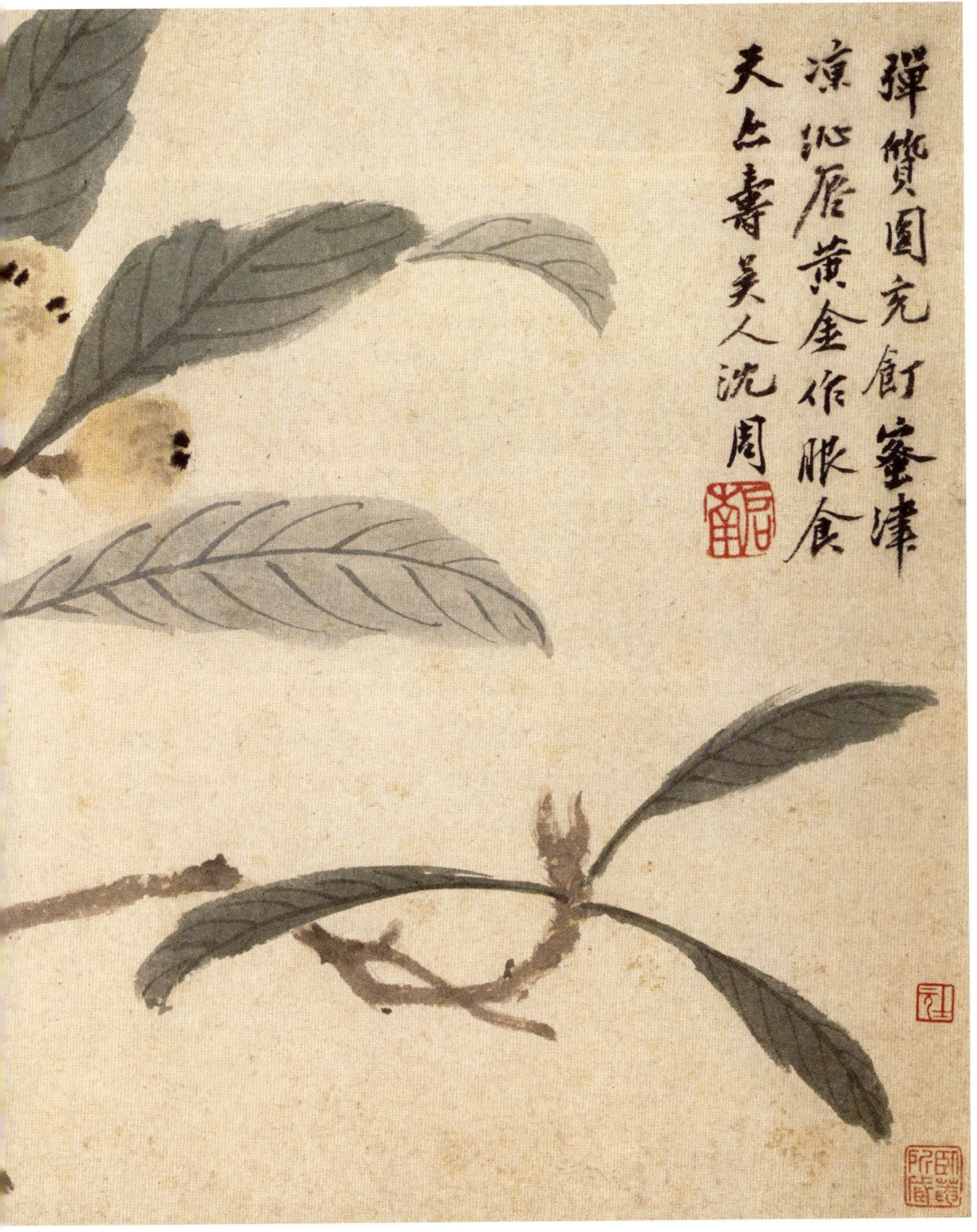

经过师生长达九年的相处，儒家的理念成功融入了朱祐樘的骨髓，他说：吾不自治，谁能治吾？老师们听后十分感动：光是凭着这份自觉和自律，您半只脚已经踏进了历史杰出帝王的行列了。

❀ 黑夜给了我黑色的眼睛

朱祐樘17岁那年，万贵妃死了，失去了精神依靠的明宪宗几个月后也随之而去，属于朱祐樘的时代到来了。成化二十三年（1487）九月，朱祐樘即位，是为明孝宗。

关于万贵妃生前的所作所为，百官多少有所耳闻，尤其是纪淑妃突然死亡、宦官张敏吞金自杀，都让人心生怀疑。朱祐樘被万贵妃害得差点来不到人世，生母和救命恩人又都死得蹊跷，他过去不敢查是因为时机不对，现在已是至高无上的皇帝，难道就不想一查究竟、报仇雪恨？

无论是出于伸张正义的朴素观念，还是政治投机的望风而动，监察御史曹璘率先发难，在奏疏里不仅大胆推断纪淑妃之死是万贵妃一手制造，还揭露了万贵妃生前犯下的种种罪行，请求削夺其谥号，以示追责。

如今万贵妃成为众矢之的，曾经抱过她大腿的党羽也必然会遭殃。万贵妃的弟弟万喜、万通、万达首当其冲，加上他们行事嚣张、仗势欺人，只要明孝宗点头，他们的结果可想而知。万喜甚至早早写好遗书，就等着上路了。

往者已逝，来者可追，活在过去的仇恨里，实在没有意义。何况，如果真的追查起来，万贵妃的所作所为势必牵扯到明宪宗，而这也有悖于儒家"子为父隐"的道德准则，明孝宗不忍先皇形象受损，所以他选择了宽恕。饱读诗书的文官当然能理解并接受这样的动机，他们被明孝宗的宽厚与孝道感动：不计较童年的孤苦，杀母之仇也可以放下，如此心胸，必能成为一代仁君！

❀ 我却用它来寻找光明

纪淑妃早死，母亲的养育之恩无以为报；张敏自杀，对善良勇敢之人的报答也无从落实。但这世上,还有曾经保护过他的人需要报答,比如怀恩。

怀恩很小的时候就因为家人犯罪被送进宫里做了宦官,他通情达理、谨小慎微,在宫中威望很高,也很受大臣尊敬。

明宪宗在位时,怀恩担任司礼监掌印太监,比掌控西厂的汪直地位还高。凭着能在皇帝面前说几句话,怀恩救过不少因为耿直劝谏而在言语上得罪天子的官员。当明宪宗在万贵妃的怂恿下打算更换太子时,怀恩极力劝谏也无法改变皇帝的心意。于是,一向唯命是从的怀恩拒绝传达更换太子旨意,任凭明宪宗将他发配到安徽凤阳看守祖陵。

明孝宗知道,明朝是按照严格的嫡长子规则确立太子的,太子一旦确立,除非未来得及即位就去世,几乎不存在中途更换的案例(朱见深是个例外,那

北京三海

北海、中海和南海位于故宫西侧。三海水面并不大,因为契丹、女真等少数民族长期居住在北方,很少能见到大海,"北人凡水之积者辄曰为海",所以北京城内及近郊有好多处以"海"命名的地方。三海一带原先只有一些小山和水池,辽代统治者选择这里作为游玩之地,对水池进行了开拓,并引玉泉山泉水灌入,命名为"太液池"。金代,三海一带成为皇帝的离宫,修建了不少宫殿、园苑,称为"西苑太液池"。元朝建大都时又对三海进行了大规模挖掘,挖出的土堆起来,形成了故宫北面的景山。三海的水面也得以开阔,南北长两千米、东西宽两百米,成为北京内城最大的风景区。明代,皇宫向东迁移,太液池成为皇帝的行宫,正式分为北、中、南三海。三海以两座桥梁作为分界线,金鳌玉桥(今北海大桥)北为北海、蜈蚣桥南为南海、两桥中间为中海。北海是中国现存历史悠久、规模宏伟的一处古代帝王宫苑,全区可分为琼华岛、团城、北海东岸与北岸四个部分。金鳌玉桥以南的湖面,即是中南海。现北海被辟为公园,中南海是党中央和国务院所在地。

是因为当时换了个皇帝),包括怀恩在内的百官之所以极力劝谏,很大程度只是为了维护这个规则而已。但这并不影响明孝宗报恩的心,毕竟,一旦失去太子之位,他可能连活下去都是奢望。

明孝宗即位不久就派人把怀恩接回了北京,并为其建造显忠祠,表彰他对国家的忠诚,也铭记他对自己的恩德。

怀恩重新站回到皇帝身旁,意味深长地说了一句话:陛下,您想有一番大作为,就必须要正本清源。

激浊扬清开新风

宦官在整理先帝遗物时发现了一个精致的小盒子,明孝宗起初还以为是父皇留下的谆谆教诲或者治国秘诀,结果打开后发现里面全是乱七八糟的东西,而这些资料的末尾,都有着同样的落款——"臣万安进呈"。

内阁首辅尚且如此,下面不干实事、只知趋炎附势的官员还不知道有多少。难道指望他们和自己齐心协力、共创辉煌?一朝天子一朝臣,正本清源,从用人开始!

明孝宗派司礼监掌印太监怀恩去内阁,把小盒子里的东西给万安,怀恩厉声责问:"这是大臣该做的事吗?"

第二章 天灾和人祸

万安羞愧、流汗、磕头、谢罪。

怀恩又把百官弹劾他的奏折亮出来,万安再次羞愧、流汗、磕头、谢罪,依然没有引咎辞职的意思。

万般无奈的怀恩一把扯下万安腰间的牙牌(象牙制作的通过宫殿门禁的令牌,上面刻有官职、履历等信息以示身份):"你走吧!"

就这样,那些整天混吃等死的内阁大臣、六部尚书被扫地出门,顶着国师、真人头衔炼仙丹、制春药的投机分子也各回各家,明孝宗的改革犹如一场疾风骤雨把雾霾吹散、把污泥冲刷,一股洋溢着昂扬奋斗的朝气正在重新汇聚。

祥云纹

● 花梨木翘头案 明代

翘头案是一种古老的汉族家具。案面两端装有翘起的飞角,明清时期主要是供陈设厢的承具。故翘头案大,多设有挡板,并施加精美的雕刻。此翘头案由花梨木制作而成,以祥云绘以图案,精巧细腻。

弘治中兴

即位没满一年,明孝宗的明君形象就获得了国际认可。弘治元年(1488),出使明朝的朝鲜使臣回国以后,眉飞色舞地跟他们的国王讲起紫禁城里的各种新闻。当谈到新皇帝时,使臣很认真地说:先帝任人唯亲,不幸的是他亲近信赖的大多是小人;明孝宗跟先帝大不一样,他循规蹈矩不乱来,做事也仗义公道。想了一会儿,使臣又补充说:这个人很勤政,无论刮风下雪都照常上朝,而且还特别节俭,舍不得穿华丽贵重的衣服。依我看,前朝的很多乱象都会在他这里得到纠正。

❋ 皇帝有点烦

赶走万安之后,怀恩向皇帝推荐了王恕,他对王恕的评价只有八个字:"天下忠义,斯人而已。"

王恕从明英宗时期就开始为国效力,明孝宗即位时他已经当了三十多年官。奇怪的是,从侍郎到尚书,他的任职地点始终在南京。为什么王恕这么不受待见?原因就是这个人太耿直、太较真了,总是在不断地提意见。

遇到有人恃宠而骄,王恕就连篇累牍地告状:皇上,该管管您的那些宠臣了,不然早晚要出事。每当明宪宗问:大家觉得还有哪些需要改进的地方?王恕都会站出来有话说。

大臣们见老爷子管得比皇帝还要宽,干脆就把批评建议的活儿全留给他一个人干。遇到什么事,大家都习惯性地等一等:"王恕的奏疏应该马上就到了。"

第二章 天灾和人祸

结果也确实如此。

当时流传着一句俗话：北京、南京总共十二个部门，只有一个王恕为国家操碎了心。可对于习惯偷懒的明宪宗来说，有人天天在耳边唠叨个没完，实在是太烦了，于是一直把他冷落在南京，图个耳根清净。

王恕本人倒是没在意自己的前途，还是不远千里地提出批评、建议。成化二十二年（1486），当他自以为老当益壮、打算为了朝廷鞠躬尽瘁死而后已时，却被明宪宗委婉地要求退休。这个命令甚至不是面向王恕本人发出的，而是出现在回复给另一个官员的辞职信里。

◎《南都繁会图》（局部） 明代 无款
全称《南都繁会景物图卷》，绢本，设色。描绘的是明朝晚期的南京城市商业兴盛的场面。画面从右至左，由郊区农村田舍开始，以城市的南市街和北市街为中心，在明故宫前结束。长卷绘有一百零九家商店及招幌匾牌，一千多个职业身份不同的人物，侍卫、戏子、纤夫、邮差、渔夫、商人等"行走"在长卷上，神态丰富，展现出一幅繁华、富庶、热闹的市井生活画面，堪称"明代的清明上河图"。现藏于中国国家博物馆。

良药苦口

在南京任职的兵部侍郎马显递交了一份离职申请，明宪宗本来只需要大笔一挥"同意"就行，可他突然灵机一动，在"同意"后面附上了另一段文字：爱卿在南京是不是有个同事叫王恕，他都年过七十了，顺便跟你一起退休吧！

明宪宗忍了王恕这么久，怎么这时候就忍不住了呢？原来是王恕一直揪着"传奉官"的问题不放。

早在成化元年（1465），即位还没满月的明宪宗就开创了一个并不光荣的传统——提拔工匠姚旺为文思院副使。姚旺由皇帝直接钦封，绕过了吏部推荐、考核等规定程序，偶尔有个例外并不要紧，但全国各行各业的技术人员得知有了传奉官这个当官新途径，纷纷欢呼雀跃着涌进京城，通过进献各类绝技博取皇帝欢心，明孝宗也慷慨封官。

正经科举出身的文官们当然如临大敌：皇帝带头不守规矩，这国家能不乱套吗？可惜苦口婆心地劝谏并不能阻止皇帝的我行我素。

成化二十一年（1485）正月初一傍晚，下了一场罕见的陨石雨，当时称为"星变"。文官们趁机把矛头对准了传奉官，宣称这些人来路不正，因此才招致天谴。明宪宗在天灾面前暂时低头，罢免了一部分传奉官，但没过多久就又故态复萌。天灾都吓不住皇帝，百官自然也没辙，唯独王恕还是一遍又一遍地

◉《甲申十同年图》 明代 无款

纵48.5厘米,横257厘米。绢本,设色。作品创作于弘治十六年(1503),是一幅朝廷重臣的群像。这十位大臣分别为:时任户部尚书谨身殿大学士李东阳、都察院左都御史戴珊、兵部尚书刘大夏、刑部尚书闵珪、工部尚书曾鉴、南京户部尚书王轼、吏部左侍郎焦芳、户部右侍郎陈清、礼部右侍郎谢铎和工部右侍郎张达。现藏于北京故宫博物院。

唠叨。明宪宗终于忍无可忍:只有把这老爷子请出官场,耳根才能彻底清净。

明孝宗即位后,重新起用了时年73岁的王恕,任其为吏部尚书。王恕尽职尽责地选拔官员,朝廷很快迎来了彭韶、张悦、刘大夏、章懋等能臣。各部官员各司其职,政治也很快摆脱混乱,走向清明。

❀ 七年之痒

多灾多难的童年使得明孝宗一直体弱多病,出于对长寿的渴望,他也逐渐像父亲一样迷上了炼丹、修仙,这个情况在他即位七年以后变得日益严重。或许,当皇帝也有"七年之痒",时间长了便会产生职业倦怠。

宦官李广抓住明孝宗想要长寿的心思,极力推荐自称掌握延年益寿秘术的僧侣、道士进宫。

感到失望的大臣们纷纷上疏批评、弹劾，明孝宗嘴上说"好"，行为上却无动于衷。弘治十一年（1498），李广建议在万岁山上修建一座可以驱邪避凶的毓秀亭。没想到，亭子刚一建成，太康公主便夭折了，紧接着清宁宫发生火灾，太皇太后周氏因此大发雷霆："今天是李广说怎样怎样，明天还是李广说如何如何，结果就这样灾祸不断！"在极大的精神压力和舆论压力下，李广畏罪自杀。

直到这时，明孝宗还坚信李广是有道行的，派人到他家里搜寻修炼秘籍。结果还真找到了一本小册子，上面写道：某年某月某日，某某送来黄米百石、白米千石。天真的明孝宗一时想不明白：朕以前也去过李广家，他的仓库也装不了这么多粮食呀！

侍从告诉明孝宗：黄米、白米是黄金、白银的暗语，这小册子其实是李广的受贿记录。在那一刻，明孝宗愤怒了：没想到自己对健康长寿的追求竟然成了奸佞小人藏污纳垢的庇护所！那个多年前励精图治的明孝宗似乎一夜觉醒，开启了新一轮的奋斗。可惜，生命留给他的时间已经不多了，

过大的工作强度最终拖垮了体弱多病的明孝宗。弘治十八年（1505），明孝宗驾崩于乾清宫，享年36岁。

❈ 似父不是父

明孝宗善良、仁慈、宽厚，像极了父亲明宪宗。

明孝宗和皇后张氏严守一夫一妻，可称得上模范夫妻，他对两个小舅子张鹤龄、张延龄也十分纵容。

张鹤龄、张延龄仗着是皇后的弟弟，甚至敢跟太皇太后的弟弟抢地盘。虽然两兄弟经常遭到投诉，可明孝宗经不住张皇后的哭闹，只好对那些义愤填膺的大臣打个哈哈："你们说的都是对的。"然后就没了下文。

不过跟父亲不同的是，明孝宗对于恶人并非毫无制约。眼见两个小舅子闹腾得实在有些过分，趁着和皇后家人一起吃饭的机会，他单独和张鹤龄谈话。张鹤龄从此便有所收敛。

虽然和文官们有着共同的儒家信仰，明孝宗对他们也并非言听计从。他喜欢弹琴，有人出于对玩物丧志的敏感，立刻搬出帝王耽于声色的种种历史教训。皇帝明面上表示接受，还

第二章 天灾和人祸

🏵 《皇都积胜图》（局部） 明代 无款

这幅长卷是明代中、后期北京城繁盛景况的再现。画面从卢沟桥到广宁门（今广安门）进入北京城区，又经正阳门、棋盘街、大明门、承天门（天安门）、皇宫等，再向北延伸至居庸关，着重描绘市区商业街道面貌，街道上车马行人熙来攘往，茶楼酒肆店铺林立，招幌牌匾随处可见，马戏、小唱处处聚集，有成群看客，金店银铺人潮如涌。所示画面是长卷中正阳门、棋盘街和大明门一带的繁华景象。

嘉奖了劝谏的官员，私下里却对旁边的太监说：弹琴和勤政有什么冲突呢，哪需要他们多嘴？有一次，他因为欣赏画师吴伟的作品而赏赐其几匹彩缎，怕一些较真的人知道以后又要以小见大地说教，就告诉吴伟：赶紧收着，别让那些酸腐的书生们知道。

相比于那些一言不合就把大臣拉出午门外廷杖的皇帝，明孝宗创造了明朝君臣关系最融洽的一个时代。虽然他在执政时取得的成绩不太亮眼，但至少保持了大局的稳定，因此文官对他的评价便不由地加上了"明君"滤镜。《明史》说："在明朝的十六位皇帝里，除了明太祖、明成祖这两位外，称得上杰出的也就明仁宗、明宣宗、明孝宗三个而已。"万历年间的内阁首辅朱国桢更是把明孝宗拔高到了历史前三的水平："三代以下，称贤主者，汉文帝、宋仁宗与我明之孝宗皇帝。"

嬉嬉复嬉嬉，嬉出新高度

正德九年（1514）正月，宫里为了庆祝新年搭起许多牌楼，宁王为讨明武宗欢心，进献了一批宫灯。明武宗命人把宫灯挂在宫里，还燃放了烟花爆竹，结果正月十六的时候，不小心失火，将乾清宫烧得干干净净。明武宗竟忍不住兴奋地说："好大的烟火！"能把火灾当成一场烟火秀来欣赏，这种"浪漫"只怕古往今来唯有明武宗一人拥有。

老师：这个学生有点皮

明朝非常重视皇子教育，在给太子选择老师时更是严苛到了极致，一般是从翰林院资深学者中挑选。

四川成都人杨廷和一家四代人中出了七个进士，可谓书香门第。而他本人更是被誉为神童，12岁中举，19岁考中进士入翰林，32岁开始给太子朱厚照讲课。杨廷和发现，朱厚照聪明得很，许多东西一点就通，就是太调皮，还喜欢和老师辩论，把老师问到词穷。朱厚照最大的缺点是注意力不集中，总想着快点下课出去玩耍。

一个小孩子哪里知道那么多好玩的东西？还不是以刘瑾为首的八个宦官整天挖空心思搞一些歪门邪道，眼看就把好好一个苗子给带坏了！

杨廷和心里急啊，可太子虽然是学生，却也是日后的皇帝，不能随随便便责罚。于是杨廷和跑去请示明孝宗：您儿子有些顽皮啊，能打能骂能责罚不？

第二章 天灾和人祸

❀《明武宗像》 清代 姚文瀚

明武宗朱厚照（1491—1521），明朝第十位皇帝，在位十六年。后人对其评价出现两个极端：一说他处事刚毅果断；一说他荒淫无道，喜好玩乐。

❀ 家长：只想爱不想管

明孝宗比老师还急：那可不行，他还只是个孩子！我都不舍得骂上一句呢，更别说打了。作为传说中的护儿狂魔，明孝宗也有自己的理由——

首先，张皇后一共生了两个儿子，次子不幸夭折，朱厚照便成了独苗。父母的爱全都集中在孩子一个人身上，溺爱在所难免。

其次，明孝宗小时候经历了太多苦难，因此他想给儿子创造一个无忧无虑的快乐童年。贪玩是孩子的天性，何必要视为洪水猛兽？等他长大了，自然就懂得了。

❀ 百官：软硬全没用

弘治十八年（1505），明孝宗在弥留之际叮嘱刘健、李东阳、谢迁三位老臣："太子人很聪明，只是比较贪玩，趁着他年纪还小，诸位爱卿要好好监督他，让他做个好皇帝。"

大臣们倒是尽职尽责地想给年少的皇帝套上各种"枷锁"，奈何聪明的明武宗无拘无束惯了，不想把自己关进一本正经、循规蹈矩的"笼子"里。所以，无论百官多么费心费力地努力，都叫不醒一个装睡的人。明武宗即位没几天，百官就惊恐地发现：这家伙绝对是皇帝界的一朵奇葩。

明武宗在帝国最庄严肃穆的奉天殿里玩起了杂耍，让猴子骑在狗背上，再突然扔个爆竹，吓得猴叫狗奔，掺杂着明武宗和宦官们的一阵嬉笑。百官目瞪口呆：历史上的皇帝，哪个能干出这种荒唐事？

明武宗还在宫苑里仿照外面街市的样子建起了各种店铺，太监、宫女摇身一变成了店主、摊贩和顾客，讨价还价好不热闹。而明武宗在熙熙攘攘的人群里逛街，饿了就去对面店铺吃饭喝酒，醉了就随地躺下呼呼大睡，玩得不亦乐乎。百官义愤填膺：皇宫变闹市，大明的威仪何在？

晚上玩一个通宵，早上自然起不来床，明武宗干脆把每天督促他早睡早起的"生活管理员"全部撤掉，早朝也不上了。真是玩物丧志、不务正业啊！百官忍无可忍，联名上书，要求皇帝悬崖勒马、回归本职工作；否则，就集体辞职！

劝谏加威胁，这个力度足够了吧？明武宗却完全不吃这一套：不是想辞职吗？朕准了！眼看谢迁、刘健这些顾命老臣退休回家，群龙无首的官员们只好作罢：算了算了，只要不做更出格的事，随便你在紫禁城里胡闹吧。

没想到，紫禁城也没能阻止明武宗胡闹的步伐。

❀ 紫禁城：我也关不住

有一阵，明武宗突然迷上了蒙古风，命人制作一批毡帽皮裘，动员宫里人都穿上，穿好之后就在紫禁城内策马奔驰。但紫禁城建筑复杂紧凑，当作跑马场终归不合适，明武宗索性穿过宫门，去郊外骑马打猎，天色晚了干脆不回宫，直接投宿在老百姓家里，甚至强拉着主人一起通宵喝酒……

宦官刘瑾还给明武宗提出了更刺激的建议：宫里规矩太多，每天还得听大臣们唠叨，简直像个牢笼，不如在西华门外单独建一座别墅，图个清静自在。

于是，历时五年、耗费二十四万两白银、拥有两百多间房屋的"豹房"拔地而起。建好后，明武宗就迫不及待地搬了进去，在里面和宦官、美女厮混在一起，玩得更加天昏地暗。

"豹房"里面不仅有豹子，也有其他猛兽，俨然一座皇家野生动物园。明武宗有一次戏耍老虎，不料老虎兽性大发，朝他猛扑过来。多亏江彬及时将老虎制服，虽然命是保住了，但明武宗也受了重伤，不得不休养大半年，很长一段时间都不能上朝——当然，也不能玩了。

◎ **琉璃海马脊兽** 明代

海马亦称"落龙子",象征忠勇吉祥,智慧与威德,通天入海,畅达四方。脊兽具有极强的装饰作用,使古建筑更加宏伟庄重,同时,在结构上稳固了屋脊和瓦垄。吻是固定正脊、岔脊的构件,其他脊兽均具有防止屋脊滑动的作用,是古代建筑不可缺少的一部分。此件海马脊兽为琉璃制成。现藏于大英博物馆。

正德十二年（1517），宫里突然传来消息：皇上昨晚冲出德胜门，一路向北去了。百官再次心头一紧：现在竟连北京城都拦不住皇上了！

明武宗：放纵不羁爱自由

江彬因虎口救命成了明武宗跟前的大红人，他鼓动明武宗到自己老家宣府（今河北宣化）玩，那里不仅有真正的草原，还盛产美女。明武宗一听来了兴致，趁百官不防备，出城了。但宣府地处北部边境，时常有蒙古军队出没，皇帝恐有生命危险啊！百官不由得惊出一身冷汗，赶紧派人去追！

谁知明武宗自己垂头丧气地回来了。原来，御史张钦刚好在居庸关巡视，他看见明武宗在门下喊开门，装作不认识，还拔出皇帝赐给他的尚方宝剑："敢言开门者，死！"

幸亏张钦冒死阻拦，皇帝安全回来了，百官也松了口气。可没过两天，又一个消息把他们炸得头晕目眩：皇上又跑了！这一次，明武宗利用张钦外出巡视的机会，以迅雷不及掩耳之势出了居庸关，成功到达宣府。

大家原以为皇帝只是图个新鲜，玩几天就回来了。谁知明武宗自封"总督军务威武大将军总兵官朱寿"，还在那里建了一座镇国府。相比于沉闷憋屈的紫禁城，这里自在多了，皇帝亲切地把镇国府称作"家里"。

正德十二年（1517）十月，蒙古鞑靼部落的小王子带领五万大军南下。土木堡惨剧立刻浮现在大臣的脑海里，催促皇帝回来的奏章像雪片一样飞向宣府。明武宗却感到空前的刺激和兴奋——终于能像祖辈那样，过一把带兵打仗的瘾了！

第二章 天灾和人祸

◎《茶具十咏图》 明代 文徵明

纵136.1厘米,横26.8厘米。纸本,墨笔。作品绘藩篱之内的两间茅屋,主人安坐于室内,另一间屋内侍茶的童子正在煮水。画面构图充盈,横狭而纵高,蕴藉着浓郁的文人儒雅气息。现藏于北京故宫博物院。

两不迁就，都很痛苦

如果明武宗有意向做一位正统、勤勉的君主，在政绩上或许不输给任何人。可惜的是，他志不在此，张扬的个性使他穷尽一生都在和礼法的束缚相抗争。为了得到他想要的自在，大臣们几乎耗尽了耐心和精力；为了坚持他的潇洒，一个国家都跟着鸡飞狗跳。

❀ 皇帝界的一股"泥石流"

明武宗任命自己为"总督军务威武大将军总兵官"，负责对蒙古的战略制定、兵力调动、战场指挥等一切事务。为对文官的迂腐表示惩罚，明武宗剥夺了他们随驾出征的荣耀（这也导致史书对这场战争的记载过于简略甚至模糊不清，没能记录下明武宗人生的高光时刻）。

大臣们不禁哑然失笑，自古以来，还没有哪个人放着皇帝不做，甘愿自降身份去当将军的，真是视国事为儿戏。但之前与皇帝几十回合的较量，他们每一次都输，这一次也不例外，只求土木堡的悲剧不重演就行！

结果明武宗与蒙古大军激战五天，取得了应州（今山西应县）大捷。据说战斗十分激烈，明军一度被分割包围，明武宗亲自冲锋援救，危机才得以化解。明武宗的战车甚至一度遭到敌人围攻，差点为国殉难。据统计，大明以亡五十二人、伤五百六十三人的代价打得蒙古人很长一段时间内不敢南下牧马。

明武宗带着捷报回到北京，他眼里闪耀着胜利的荣光，对等在德胜门迎接的大臣们说："我亲手杀死了一名敌人！"

素三彩缠枝莲纹长方水仙盆 明正德
明代宫廷御用瓷器，盆呈长方体，四面略斜收，下承以六足。此器造型别致，构图简练生动，色调清新明快，色彩搭配协调，给人以古朴雅致之感。现藏于北京故宫博物院。

❀ 升官、改名、发工资

刚过半年，明武宗又想去宣府玩，怕文官啰唆，索性把内阁大臣叫到左顺门，要他们拟旨，命令总督军务威武大将军总兵官朱寿带兵巡视边境防务。

一看前面的头衔，大家立刻就明白了——原来皇帝又要出征。百官忍不住苦苦挽留：要不是您命大，上回就死在应州了，怎么还要去冒险？可他们依然没能拦住皇帝。

可惜蒙古人一贯奉行敌进我退的策略，在应州已经领教了明武宗的厉害，这次干脆躲得远远的。实在找不到对手消遣，皇帝只好兴味索然地回来了。

明武宗这时忽然想起，应州大捷论功行赏，威武大将军理应加官晋爵才对。于是他加封自己为镇国公，并要求兵部登记存档，户部每年给他发放五千石米作为工资。

大臣们再次感到不妥：按照惯例，获得"国公"封号的人必须往上追封祖辈三代人，不知您父亲明孝宗、爷爷明宪宗在天之灵肯不肯接受爵位？您儿子以后也是公爵，还怎么当皇帝啊？

明武宗哪里在乎这些，正德十四年（1519）二月，他又写了张小纸条给吏部："加封镇国公朱寿为太师吧！"

就在百官已经快要习惯和麻木的时候，全新的、更强的刺激又来了。

宁王造反了

自封太师后，明武宗当即表示他要以太师镇国公的名义巡视两畿、山东，为国祈福。

朝堂上自然又是一片哀号：不行啊，危险，皇上不能去啊。文官们先是递奏章，接着又集体跪在午门前请愿示威，被晾了整整五天，依然坚持不懈。明武宗搬出了羞辱文人的武器——廷杖，先后有一百四十六人被打，十一人被打死。即使这样，文官也还是前仆后继。为了图个耳根清净，明武宗干脆下旨："你们要是再叨叨，就处以极刑！"大臣们终于充分见识了皇帝的执拗，自己也筋疲力尽，只好随他去了。

正德十四年（1519）六月十四日，蓄谋已久的宁王朱宸濠起兵造反。朱宸濠声称：当今皇上无德无能，沉迷于游戏，视国事为儿戏，随便换个人都比明武宗强啊，比如他自己。

明武宗听到别人对自己进行人身攻击并不生气，反而兴奋得手舞足蹈——感谢朱宸濠及时叛乱，让我有了正当理由去江南玩一趟！这次你们谁也别拦着，朕要派"威武大将军朱寿"出兵南下！你们如果再敢反对，就极刑伺候！

万军之中勇擒敌将

八月二十二日，明武宗率领大军从北京出发。刚走到涿州（今河北涿州），南赣巡抚王阳明的捷报就来了，说：宁王造反小事一桩，微臣已经搞定，皇上您不用来了。皇帝十分生气：造反四十三天就完蛋，朱宸濠也太不争气了。连个小小的南赣巡抚都对付不来，还敢跟朕争皇位？王阳明也是，丝毫不给朕留机会，真是不解风情。

第二章 天灾和人祸

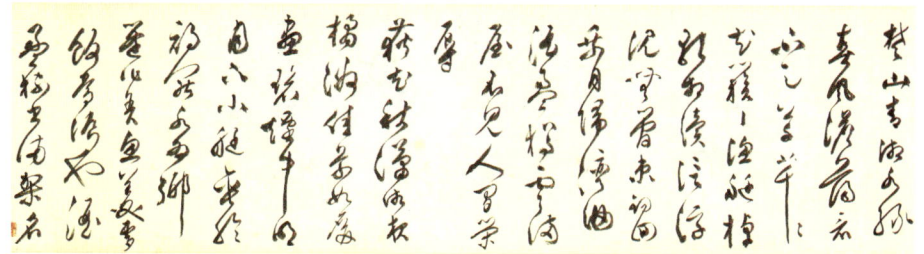

《渔乐图》 明代 周臣

纸本，设色。图中生动而细腻地描绘了渔民们扣鱼、撒网、垂钓、捞虾、织网等活动，刻画出渔民率真自然的神态，表现出一派有趣明快的生活状态。绘画技法上，人物勾写敷色，衣纹用钉头鼠尾描，水画波纹，山石施以湿墨渲染，笔法灵动纯熟，出自宋人写实的绘画风格。现藏于台北故宫博物院。

明武宗故意压下这份捷报,装作什么事情都没发生,继续南下"平叛"。一路上游山玩水、捕鱼打猎,到了南京一住就是八个多月。正德十五年(1520)二月,朱宸濠被押到南京,但明武宗一直拒绝举办献俘仪式,后来还是王阳明悟出了门道,他识趣地宣布,此次成功平叛完全归功于威武大将军朱寿的英明领导,自己只是奉命行事。明武宗这才同意在南京接收俘虏。

明武宗还别出心裁地导演了一出万军之中勇擒敌将的闹剧:本来已被捆得严严实实的朱宸濠被迫身处万军之中扮演敌方将领,一身戎装的明武宗摆开阵势,一人一马冲进万军之中,果然所向披靡,将朱宸濠一举擒获。三军将士立刻高呼万岁,皇帝对自己的表现十分满意,露出了得意的微笑……

青花阿拉伯文笔架 明正德

中国瓷器上出现伊斯兰风格的纹饰最早出现在唐代,元代因为与伊斯兰地区的贸易活动,而大量生产具有伊斯兰风格的青花瓷器,明初永乐、宣德年间因为与伊斯兰地区的政治交往而出现具有伊斯兰纹饰的青花瓷器。此件青花笔架为长方形,通体遍布青花缠枝纹,正中间的凸起部分上有一个圆形,里面写有阿拉伯文字。与此件纹饰类似的笔架,在首都博物馆、北京故宫博物院和西方的私人收藏家手中均有收藏。

第二章 天灾和人祸

● **黄琉璃鸱吻 明代**

鸱吻,又名螭吻、鸱尾,中国古代神话传说中的神兽,为鳞虫之长,瑞兽龙之第九子。口阔噪粗,平生好吞。鸱吻是中国古代建筑屋脊正脊两端的一种饰物。传说在房脊上安两个相对的鸱吻,能避火灾。此件鸱吻为琉璃制成。现藏于大英博物馆。

❀ 娱乐至死

大臣们皱着眉:没关系,皇上您开心就好。正事总算办完,咱是不是该启程回京了?

回是要回的,但还是要慢慢走,一路观光旅游,多好。

正德十五年(1520)九月,明武宗行至清江浦(今江苏淮安),在积水池驾船捕鱼,不知是鱼太重了还是用力过猛,小船突然翻了。不会游泳的皇帝落水后受到惊吓,尽管很快被随从救起,但秋水微凉,还是生了病。

持续的咳嗽并没有引起皇帝重视,他依然无休止地放纵玩乐。正德十六年(1521)正月,明武宗返回北京,依旧在豹房里花天酒地。

三月,弥留之际的明武宗喘着粗气说了最后一句话:"我的病怕是治不好了。以前的事都是我的过错,和你们无关。"在将死之时承认自己的错误,并不意味着他以前就不知错。

明武宗虽然不常开朝会、很少会见大臣,但关系重大的奏章他都看过,也及时做出了批复;御史张钦拿着宝剑不许他出居庸关,他只是找个对方不在的机会开溜,并没有杀掉张钦强行闯关;虽然不怎么听老师的话,但每次杨廷和过生日,他都会记得送些礼物;深夜和杨廷和讨论国事,也会细心地给老师披件衣服。明武宗在位时期,大明的朝堂称不上清明,但局势也不算大乱。